Henry C. Lee　　Timothy M. Palmbach　　Marilyn T. Miller

李昌鈺　　提姆西·龐巴　　瑪琍琳·米勒

李俊億

—著—　　　　　　　　　　　　　　　　—譯—

商周出版
人與法律

HENRY LEE'S CRIME SCENE HANDBOOK

犯罪現場

李昌鈺

刑事鑑識教程

出版緣起

為中國輸入法律的血液

何飛鵬

　　衡諸中國歷史，法治精神從未真正融入政治傳統，更遑論社會倫理和國民教育。現代國家以人民為「理性之立法者」的立憲精神，在臺灣顯然是徒具虛文。法律和國家的基本精神一樣遭到政客和商人的任意蹂躪，國家公器淪為權力鬥爭的手段，司法尊嚴如失貞的皇后，望之儼然卻人人鄙夷，我們的司法體制真的與社會脫了節。

　　近年來，臺灣正面臨司法改革的轉捩點。然而長期以來，司法啟蒙教育被獨裁者的愚民政策所壓抑，使得國人普遍缺乏獨立判斷的法學教養，在面對治絲益棼的司法亂象時，失去了盱衡全體制度及其社會脈絡的根據。改革之聲高唱入雲，而所持論據卻總是未能切中時弊，不是見樹不見林，就是病急亂投醫，國家之根基如此脆弱，豈不危乎殆哉。

　　司法體制之矮化為官僚體制，連帶使我們司法人員的教育和考選，成為另一種八股考試，完全忽視了法律和社會互相詮釋的脈動。學生只知道死記法規和條文解釋及學說，成為國家考試的機器人；至於法的精神和立法執法的原則卻置之罔顧。如此國家所考選的司法人員知法而不重法，不是成為爭功諉過的司法官僚，就是唯利是圖的訟棍。在西方國家裡，法學專家與司法人員由社會菁英和知識份子構成，不惟力執超然公正的社會角色，甚至引導風氣之先，為國家之中堅。在歐洲，在美國，法律的歷史和社會變遷是息息相關的，布藍迪斯（Louis Dembitz Brandeis）大法官曾說：「一個法律人如果不曾研究過經濟學和社會學，那麼他就極容易成為社會的公敵。」我們希望法律人能夠真正走出實證法的象牙塔，認真思考社會正義與價值的問題。

　　「人與法律系列」之推出，正是有感於法學教育乃至大眾法律素養中的重大缺陷，提出針砭之言，以期撥亂反正，讓法的精神真正在國人心中植根。我們想推薦讀者「在大專用書裡看不到的司法教育」，為我們整理司法環境中出現的問題，提供更開放的思考空間。選擇出版的重點，旨在（一）譯述世界法學經典；（二）就我們司法現況所面臨的問題，引介其他國家之相關著作；（三）針對現今司法弊病提出建言。系列之精神在於突破學校現有法律教育之窠臼，致力司法教育與社會教育之融貫。

　　就翻譯作品部分，計畫以下列若干範疇為重點：（一）訴訟程序與技巧；（二）法律與社會、政治的關係；（三）西洋法理學經典。

　　卡多索（Benjamin Nathan Cardozo）大法官說過：「法律就像旅行一樣，必須為明天做準備。它必須具備成長的原則。」對我們而言，成長或許是明天的事，但今天，我們期待這個書系能為中國輸入法律的血液，讓法律成為社會表象價值的終極評判。

　　「人與法律系列」叢書之出版，要感謝司法界和學術界中有志司法改革與教育的各位先進，其中我們必須特別提到蔡兆誠律師，沒有他的推動，是不會有這個書系的。

本文作者為城邦媒體控股集團首席執行長

推薦序
犯罪現場處理的最高指南

孟憲輝

　　遠在三千年前，從事司法偵查和審判的官吏就體會到，犯罪現場是破案斷獄的關鍵，其中屍體更是命案偵查的重點。中國古籍《禮記‧月令》篇就有檢驗各類創傷以決訟端的記載：「是月也……命理瞻傷、察創、視折、審斷，決獄訟，必端平。」刊行於西元一二四七年，宋慈編著的《洗冤集錄》一書更包含現場勘察、屍體勘驗、毒物和物證鑑定等內容，是系統化鑑識手冊的鼻祖。此外，宋朝鄭克編撰的《折獄龜鑑》一書則敘述了包括法醫、文書鑑識、物理鑑識、化學鑑識和微物跡證等多種物證鑑定的案例；引自《三國志‧吳書‧孫登傳》的一個案例，敘述吳國太子孫登根據彈丸比對結果釋放無辜嫌犯的史實，更是國際槍彈鑑識學界公認最古老的彈丸比對鑑識案例。

　　以今日的科學水準觀之，這些古書記載的僅是基本的鑑識知識與方法，大部分已被推翻或取代，且與現代鑑識科學之演進無明顯關聯。但在科學不發達的封建社會裡，《洗冤集錄》一書不僅建立了運用科學維持司法公正的典範，更成為後世司法官員檢驗屍體和刑案偵審的指導方針。近幾個世紀，隨著政治、社會、經濟和法律制度的變遷，以及科技的發達，犯罪型態日趨複雜，對犯罪嫌疑人的人權保障也益加完善，舊有的偵查與鑑識方法已無法完成發現犯罪事實和公平審判的目的；藉各基礎科學領域快速發展之助，現代的科學偵查技術乃得以逐漸萌芽、茁壯。自二十世紀上半葉起，世界各國紛紛設立鑑識實驗室、發展鑑識科學、發行學術刊物、組織學會並積極培養鑑識人才，現代鑑識科學逐漸成為刑事訴訟程序發現真實與保障人權的堅實後盾。

　　我國雖然從一九三六年中央警官學校（中央警察大學前身）在南京創校起，即開有刑事科學相關課程，並陸續禮聘學界菁英任教；但恪於制度，一直無法將科學辦案落實至警察實務單位。直到一九七〇年代社會治安逐漸惡化，刑事訴訟制度也因政治開放及法律修正而日趨健全，鑑識科學初獲重視，並由上往下緩慢扎根。許多國內鑑識學者專家也從那時起陸續到美國投入傑出鑑識科學家李昌鈺博士門下，學習鑑識專業理念、知識和技術；如中央警察大學鑑識科學學系林茂雄主任和刑事警察學系李俊億主任（本書譯者）、故刑事警察局鑑識中心翁景惠主任和鑑識科程曉桂科長及多位鑑識專家、台北市政府警察局鑑識中心謝松善主任、法務部調查局第六處多位鑑識專家均為李博士門生。筆者因至英國蘇格蘭修習鑑識科學，無緣接受李博士的指導，但在國內外曾多次聆聽李博士的學術性演說與講學，深感李博士不僅鑑識學養和經驗俱豐，為學辦案更是嚴謹踏實，實值吾輩學習效法。此外，李博士與國內多位治安單位首長情誼甚篤，對於國內鑑識制度的發展也曾多次建言並獲採納。如前調查局長吳東明先生、前警政署長顏世錫先生和盧毓鈞先生均十分認同李博士的鑑識理念，曾先後致力於我國鑑識制度的改革發展而著有成效。

有些現場處理專家往往忽略經驗傳承的重要性，未能將個人的知識經驗寫成專書供後進學習參考，殊是可惜。李昌鈺博士基於提倡鑑識科學、培養鑑識人才、維護司法公正及保障人權的理念，特別與兩位得力助手合著本書，內容以現場處理程序為經，始於首抵現場官員的初步處理，終於現場重建；以各階段的處理方法為緯，涵蓋管理方法、系統化處理流程、詳細採證步驟、人員配置、器材設備、藥品試劑、文書紀錄、資料處理、邏輯推理、結果解釋等要項；各種現場工作重點綿密交織，鉅細靡遺，其完整性與實用性堪稱空前。又輔以許多具代表性的案例、現場照片和說明圖表，使得本書之可讀性和實用價值發揮得淋漓盡致。

本書性質上屬於專業教科書或參考書籍，特別適用為大學或研究所教授現場處理、犯罪偵查或鑑識科學等課程的授課教材，也是從事偵查和鑑識相關工作者的絕佳隨身參考書。其他與訴訟程序相關的專業人員，如法官、檢察官、律師、主跑相關新聞的記者，也都應該詳讀本書與其工作相關的部分，以提高專業能力。由於本書並非科普書籍，非專業人員閱讀前應注意書中有部分令人不舒服的血腥殘忍內容和畫面，不適合兒童、青少

年和對此等內容敏感的成年人閱讀。另應注意的是，部分現場使用的試劑
含有危險化學藥品，如強酸、強鹼、有機溶劑和毒性化學物質，部分現場
勘察器材也會對人體產生危害，如紫外燈和多波域光源；因此所列各項實
驗都必須在設備完整、防護周全的環境並在合格的專業人員指導下進行，
一般讀者不宜私自進行相關實驗，以免發生危險。最後，也最重要的是，
一般讀者遇有犯罪現場時，應保持現場原貌，立即向警察機關報案，交由
具備法定職權的鑑識人員處理，切莫擅自依樣畫葫蘆，否則造成破壞現場
之後果，不僅嚴重影響偵查審判的進行，也違反本書作者和出版者推廣鑑
識知識共同維護治安之原意。

　　本書原以英文出版，經翻譯為中文，值此刑事訴訟法關於詰問制度和
證據部分大幅變革之際發行，對所有司法偵、審、辯護人員和訴訟關係人
都將有所助益。預料必可不脛而走，成為偵查及鑑識人員處理犯罪現場的
最高指南、法官判斷證據價值和證據能力的參考依據、律師維護被告權利
必備的案頭書，也可增進民眾對犯罪偵查工作的理解，共同為維護治安而
盡力。多年後回首檢視，本書或將與《洗冤集錄》在我國偵審歷史同佔重
要地位，各自展現不同時代的科學家為公平正義奉獻智慧所留下的不朽足
跡。

　　　　寫於二○○三年，本文作者為中央警察大學鑑識科學學系系主任

推薦序
犯罪現場是刑案偵查的開端，也是結束

侯友宜

　　五年前的一個初夏夜晚，正值編織美夢的兩名荳蔻少女，因為同時傾心於研究所內的一位學長，故而相約談判。在激烈的爭吵中，洪姓女研究生因情緒一時無法控制，而殺害了被害人。這起案件因為發生在國內的知名學府中，在素來純樸的風城引起了極大的震驚。本案在偵查工作上雖然有所進展並鎖定洪姓研究生，然而卻苦無直接證據確定犯案。不過，稍後案件在鑑識人員的發現下有了戲劇性的轉折，鑑識人員在洪女身上發現一枚被害人的斷裂指甲及幾點血跡，而由於指甲紋路的吻合及 DNA 的型別鑑定具有絕對的證據力，洪女也在罪證確鑿的情況下選擇認罪。

　　「見微知著」是所有警察在偵查犯罪中所應具備的能力，最具體的表現就是在於現場勘察，而前述案例就是刑事偵查與現場勘察結合的最好案例。在長年從事刑案偵查工作後，所匯聚的經驗法則清楚地告訴我們：「犯罪現場是刑案偵查的開端，也是結束。」所有的刑案發現及偵查的啟動都需以刑案現場作為開端，而在案件偵查結束時，也應將偵查結果與現場狀況做全面性的比對，以再次確定偵查結果的正確與否；刑案偵查與犯罪現場確實存在著密不可分的關係。

　　時序拉到民國七十九年年底，當時本人銜命負責偵辦一起重大綁架勒贖案件，在該案中，警方於嫌犯胡關寶住宅處搜出二枝左輪手槍。在經過一連串的查證及偵訊後，赫然發現其中一枝正是五年前新竹雙警命案中殉職警員被劫走的配槍。而之後胡嫌帶警起出當年殺警所用的卡賓槍，遺留在槍上殘缺的木槍托，與當年殺警現場所蒐集到的槍托部分居然還能完美重合。兩塊槍托木片紋路及缺口的吻合，不只應驗了「法網恢恢，疏而不漏」這句話，也點出了刑案現場勘察的重要性。

　　近年來，社會大眾對於治安要求日高，同時對於人權保護也採取高規格的標準，因此，有些傳統的偵查作為則顯得不合時宜。尤其在凡事講求證據的今日，刑案現場勘察能立即勘驗程序的嚴謹，遂成為警方邁向科學化及現代化的一大挑戰。李昌鈺博士在國際刑事鑑識界有極高的威望，對於國內指導更是不遺餘力。李博士曾於美國各州及全球十七個國家參與調查六千多起重大刑案，最近其將多年刑案現場勘察心得編成《犯罪現場：李昌鈺刑事鑑識教程》乙書，以其豐富的現場勘察經驗及書中獨到的見解，該書不僅已被許多國家之現場勘察人員引為圭臬，更能提供國內作為未來發展刑案勘察標準化作業的重要參考。

　　李俊億教授為中央警察大學刑事警察學系系主任，肩負國內刑事幹部的基礎教育，對於刑事人員的知識奠基極具影響，其在 DNA 鑑識研究上，亦堪稱國內翹楚。此次，李教授能將李昌鈺博士最新著作翻譯引進國內，憑藉其豐富學養，讓國內鑑識科技新知與國外零時差呈現，對於國內鑑識界不啻為一大福音。本書從犯罪現場基本觀念介紹、現場勘察、物證蒐集及處理，乃至於證物運用價值及現場重建均有極為深入的介紹及講解，此書付梓對於我國未來刑案現場勘察技術之提升將有極重要的影響，在推崇李教授用心之餘，爰著序以薦之。

　　　　寫於二〇〇三年，本文作者時任內政部警政署刑事警察局局長

推薦序
犯罪偵查的最佳指導手冊

顏世錫

　　犯罪現場是證據的寶庫，犯罪者在現場中所遺留的蛛絲馬跡訴說著犯罪發生時的所有過程，它們不會說話，必須有專業的勘察人員去發現、採取、鑑定與研判，才能破解謎團，重建現場發生的犯罪過程。雖然世上不可能有兩個完全相同的犯罪現場，但是現場遺留的犯罪物證，卻可能告訴我們，不同的現場可能有相同的犯罪手法。不要主觀、不要偏見，除了要眼觀四面、耳聽八方外，還要利用現代最先進的科技設備和專業知識才能讓所有的蛛絲馬跡重現，讓證據說話。

　　現場勘察就是在犯罪偵查的最前線找出能夠證明犯罪的所有證據，讓實驗室的專家運用高科技儀器進行分析比對，否則再精明的偵查人員與再先進的儀器設備都無法憑空提出定罪的證據。這麼重要的現場勘察工作關係著犯罪偵查的成敗，但卻是很少有專書提供這類知識，《犯罪現場：李昌鈺刑事鑑識教程》正是現場勘察人員最重要的參考資料，它的內容從犯罪現場的管理、最先抵達現場員警的任務、各種現場勘察的技術到犯罪現場重建等，具體敘述現場勘察的重要關鍵，尤其書中列舉案例以對照理論，提高學習的效果。

　　以筆者數十年的經驗，國內很多刑案延宕破案，甚至成為永久懸案，多與現場勘察的失誤有關；另外有些案件檢警宣布破案後，在審判過程中，因偵查人員在現場採取的證物不夠具體完整而宣判無罪，使犯罪者永遠逍遙法外，但已時過境遷，現場不復存在，偵查人員縱然肯定其犯罪行為，也只能徒呼負負而已。

　　本書作者李昌鈺博士除了具備豐富的學識素養外，數十年來勘察過無數個犯罪現場與偵辦過無數個國際知名的重大案件的經歷，讓本書的內容在實務與理論上都能兼而有之。故出版後，一時洛陽紙貴，成為最暢銷的書籍之一，很多西方國家從事犯罪偵查的人員也爭相購閱，公認為犯罪偵查的最佳指導手冊，我國中央警察大學刑事警察學系主任李俊億博士乃精心翻譯，由商周出版發行，相信此書問世後，國內的犯罪偵查工作，必將進入一個新的階段，吾人可拭目以待。

　　寫於二〇〇三年，本文作者為警政署前署長、中央警察大學前校長

導讀
科學偵探李博士的現場勘察祕笈

李承龍

前言

　　李昌鈺博士是中央警官學校（現在的中央警察大學）正科二十四期，一九六〇年畢業，在臺灣當了幾年的警官後，到美國進修。一九七二年在紐約強傑刑事司法學院（John Jay College of Criminal Justice）獲得鑑識科學學士，隨後到紐約大學（New York University）進修生物化學，一九七五年獲得紐約大學生化博士。曾擔任美國紐海芬大學鑑識科學系系主任、終生教授、康乃狄克州警政廳刑事科學實驗室主任、康州警政廳廳長，是第一位出任美國州級警政首長的華裔人士。從事鑑識工作已超過半個世紀，曾參與調查全美國各州及全球五十九個國家、八千多起重大刑案，著書四十多本、研究論文三百多篇，獲頒八百多個榮譽獎項以及二十多個榮譽博士，是全世界最具權威的鑑識專家，也是「華人之光」，更是聞名國際的鑑識科學專家，因屢破奇案而被新聞媒體冠上「物證大師、科學神探、犯罪剋星、華裔神探、當代福爾摩斯、刑事偵查的大師」等等封號，也被尊稱為「犯罪現場之王」，全美家喻戶曉，也是各國爭相禮聘的講座教授和主講人，是從臺灣走向全球的傳奇人物，更是國內開創鼓吹推廣鑑識科學教育的第一人。一九八九年的中央警官學校（現在的中央警察大學）在李博士的倡議下，從刑事警察學系的專業中，開設國內第一屆鑑識科學系，並於一九九六年成立鑑識科學研究所。

　　個人有幸就讀第一屆鑑識科學系和鑑識科學研究所，於一九九三年鑑識科學系畢業，分發新竹市警察局，開始展開我的犯罪現場「鑑識」人生，派任刑警隊鑑識組，擔任過鑑識巡官、組員等職務，負責第一線犯罪現場勘察、採證、初步鑑定等鑑識工作；二〇〇三年同時考取教育部和國科會兩項公費，前往美國紐海芬大學和康州警政廳刑事鑑識中心，跟隨李昌鈺博士從事博士論文的實驗，當時就拜讀過這本《犯罪現場：李昌鈺刑事鑑識教程》的原版英文書，看到這本書時，如獲至寶，感到相見恨晚，更是連夜拜讀，有種頓然打通「現場勘察」任督二脈的感覺，迄今印象深刻。二〇〇五年完成在美國博士論文，返臺繼續在新竹市警察局服務，在剛成立的鑑識課擔任鑑識股長兼代理課長，負責規劃鑑識課的廳舍和組織編制、成立鑑識實驗室。在新竹市警察局前後十八年，歷練過犯罪現場各項鑑識工作，直到二〇一一年轉任教職。除了在臺灣警察專科學校刑事警察科當專任老師，也陸續在中央警察大學、國立清華大學、交通大學、臺灣大學、中正大學、政治大學和東吳大學等大專院校開設與鑑識科學、犯罪現場重建、現場處理與採證等相關課程，二〇一六至二〇一九年也協助外交部支援卡達警官學院成立犯罪現場重建中心，擔任過三年的特聘鑑識專家。十八年第一線犯罪現場調查的實務經驗和十一年的教學經驗，深深體驗這本書的內容精實，一再強調犯罪現場是證物的寶庫，是案件成敗的關鍵，所傳達現場保全、採證、鑑定觀念的寶貴之處，是想瞭解勘察人員在犯罪現場處理與採證的重要入門寶典，無論是警察、調查官、憲兵、檢察官、法官、律師等司法實務人員，均應人手一本，尤其第一次面對犯罪現場時，經常會出現不知所措的窘境，這也是新進司法人員不足向外人道出的夢魘，這本書從認識犯罪現場的定義和種類開始，說明現場封鎖、保全、紀錄、蒐證和保存送驗等現場處理的基本作為，均有深入淺出且詳細介紹，學術理論搭配實務案例的說明，淺顯易懂，是一本值得一讀再讀的鑑識實務工作寶典！

　　李昌鈺博士將多年刑案現場勘察心得，編成《犯罪現場：李昌鈺刑事鑑識教程》乙書，本書內容一共十章節和三件案例討論，前言一開始就提示：高品質的犯罪現場處理與採證，過程不需要太複雜，只要堅守幾個基本原則與步驟即可。關鍵的犯罪現場勘察程序應包含現場封鎖、保全、搜索、記錄、採取與保存現場所有相關的跡證，採證應注意常見的型態性物證、狀態性物證、短暫性物證、轉移性物證與關聯性物證，只要這些勘察重點都能掌握，這類案件即可經由科學鑑定與犯罪現場重建的協助而獲得突破。本人在臺灣警察專科學校教授現場處理與採證課程十餘年來，均參照這本書一再強調的犯罪現場勘察程序和現場保全、採證的核心重點，整合國內的民情、法規與鑑識實務現況，傳授、指導第一線派出所員警，未來應如何面對犯罪現場、協助鑑識人員，正確地處理犯罪現場與採證工作。本文也嘗試摘要整理章節的精華，簡略敘述本書各章節的重點，讓有意購買或入門初學者對本書的架構有個大致輪廓，便於日後針對各類案例現場的實務需求，可按圖索驥深入學習和閱讀，以下對各章節的重要觀念導讀如下：

犯罪現場的基本認識

　　開端敘明犯罪現場勘察不只是對犯罪現場的瀏覽或紀錄，也不只是對物證的採取或包裝而已，它是犯罪偵查的第　步，也是最關鍵的一步，特別強調犯罪現場必須仔細地觀察、記錄與採證，凸顯犯罪現場勘察的重要性，因為所有刑事鑑識與犯罪偵查的成敗，都是依賴完整的犯罪現場勘察。科學的犯罪現場勘察過程包括：辨識（保全、記錄、採證、保存），鑑定（分析、比對），個化（類化、個化）與重建（假設、驗證、理論、提出報告）等四大步驟的重點工作。

　　書中對於犯罪現場分類的說法：（一）依犯罪最初的發生地點，可分第一現場與第二現場，其中「第一現場」指最初或第一個犯罪行為發生的地點，其他地點則都歸類為第二現場；（二）依現場範圍，可分室內或室外；（三）依現場的犯罪活動，可分主動或被動；（四）依現場的犯罪性質，可分命案、暴力攻擊、搶劫等；（五）依現場大小分類，可分宏觀與微觀現場；（六）若依現場狀態分類，可分有組織或無組織的現場。

　　「證據」是犯罪現場勘察與物證鑑定相互驗證的結果，可藉以證明犯罪事實，顯示犯罪模式，建立關聯性，連結人與人、人與物或人與現場的關係，反駁或支持證人之證詞，鑑定嫌犯，提供偵查線索，及鑑定不明物質和重建犯罪行為。證據的主要目的是發現犯罪事實（*corpus delicti*），這個拉丁文直譯是指死亡調查中的屍體，在此表示犯罪發生的實際結果，就是物體、現場物證的型態及所有物證鑑定的結果。許多犯罪人都有特定的犯罪模式（*modus operandi*, MO）或犯罪手法，這是凶手個人的犯罪特徵或簽名。犯罪現場的物證在判定犯罪模式上幫助很大；在破壞保險櫃的竊案中，破壞的方法與形成的跡證，在研判犯罪模式上都是重要的特徵。李博士在書中提過的「四向連結論」，就是利用物證來建立人與人、人與物或人與現場的關聯性，藉以偵查破案。例如在美國可將犯罪現場採到的指紋，利用指紋自動鑑定系統（AFIS）的指紋資料庫搜尋特定的人，鑑定、個化出特定嫌犯與現場的關聯性。

犯罪現場管理的重點

犯罪現場管理包含資料管理、人力管理、技術管理和後勤管理四個部分。這些管理資料經常可以把嫌犯連結到犯罪現場、證實或反駁不在場證明，或發展新的偵查線索，資料展現的形式包含口頭形式、文字敘述、文件形式與型態性證據形式等。偵查犯罪的資料種類繁多，包含：（一）來自被害者的資料（二十四小時背景資料和二十四小時背景資料的延伸）；（二）來自證人的資料（直接證人、最先抵達現場的官員、一般民眾和線民）；（三）來自犯罪現場或物證的資料（短暫性證物、狀態性證物、型態性證物、移轉性證物、關聯性證物）；（四）來自嫌犯的資料（嫌犯背景資料、犯罪模式型態）；（五）來自特徵資料庫的訊息（DNA資料庫、指紋資料庫、彈頭彈殼資料庫）；（六）來自紀錄資料庫的訊息（犯罪前科紀錄、槍枝買賣與移轉紀錄、司法與矯正紀錄、車輛紀錄和財務紀錄）。

實務上，完整蒐集犯罪跡證需備妥現場勘察重要的設備，應包含現場勘察車、通訊設備、搜索工具與設備、犯罪現場專用採證盒、化學藥品與試劑、證物包裝材料和手提式設備。案件發生後，後勤的管理需注意：成立指揮所、注意媒體關係、重視單位間的連繫、資源利用和發展管理方法。面對各類犯罪現場，應選擇最佳的犯罪現場勘察模式，從傳統的巡邏警力搭配刑警的方法、全職的犯罪現場勘察技術員、合格警官成立的犯罪現場勘察組、更專業的實驗室犯罪現場專家，甚至投入先進科技與偵查人員的最佳團隊合作模式。

犯罪現場初步勘察的步驟

　　犯罪現場勘察就是一種發現的過程，發現在犯罪現場發生的所有犯罪活動，如犯罪本質、犯罪型態、物證種類，以及其他在犯罪現場及與犯罪相關的事實真相。例如死亡案件要發現的真相，包括死亡原因、死亡現象、死亡時間、死者身分、死者的相關醫療紀錄、嫌犯身分、現場發現前被害者的行蹤等。犯罪現場必須有條理、有系統地勘察，勘察步驟都必須遵守標準作業流程（SOP），缺少某一關鍵步驟，很可能將導致主要證物被忽略、不符法律或科學要求。書中特別提到最先抵達現場的員警應注意安全第一，包括自己本身、現場他人與附近旁觀者的安全。確定事件的性質，穩定現場狀況，首先是急救傷患，若嫌犯仍停留在現場時，應立即搜索、逮捕現行犯，如果嫌犯不是在現場被逮捕，切勿帶回現場，避免污染現場；留下目擊證人、盡可能保全犯罪現場，建議三層封鎖線，管制犯罪現場，可減少物證被破壞或遺失的風險；依規通報，適時請求各領域專家支援，包含血跡型態分析師、炸彈拆解技術員、鑑識人類學家、警犬訓練師（協助偵查炸彈、縱火加速劑、毒品與屍體）、鑑識工程師、鑑識昆蟲學家、鑑識牙醫師、現場勘察員、刑事鑑識專家或鑑識科學家等。最後，最先抵達現場員警，應向前來犯罪現場勘察的鑑識人員報告到場發現的原始情況和訪查結果，盡量避免破壞犯罪現場。

　　犯罪現場勘察人員應具備必要的法律素養，進行合法的搜索扣押；如果有適法性的疑義時，勘察人員應主動向檢察官詢問。在法庭上辯方律師貶抑證據最常見的方法，就是證明呈堂的證據為非法取得；如果法院認定證據是非法取得，或是採證保存證據時未符合法律規範或科學標準，除非例外，這個證據將被視為不具證據能力。

　　勘察任何犯罪現場都必須以筆記、錄音、照相、測繪和錄影等方式，詳實地記錄，這些不僅可以當作犯罪現場勘察人員的證詞，證明在犯罪現場發現的物品、地點、性質與原始狀態，也可以提供後續現場重建、案件分析及提示法庭的重要訊息。犯罪現場搜索的主要目的是物證的辨識與採取，若警力許可下，應規劃專人負責證物之採取、標示、保存與包裝。犯罪現場重建包含犯罪現場分析、現場型態研判及物證鑑定，因此，應從不同的角度評估原始現場所存在的現象、物證與鑑定結果，使用簡單的邏輯（歸納與演繹），加上一般科學常識，說明展示發生何事、何時、何地、何人與如何發生。其中以犯罪現場常發現的血跡型態、玻璃裂痕、鞋印，以及槍擊案件中的射擊殘跡、彈道痕跡等具型態性質的物證，特別適合運用在犯罪現場重建。只有在確定所有的犯罪事實與答案都找到，並確定所有物證都已記錄並採取之後，犯罪現場才可以解除管制。

偵查團隊最需要合作、協調與溝通，以免產生「井蛙之見」的問題，書中建議完整的犯罪偵查團隊應包含下列成員：（一）最先抵達現場者；（二）犯罪現場勘察組，包括主管、攝影者、錄影者、測繪者、筆記製作者與採證者；（三）鑑識科學專家；（四）法醫〈必要時〉；（五）其他鑑識領域專家，包括鑑識人類學家、電腦分析師、鑑識昆蟲學家等；（六）檢察官。

一般而言，犯罪現場暗藏許多風險，包括化學、生物、爆炸、輻射與建築結構上的危害，其中最常見的化學毒害是地下毒品工廠，建議處理生物毒害物質時，需戴手套、防護衣、面罩、頭罩等，可避免勘察人員自己的 DNA 污染證物，亦可避免物體間產生二次移轉污染的可能性。書中特別討論愛滋病（後天免疫不全症候群），其傳染的模式通常是直接與愛滋病病毒污染的血液或體液接觸，常見的是性接觸與共用針頭注射，任何傷口或黏膜也有感染的危險。搜索時切勿把手伸入看不見的地方，如果有必要，應戴特別設計的搜索手套，以提高保護功能。

犯罪現場紀錄

現場紀錄是犯罪現場勘察中最費時但也最重要的步驟之一，需要遵守有條理、有系統和不斷創新的步驟，其目的是記錄與保存物證在原始犯罪現場的狀況、位置與相互關係。完整的現場紀錄必能再次驗證於現場採集的物證，實務上紀錄的五個方法是描述、錄影、攝影、測繪與錄音，每一種方法都很重要，可相互驗證與互補。其中，清晰的現場描述包含現場相關證物的詳細描述，有多少（數目）？甚麼東西（名稱）？在甚麼地方（位置）？像甚麼（外觀、顏色、結構、大小、狀態）？唯一的識別（序號、特徵、標籤等）？現場有誰？誰可能是證人？所以現場描述必須包含下列的基本內容：（一）通報資料。（二）抵達資料。（三）現場描述：短暫性（味道、聲音）與狀態性（燈光開關）證物。菸灰缸與垃圾桶的內容物，常可看出被害者與嫌犯最近與過去的行為。（四）被害者描述：觀察衣物穿著有組織或無組織，顯示被害者與嫌犯的行為。（五）犯罪現場勘察組的任務分配（現場描述、攝影、測繪、採證等，回答何人、何事、何時、何地、何物與如何等問題），初步勘察的資料（最先抵達現場者資料，證物辨識〔包含血跡型態辨識、彈道辨識、短暫性與狀態性證物、牡印、輪胎痕及其他初步觀察的訊息〕），現場勘察開始與結束時間，以及證物處理、採證、包裝、儲存與運送。現場描述是記錄在犯罪現場所觀察到的所有活動與物品的文字紀錄，描述者實際上就是犯罪現場的祕書；現場描述反映出現場勘察中要解答的何時、何人、何事、何地與如何的問題；無論失蹤或出現在現場的證物，均可提供驗證證人、被害者或嫌犯的供詞，及確認犯罪事實是否存在等，因此這些資訊都必須記錄在現場描述中。

犯罪現場錄影最主要的目的，是以影像表現犯罪現場的環境，而不是要表現個別證物的細膩高品質特寫影像。而現場照相的目的，是提供現場及相關區塊的影像紀錄、記錄犯罪現場與物體的最初外貌、提供勘察人員與偵查人員永久的紀錄，供後續現場的分析，以及提供作為法庭永久的紀錄。犯罪現場照相通常在錄影後接著進行，若現場不打算錄影，則應在現場初步勘察後立即展開照相的工作。從犯罪現場入口開始拍攝，有條理、有系統的現場與跡證照相，應遵守「漸進式由全面到部分」的原則，從「全景」、「中景」到「特寫」的步驟，呈現「真實精確」的現場原始情況。若拍攝大量的照片，必須依序編號記錄，為了記錄物證的大小與相對距離，應在證物旁放置合適大小的比例尺。現場勘察人員如果考慮這張照片要不要拍時，建議就先拍下來，不需考量可能不重要而不拍照，它很可能會變成極關鍵的證據。

　　照相是將三度空間的地區或物品，以二度空間表達出來，因此照片中物體間的空間關係在本質上就會出現缺少一維的變質現象。犯罪現場測繪是現場與物證實際大小與相對距離的測繪紀錄，詳細的測繪資料必須附有現場照片，簡而言之，現場測繪是犯罪現場的導覽圖，應加上測繪的主題（標題）並標示指北針方向，完稿圖還要附上比例尺，完整的測繪圖中應包含（一）案件編號；（二）犯罪種類（命案、竊案等）；（三）被害者姓名，但絕不可將嫌犯姓名列在測繪圖上；（四）地址或位置；（五）現場描述（室內、室外、房間號碼、天氣、燈光等）；（六）測繪日期與時間；（七）測繪者、協助者與見證人姓名；（八）比例尺（如 1 公釐＝1 英寸等）；（九）物證的圖說等資訊。

物證之搜索

　　從犯罪現場或其他偵查階段中獲得的物證，常是破案的關鍵，同理，很多案子無法突破，也正是因為缺乏物證。瞭解犯罪現場搜索的目標，建立找到有用的物證而排除不相關物品的系統化搜索方法，進行專案搜索才能成功。犯罪現場搜索的目的就是找出所有可用的跡證，用來連結或澄清嫌犯、證人、現場與犯罪的關聯。要到哪裡找證物？要如何進行搜索工作？書中所提的「四向連結論」是說明犯罪現場、被害者、嫌犯與物體的相互關係，瞭解這些項目間的相互關聯性，對找尋證物有很大的幫助。理論上，建立「現場」、「被害者」、「嫌犯」與「物證」之中任何兩個或兩個以上項目的關聯性，案子就有可能解決，建立愈多關聯性，破案的機會就愈大。

　　所謂「羅卡交換論」係指不論何時兩個物體表面相互接觸，在接觸面上就可能出現移轉性證物，即犯罪者進入犯罪現場時會遺留一些東西在現場，當他離開現場時身上也會帶走一些現場的東西，關鍵是我們能否找出這些被移轉的物質。所以任何可能使證物遭到破壞或變更的現場，都應優先處理。通常，第一現場是指主要犯罪行為或證物發生的地點，在確定陳屍或案發現場是第二現場後，最重要的事就是盡快找出第一現場，以減低嫌犯清除或破壞第一現場的機會。到達現場，搜索的重點地區是指很可能留有重要證物的地方，包含現場入口、行經路線、犯罪發生的目標區、現場出口，這些重點地區經完整記錄、搜索、採證與保存後，即可搜索次要的地區，最後，再重點式且徹底地搜索其他次要地區。

書中對於犯罪現場的分類很多，包含室內犯罪現場（房子、建築物）、室外犯罪現場（院子、公園、野外或道路）與交通工具（火車、飛機、汽車）等。另被害者的屍體或嫌犯本身就是一種犯罪現場，應詳細檢驗，所有的微量證物，包括毛髮、纖維、DNA、體液、潛伏印痕、縱火劑、槍擊殘跡、花粉、土壤等，常出現在與犯罪相關的人身上。屍體的狀態與位置，包括顏色、僵直、屍斑等，以及傷口的形狀與位置等，也提供了偵查的資訊。搜索型態都是用基本幾何圖形型態搜索，有直線、方格、螺旋、放射、區塊與連結法。

物證之採取與保存

在犯罪現場記錄與物證搜索完畢後，即可進行證物的採取與保存工作，勘察組必須指派專員負責採證，確保所有證物都已採取、包裝、編號、封緘與保存完整，如果有專人負責，證物就不會有任何遺漏、遺失或污染。另每個證物都必須分別採取與包裝，以免交互污染，採證時需隨手包裝與封緘，避免證物混淆。近代鑑識技術的改良與靈敏度的提高，使得正確的採證與包裝更顯得特別重要，若因為不當的採證或包裝，導致證物遺失或污染，縱使鑑識實驗室有再先進的科技都派不上用場。

在犯罪現場發現的指紋、壓印痕跡、毛髮、纖維、玻璃、油漆、土壤、槍彈、工具痕跡、血液、精液、唾液、尿液、汗液、縱火劑或易燃液體、爆裂物、可疑文書、藥毒品證物（管制藥品、處方藥品）、咬痕證物和昆蟲證物之採取與保存是本章節的重點，例如採集的鞋印，可以說明鞋子大小、現場人數及遺留鞋印的人在現場行進的方向及活動等重建結果。一般現場發現的壓痕證物有兩種：（一）二度空間的壓痕，稱為印痕，是兩個物體表面互相接觸，而沉澱物由一個表面移轉到另一個表面上，例如指紋、鞋印與輪胎痕都是犯罪現場常見的印痕。通常出現在室內物體上，及有時出現在戶外現場之光滑表面。（二）三度空間的壓痕，稱為凹痕，是因物體表面比另一物體表面軟而產生，較軟的表面被較硬的物體表面印下它的形狀，包含長度、寬度與深度，結果在軟性表面上複製了物體的壓痕特徵，通常出現在戶外現場的軟性物體表面。另犯罪現場發現的工具痕跡也是壓痕的一種，這些痕跡有些是靜態凹痕，有些則是動態凹痕，稱為刮痕。這些跡證均可利用斜光照相，以產生陰影表現出凹痕上的特徵；另實務上則常用石灰或矽膠鑄造出立體模型，以供後續的比對。

　　在犯罪現場查獲槍枝證物，除了採取、包裝與保存外，還需記錄槍枝的廠牌、型式與槍號，包括槍枝的位置、子彈裝填狀態、發現時間和槍枝上的物證。移動槍枝時，應避免破壞可能的潛伏指紋或血跡噴濺痕，另不可從槍管插入東西移動槍枝，此舉會破壞槍管內的膛線。另在犯罪現場發現的槍擊殘跡（GSR）是很脆弱且容易消失的，因此，在槍擊後必須第一時間盡快採取。在活人身上採槍擊殘跡應使用鑑識實驗室提供的採取盒，目前兩種最常用的槍擊殘跡採取方法為：（一）掃描式電子顯微鏡（SEM），採用圓盤黏取法；（二）原子吸收光譜儀（AA），採用線棒擦拭法。在活人身上的槍擊殘跡必須在六個小時內採取，且在還沒有洗手或碰觸的情況下較可能採到。若是屍體，應在移動前採取，若無法在現場採取，應先以紙包住手部。衣服上的槍擊殘跡常可用來研判射擊距離，衣服必須仔細包裝不讓槍擊殘跡移位，最好的包裝方法是在衣服的每一摺層都墊上紙張，衣服應裝在盒子內盡量避免摺疊。另在火警現場燒毀或未燒毀的地毯、墊子、家具、床鋪、地毯、木頭與牆壁，都可能吸附用來引發火災的縱火劑。鑑識實驗室可以將這些縱火劑從火災現場的殘渣與水中分離出來。

邏輯樹

在任何犯罪現場，有條不紊的勘察步驟是偵查成功的關鍵，這些步驟依犯罪性質不同而異，卻有共同的特徵與原則，找到相對應的邏輯樹，在偵查或勘察期間就可以避免重大錯誤。然而必須強調的是，邏輯樹是特定偵查的基礎，使用者仍應保持客觀開闊的偵查態度。現場重建是邏輯樹觀念的最後一個階段，需依賴正確的證物辨識、鑑定與個化的過程才能成功。現場重建需要完整的偵查資訊、勘察訊息及物證鑑定結果，這些數據愈多，重建愈精確，對偵查愈有價值。重建工作是一種演繹與歸納的邏輯實現，連結各類物證、型態跡證、分析結果、偵查資訊及其他查訪供詞證據，成為完整的具體情節。

對邏輯樹最好的說明就是直接以實例推理，本書中以命案現場、性侵害案件、槍擊現場、火災與爆炸現場、藥物與中毒、壓痕證物等最常見的犯罪型態，所擬出的各項邏輯樹，應注意邏輯樹中所列項目是否遺漏，並確認所有證物都已被辨識、鑑定及個化，並提供現場重建。例如命案現場，陳屍在樹林，從現場勘察所得，可以幫助命案偵查，並瞭解到底發生了甚麼事。先推論這是第一現場，還是棄屍的第二現場？由陳屍的位置、遺失或破損的衣服、外傷的型態及其他特徵，可以區別這是主動或被動的現場，是有組織或無組織的現場，現場是自然的還是偽裝的，這些問題在分辨嫌犯的種類上幫助很大。又如，性侵害案件，當警察獲知性侵害發生時，被害者可能還活著，也可能已死亡；在被害者尚存活的性侵害偵查中，訪談被害者可以獲得有利的偵查線索，也可以幫助採證。一般槍擊現場可能與許多案件相關，最常見的是暴力攻擊、命案與搶劫，槍擊案的勘察包括射擊殘跡與型態分析、彈道重建、彈頭與彈殼的顯微鑑定與比對、槍彈證物的資料庫搜尋與武器登記檔案的查詢等偵查作為。另火災與爆炸現場勘察的重點，是決定爆炸或起火點與原因，原因包含天然、意外與故意（縱火）；通常，排除天然與意外後就是故意的行為，如果找到一些證物或偵查訊息則更能支持縱火的推論。

　　有關藥物與中毒案件，除非勘察人員想到所有可能的因素與進行系統化的勘察，才可能獲得有價值的偵查訊息，否則使用藥物與中毒引起的死亡容易被當成生病案件而被忽略或草率勘察結案。很多犯罪現場都可以找得到的壓痕證物，常扮演關鍵證物，必須謹慎處理，不可忽略或破壞。壓痕的辨識與紀錄非常重要，正確地瞭解它的類化特徵與個化特徵，及與現場重建的關係。

現場檢驗與顯現試劑

　　利用有條理的搜索步驟與使用顯現試劑，有助犯罪現場採集質量並重的型態性證物。顯現試劑可以幫助勘察人員找到重要的遺失證物，除了血跡印痕顯現試劑外，還有蛋白質、潛伏紋痕殘跡與射擊殘跡顯現試劑等，這些現場檢驗與顯現試劑對犯罪現場勘察與實驗室分析幫助很大，包含：（一）協助辨識與鑑定證物；（二）顯現在犯罪現場、證物、衣服或屍體上的型態性證物；（三）協助犯罪事件的研判與重建；（四）檢驗應採取送鑑的樣品；（五）在犯罪現場過濾不需送實驗室鑑定的證物與物品；（六）及時提供勘察人員初步結果，是否有可疑血跡、是否有管制藥品等；（七）提供有無化學、物理或生物物質的訊息；（八）提供偵查線索。

　　通常現場檢驗是用來偵測生物或化學物質，為了有效地在現場發揮，這些方法與試劑應在非實驗室環境下即可應用自如，不需特別設備，愈靈敏愈專一愈好，且應快速有效，容易判讀，與實驗室所進行的初步試驗具有相同的鑑定價值。現場檢驗是以過濾篩檢為目的，不可以用來取代實驗室的確認試驗，常用的包含證明血液、體液（精液、唾液、尿液、排泄物、胃內容物）、射擊殘渣與炸藥、管制藥品與毒物存在的試驗方法。試劑則包括血跡印痕顯現試劑，蛋白質顯現試劑，脂肪酸、元素與化合物顯現試劑。

　　書中提到射擊殘跡的檢驗有兩個主要目的：（一）研判某人是否開過槍或最近是否摸過剛射擊過的槍枝，或某一個物體表面是否靠近射擊時的槍枝，檢驗汽車內部表面可以研判是否曾在車內開槍；（二）檢驗射擊殘跡，分析其型態以研判槍口至目標的距離，射擊距離的研判在自殺或他殺的研判上扮演重要的角色。在實務偵查中，炸藥殘跡可能出現在生產的地點、儲存的倉庫、汽車或裝運的容器內，也可能在嫌犯的手上或衣服上，在爆炸後的現場則可能有未爆或爆炸後的產物。

　　警察、緝毒人員與鑑識科學家，工作需求必須辨識各種形形色色的管制藥品與毒品，常需要快速或在現場檢驗疑似管制藥品或毒品，尤其現場的檢驗結果，通常是作為進行逮捕販賣或持有管制藥品的重要依據。呈色試驗常用在毒品檢驗的初步篩檢，特定的毒品會與特定的化學試劑產生特異的顏色反應或沉澱物，含有這類毒品試劑的組合已有市售檢驗盒供使用。現場檢驗與顯現試劑，可以提供犯罪現場勘察與實驗室分析人員重要與及時的協助；初步試驗要留意它的限制與可能的問題，過度解讀可能會誤導偵查人員與勘察人員，有時還可能變成不具證據能力。

特殊現場的勘察技術

　　除一般的案件偵查，處理電腦犯罪屬於較特殊現場的勘察技術，例如面對數位證據就應該像處理毒品、命案凶器或任何其他證物一樣，不可以在命案現場撿到可疑的凶槍，就扣扳機測試是否功能正常，當你在查扣電腦或資料時，不要打開電腦或觸碰任何東西，除非你真的知道怎麼處理。切勿自行檢驗原始的數位證物（如磁碟裡的檔案），如同偵查毒品案件，不要在搜索毒品時，嗅聞小瓶子內的白粉，應讓證物保存原來的狀態，並製作一份拷貝版，若可能應讓所有人簽署證明與原版無誤。當著手檢驗時應再製作一份「工作版本」，使用工作版本，才能打開檔案進行檢驗，也別忘了在開啟案檔案前先用防毒軟體掃描。

　　網路包含許多不同功能的網域，每一個網域都有可能成為犯罪現場，透過網路的犯罪也會留下證據。但是電子證物很脆弱，如果處理不當，很容易被修改或破壞，因此需要專業的偵查或勘察人員去蒐集與保存電子證物，以確保證物的完整，並能於法庭中成功提出。

犯罪現場重建

　　犯罪現場重建的內容是本書的重中之重，它是依據犯罪現場痕跡型態、物體的位置與實驗室的物證鑑定結果，以研判發生在犯罪現場的所有活動。重建並不只涉及犯罪現場的科學分析、現場痕跡型態性證物的研判與物證的實驗室分析，也涉及相關資訊與邏輯理論的系統化分析。現場重建一部分依賴科學實驗的結果，一部分依賴過去的經驗，但是它的步驟與過程，還是嚴格地遵守基本的科學原理、理論架構與邏輯推理，它涉及物證分析與研判及所有資訊的整合，有條理地、仔細地觀察與豐富的經驗，應用在犯罪現場勘察與物證的實驗室鑑定，對正確的研判、分析及最後的犯罪現場重建幫助極大。

　　現場重建與「再表演」（re-enaction）、「再創造」（re-creation）或「犯罪剖繪」不同。「再表演」是指被害者、嫌犯、證人或其他個人基於對犯罪的認知重演產生犯罪現場或物證的事件；「再創造」是透過原始現場的紀錄，呈現犯罪現場的物件或行為；而「犯罪剖繪」是犯罪現場的心理與統計分析的一種過程，它可以研判犯罪特徵，找出最有可能的犯罪嫌疑人。這些分析對犯罪偵查的某一方面都有幫助，但對破案的幫助有限。

　　重建是以現場觀察、科學鑑定及邏輯推理為基礎的行為，包含下列步驟：

　　一、辨識：任何的鑑識分析通常是從那些看來沒有證據價值的物品中，辨識出可能的跡證，一旦找到證物，必須保全和完整地記錄、採證與保存。實驗室分析與比對可以鑑別、個化和追溯其來源。當犯罪現場所呈現的痕跡型態經過分析，物證也鑑定完成，即可進行重建工作。

　　二、鑑定：它是一種比對的過程，利用標準物品或已知物質的分類特徵，與犯罪現場採取的證物進行比較，比較物理、化學、生物性質與型態性質等。當某一個證物經過鑑定但尚未能達到真正個化時，它通常具有某些相似的分類特徵，例如物理性質的大小（大、中、小）、形狀（圓形、方形、不規則形）、顏色（紅、藍、白）、重量（重、中、輕）、長度

（長、中、短）、寬度（寬、中、窄）、型態性質的狀態（液體、氣體、固體）、來源（植物、昆蟲、動物、人類）和成分來源（天然、人造），甚至常見的生物跡證鑑定的種屬、性別、種族、年齡、來源、遺傳標記、族群分布和型態研判等。因此，應該敘明分類特徵的相似程度。

　　三、個化：在鑑識科學而言，個化是獨一無二的，表示來自犯罪現場的可疑證物與相似的已知證物樣品具有共同的來源；除分類特徵外，該物體也擁有個別特徵，可以用來區別相同種類中的各個成員。物證的鑑定與個化分析及其結論在重建工作上都是重要的資料。

　　四、重建：它是以犯罪現場勘察與實驗室分析的結果及其他不同來源的資料為基礎，以重建案件發生的經過。重建通常使用歸納與邏輯推理、統計數據、犯罪現場資訊、痕跡型態分析及各種物證的實驗分析結果。重建是複雜的工作，連結很多類型的物證、痕跡型態訊息、分析結果、偵查線索及其他查訪、偵訊的供詞，形成完整的重建結果。

　　目前正在發展的人工智慧比對資料庫（如 DNA 資料庫 CODIS 與指紋資料庫 AFIS）與專家系統已為重建工作開啟一個嶄新的領域，這些系統讓鑑識人員可以模擬實驗的分析結果，布置犯罪現場、推理、比對與剖繪嫌犯，做出合理犯罪過程的推論。犯罪現場找到的特定物證種類，進行分類討論，遵循「資料蒐集」步驟以導出重建理論，形成的理論將結合現場勘察、物證檢驗及分析結果。運用科學邏輯重建的過程中，常見的五個步驟如下：

　　一、資料蒐集：蒐集在犯罪現場與從被害者或證人所獲得的所有資料，包括證物的狀態、痕跡與壓痕、被害者的狀態，都必須經過檢驗、歸類與分析。

　　二、推論：證物在分析之前，可先就涉及犯罪行為的事件進行可能的推測或解釋，在此階段可能有許多不同的解釋。

　　三、形成假設：物證檢驗包括血跡、壓痕、槍擊、微量證物與指紋證物的研判分析與後續調查，不斷累積資料的過程，會導引出對事件可能情節較有根據的推測，稱為假設。

　　四、驗證：一旦假設形成，就必須進行驗證確認或排除所有研判或假設中的某一論點，包括比對現場採集的樣品與標準品及不在場的樣品，加以實驗支持，驗證重建的假設。

五、形成理論：應該加入後續調查到有關被害人或嫌犯的行為、相關人員的活動、證人帳戶及其他與事件相關的資訊。所有查證過的線索，物證分析與研判及實驗結果經過完整驗證假設及確認分析後，即可視為合理的理論。

犯罪現場的型態性證物對犯罪重建工作非常重要，可用來證明或排除嫌犯的不在場證明，或證人陳述在犯罪現場發生的內容，連結或排除在特定事件涉入的個人或物體，或是提供偵查人員新的偵查線索。型態性證物通常由兩個物面（人、車輛或物體）的接觸而引起，導致產生印痕、凹痕或刮痕，這些痕跡可能是靜態也可能是動態的接觸，形成的痕跡可能是二度空間，也可能是三度空間，犯罪現場所常見的型態性證物包含：（一）血跡型態；（二）玻璃裂痕型態；（三）燃燒痕跡型態；（四）家具位置痕跡型態；（五）引火痕跡型態；（六）輪胎或剎車痕跡型態；（七）衣服破損痕跡型態；（八）犯罪模式與犯罪現場剖繪型態；（九）彈道與火藥殘跡型態；（十）傷痕型態。

這些犯罪現場的型態性證物應仔細記錄、處理、顯現或採取，用來進行型態性證物重建的方法是「辨識→鑑定→個化→研判→重建」，與重建其他證物的方法相似。例如以血跡型態的物理性質包括血跡的大小、形狀與分布型態等尋找事實，亦即評估遺留的血跡以研判其遺留在犯罪現場當時的行為。

血跡型態在流血事件上提供的訊息不是「何人」而是「何事」。因「何事」而流血，必須分析血跡的外觀才可能獲得解答，以下是血跡證物分析可以重建的項目：（一）血滴行進的方向；（二）血液來源到目的表面的距離；（三）血滴撞擊的角度；（四）血滴的種類；（五）研判血滴行跡、方向與速度；（六）引起流血的力量性質；（七）引起流血的凶器種類、揮擊次數、流血位置；（八）流血事件的順序；（九）研判接觸或移轉性型態；（十）估計遺留時間與血液體積。

犯罪現場的血跡型態可分成三大類：滴落式血跡、噴灑式血跡與特殊血跡型態。犯罪現場滴落式血跡型態的產生，是依血液的生化與物理性質而定，通常自由滴落的血滴撞擊到表面時，除形成圓形痕跡外，血滴距離愈高所形成的圓形痕跡直徑愈大，直到血滴達到終端速度為止。在這個高度以上，血滴所形成的圓形直徑均相同，因此，分析血跡的直徑，即可研判血跡的滴落高度。血跡的形狀隨著撞擊角度不同而異，撞擊的角度愈小，血跡的形狀愈長、橢圓形愈扁，血跡的「拖尾」方向通常指向血滴行進的方向。沿著滴落角度行進的方向，可以研判行進方向與速度。在水平方向移動速度愈快，血跡形狀會愈狹長，血跡間的距離愈大。有經驗的血跡分析師，可以用個別的噴濺痕協助重建工作，確定撞擊點或流血點，重建使用力道的性質、事件的順序、人的位置或撞擊點附近的物體等。撞擊引起的血跡噴濺痕可以因使用的力量不同而予以分類，可以幫助研判凶器種類。例如血跡直徑小於 2 公釐者，通常是由高速度撞擊所產生的結果，所需的力量速度通常超過每秒 100 英尺，此與高能量來源如爆炸、槍擊及高速撞擊有關，但從流血的口或鼻、因呼吸而噴出的血，有時也會與高速度撞擊的血液撞擊痕混淆，在勘察時應仔細辨別。接觸移轉的型態也常由動態行為產生，這類的移轉型態常與血液的塗抹（smear）有關，以乾淨的物體在沾血的物面上移動所形成的痕跡為塗抹痕跡，這種塗抹的痕跡型態可表現出塗抹物體的方向。沾血的物體接觸到乾淨的表面也會產生刷掃痕跡（swipe pattern），也可研判出形成這些痕跡的動作與方向。

　　玻璃主要是由非結晶性的二氧化矽製成，通常可分成三類：平板、強化與安全玻璃，每種都有其特定的性質，破裂的現象也不一樣。在犯罪現場的破裂玻璃，有時也可以幫助現場重建，提供事件發生的資訊，協助證明或駁斥不在場證明或證人的陳述等，破裂的玻璃通常與竊盜、傷害、槍擊或火災案件有關，由玻璃裂痕可以研判的資訊如下：（一）撞擊力的方向（由內向外或由外向內）；（二）撞擊力的大小；（三）撞擊力的角度；（四）破璃裂痕的種類；（五）槍擊順序、方向及由槍擊洞口研判槍枝種類；（六）燃燒溫度及燃燒行進方向。利用玻璃裂痕型態進行犯罪現場重建，端賴細心地對玻璃裂痕放射與同心圓痕跡的辨識、紀錄與分析，其他可以幫助重建的痕跡如肋痕、空間關係、裂痕及玻璃熔毀的狀態等。

在燃燒的痕跡型態所提供的各種訊息中,可以找出起火原因;燃燒型態通常可以協助研判起火點、燃燒方向、火災毀壞程度,並可能提供縱火的偵查線索,下列是火災現場中常見的燃燒型態:(一)倒錐形或 V 字形;(二)數個起火點的燃燒型態;(三)低度燃燒型態;(四)炭化程度的型態或鱷魚皮型態;(五)引火型態;(六)煙燻型態;(七)熔毀型態;(八)水泥剝裂型態。火場的熔毀型態主要與火災現場環境、可燃物的分布及火災的種類與強度有關,專業的火災現場勘察人員可以從研究現場燃燒型態與一般或預期的型態差異而重建火災現場。

輪胎與剎車痕跡型態常出現在戶外犯罪現場,可以提供現場勘察人員重要的重建訊息。剎車痕在車輛事故的重建價值已為大家熟知,但在犯罪現場勘察與重建上常被忽略,這些痕跡可以提供涉案車輛的數目、可能的車速、行進方向、是否踩了剎車及有無轉彎等。

三大案例分析重點

最後這本書藉由美國三件重大刑事案例,討論不同類型的現場勘察、採證與重建,以及破案過程,來回顧說明前面章節的勘察重建理論運用結果。第一件案例的分析重點是有關血跡型態的部分重建,討論發生在一九九二年十一月二十七日夏威夷希羅(Hilo)的一件命案,經由現場勘察取得必要的資訊與完整的現場紀錄,再配合血跡型態的重建而破案。說明犯罪現場經過詳細的紀錄、相關證物經由有系統的搜索採集,並取得鑑識實驗室鑑定結果及法醫報告等,就可進行全面的現場重建。

第二件是以槍擊現場重建為主軸,討論一九九三年一月十一日發生在九十五號州際公路的案件;此案討論警察涉入的槍擊案件,導致嫌犯死亡及一名十三歲男孩人質重傷,在完整的彈道重建後,調查說明事故真相,重拾民眾對司法的信賴,同時也維護了司法尊嚴。現場勘察過程通常複雜又具挑戰性,只能透過科學的現場重建才能獲得答案。一般槍擊現場的重建包括研判彈道、射擊距離、彈殼掉落位置、玻璃裂痕分析、血跡噴濺痕研判及彈頭上微量跡物的顯微分析,與其他種類現場重建一樣,槍擊現場重建的最後報告是依各種分析內容的品質而定。在各類刑案中，從毀損到命案所發生的槍擊事件，現場重建工作對調查人員與法院的幫助很大。然而，有警察涉入的槍擊案件更受矚目，應列為重大案件，更需以客觀公正的調查，透過完全重建來發現事故真相。

最後一個案例，是以發生在一九九四年六月十二日，妮可‧布朗‧辛普森（Nicole Brown Simpson）與陸納德‧高德曼（Ronald Goldman）命案的現場勘察，說明有限的重建問題與強調證物位置的重點。不完整的犯罪現場證據與草率的證物辨識及採取，往往會使得完整的現場重建無法進行，導致基本犯罪偵查的六個何（W，即「何人」、「何事」、「何時」、「何地」、「為何」、「如何」）無法完整回答。相對地，若有足夠的犯罪現場紀錄，即可進行有限度的重建，這種重建可以對有關現場某些範圍內的問題提出答案，如上述命案的偵查就是這種例子，雖然不可能完整重建所有事件發生的順序，或排除發生某些行為的可能，但有限度的重建還是可以做到，這種有限度的重建還是可以提供與命案相關的關鍵問題的答案，協助釐清案情。

小結

本書的理論精華和案例重點導讀如上，這些一再強調的現場勘察步驟與重點，都是李博士勘察多年的心得精華，也是第一線現場勘察人員應該銘記在心、奉為圭臬的指導方針。這本書的精闢之處，如人飲水，就好像欣賞一部電影，精彩的劇情、內容，需靠個人細心品味與思考，才能有所領悟，導讀類似劇情說明，僅就內容重點式地輕描淡寫，想要一窺現場勘察、重建的奧祕，瞭解精彩的實務操作或案例說明，深入認識勘察與偵查手段，絕非導論就能敘明，鼓勵對「犯罪現場處理、採證」好奇、感興趣者，一定要好好品味最後章節和研究案例的精華，必能體驗閱讀學習的樂趣。

本文作者為臺灣警察專科學校刑事警察科副教授、
國立政治大學、國立清華大學通識教育中心兼任副教授、
美國康州警政廳刑事科學實驗室訪問科學家、
美國康州紐海芬大學李昌鈺鑑識科學研究院訪問學者

序言

　　儘管有無數的舊案可以學習與改進，但我們還是不斷地看到許多未破的重大刑案，因犯罪現場勘察的疏失而未能進入司法程序。事實上，在美國及其他國家這種案件比比皆是，但諷刺的是，當鑑識科學已有長足進步時，鑑識科學的發揮還是掌握在犯罪現場勘察人員之手。因此，如果沒有正確地處理犯罪現場，那麼我們現在或未來所擁有的科技，都不可能彌補這個過失，正義也無法伸張。

　　一個高品質的犯罪現場處理程序不需要太複雜，只要堅守幾個基本原則與步驟即可。重要的犯罪現場勘察程序包含搜索、記錄、採取與保存所有相關的物證，包含型態性物證、狀態性物證、短暫性物證、轉移性物證與關聯性物證，如果這些重點都可以掌握住，那麼這個案子很有可能經由現場重建與數據的精確研判而獲得突破。

　　本書雖然沒有按部就班地以步驟提供勘察人員處理每一個特定的犯罪現場，但是卻提出許多通則與完整的步驟去規劃犯罪現場勘察，正如第七章描述邏輯樹的概念，對某些犯罪類型可能鑑別出共同的特徵與重點。

　　瞭解這些基本特徵、相互關係及與整個偵查的關係，是犯罪現場勘察成功的關鍵，相信在不斷累積經驗後，你將會體會到一個合乎邏輯的、系統化的勘察步驟的重要性。同時，每個現場都是一種挑戰，都會呈現不同的問題，只有透過團隊合作才是最佳的解決之道。無論如何，盡可能整合來自不同方面的意見與協助，如警察、現場勘察人員、鑑識科學家、法醫、檢察官與學者等。

　　本書的目的是希望看到因犯罪現場處理疏失致使犯罪審理或調查陷入膠著的現象不再發生。不像動人的小說及感人的電影，我們只有一次處理原始犯罪現場的機會。歷史不僅是珍貴的，也是昂貴的教訓，我們希望以我們在犯罪現場勘察的經驗，幫助勘察人員在歷史的教訓中學習，並避免在犯罪現場勘察上犯相同的錯誤。

關於作者

李昌鈺（Henry C. Lee）

　　李昌鈺博士，一九三八年生於中國，一九六○年畢業於中華民國中央警官學校，主修警察科學。在臺灣當了幾年的警官後，來到美國進修。一九七二年在紐約強傑刑事司法學院（John Jay College of Criminal Justice）獲得鑑識科學學士，隨後到紐約大學（New York University）進修生物化學，一九七四年獲得生化碩士，一九七五年獲得生化博士學位。目前擁有多所大學頒贈的榮譽博士學位，有康乃狄克州紐海芬大學（University of New Haven）、聖約瑟夫學院（St. Joseph）、布里吉波特（Bridgeport）大學法學院與羅傑威廉斯大學（University of Roger Williams）。

　　李博士於一九六六至一九七五年在紐約大學醫學中心工作，一九七五年在紐海芬大學覓得助理教授職，並成立鑑識科學系，三年後升為正教授。李博士曾經擔任康乃狄克州警政廳長、首席刑事鑑識專家、康乃狄克州刑事實驗室主任。目前是紐海芬大學榮譽教授及其他八個大學的講座教授。

　　李博士曾獲頒許多獎項，有一九六二年台北市警察局傑出服務獎、一九八六年美國鑑識科學學會刑事鑑識組（American Academy of Forensic Sciences Criminalists Sections）傑出刑事鑑識專家獎、一九八九年國際鑑識學會狄尼諾獎（J. Donero Award from the International Association of Identification）及其他數百個獎項。一九九二年獲選為美國鑑識科學學會傑出會員。他目前是七個學術期刊的編輯，包含《鑑識科學期刊》（*Journal of Forensic Sciences*），李博士是三十本書與許多書中章節及報告的作者與共同作者，並在專業期刊發表四百多篇文章。李博士在美國與國際有關鑑識科學以及刑事司法、教育與訓練的學會中擔任委員，並主持八百多場研習與研討會。

提姆西・龐巴（Timothy M. Palmbach）

提姆西・龐巴是康乃狄克州大學法學院法學博士，紐海芬大學碩士，主修鑑識科學中的刑事鑑識，進修時曾獲研究生獎。此外，學士學位也是在紐海芬大學獲得，主修化學與鑑識科學。

一九八二年龐巴先生進入康乃狄克州警察局服務，目前官拜少校，擔任科技組的主任，負責管理康乃狄克州刑事實驗室、管制藥品與毒物實驗室、電腦犯罪與電子證物實驗室。他在州警察局時曾擔任過公安廳組長、刑事實驗室副主任與重案組督察，在這期間曾在康乃狄克州聯邦與州法院出庭作證多次，主要是對犯罪現場處理與分析、血跡型態分析提供專家證言。

他曾參與許多高難度的犯罪偵查工作，並協助李昌鈺博士進行許多重大犯罪現場重建。目前他是三個美國與國際犯罪偵查委員會的委員，這些委員會由國際著名的鑑識專家組成，如李昌鈺博士、麥可・巴登（Michael Baden）博士、西利・魏特（Cyril Wecht）博士、彼得・狄恩（Peter Dean）博士、詹姆士・史塔（James Starr）教授、琳達・肯尼（Linda Kenney）檢察官與哈斯可・畢路克（Haskell Pitluck）法官。

龐巴先生除了在紐海芬大學鑑識科學系擔任教職外，在其他幾所大學亦有兼課，此外，他也是康乃狄克州西海芬大學（University of West Haven）鑑識科學研究所講師，在美國及亞洲數國提供諮詢與訓練服務。

龐巴先生是康乃狄克州律師公會會員、美國鑑識科學學會會員與國際血液噴濺分析家協會會員。同時也是國際鑑識學會認可的資深犯罪現場分析專家。

瑪琍琳・米勒（Marilyn T. Miller）

瑪琍琳・米勒是佛羅里達州南方學院（Florida Southern College）化學系學士，匹茲堡大學（University of Pittsburgh）刑事化學碩士，二〇〇二年五月將從強生與威爾斯大學獲得高等教育學博士學位，是紐海芬大學助理教授與鑑識科學系大學部課程負責人。瑪琍琳是美國鑑識科學學會刑事鑑識組、鑑識科學美南分會與美國化學學會會員。作為一個高等教育學家，她講學的範圍很廣，包括大學部與研究所主修鑑識科學或刑事司法的鑑識科學與犯罪現場勘察課程。她是李昌鈺鑑識科學研究所的研究員，在美國發表過數百場演講。

她曾在北卡羅來納州（North Carolina）、賓州（Pennsylvania）與佛羅里達州的執法機構擔任督察與鑑識科學專家超過十五年，她在郡、州與聯邦法庭就鑑識科學與犯罪現場勘察提供專家證言超過三百五十次，瑪琍琳曾在佛羅里達州的西岸郡（West Coast）經營刑事實驗室，她曾參與數百個犯罪現場的勘察工作，最近則擔任控辯雙方的顧問。除了在鑑識科學提供專家證言外，犯罪現場勘察、現場重建與血跡形態分析也是她的專長領域。

瑪琍琳提到，她最大的願望是在真實的刑事偵查領域中培養出客觀、人道與熱誠的鑑識科學與刑事司法的專家。

目次

University of New Haven
ensic Science Laboratorie

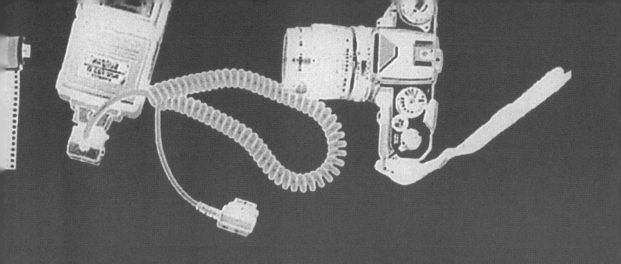

第一章

犯罪現場的基本認識

前言

　　犯罪現場勘察不只是對犯罪現場的瀏覽或紀錄，也不只是對物證的採取或包裝而已，它是犯罪偵查的第一步，也是最關鍵的一步。所有刑事鑑識偵查的基礎都是依賴犯罪現場勘察，去搜索現場中所有可能的物證，而鑑識工作則是接著研判物證的可能來源，也就是個化，最後則完成犯罪現場重建（如圖 1.1 所示）。當然，仔細地觀察、記錄與採證是犯罪現場勘察的重點工作。

　　犯罪現場勘察並不迷人，反而是一個很嚴謹的工作，更不像八點檔連續劇或懸疑電影所描述的那麼吸引人。實際上，它是一個有組織、有系統、有條理與合乎邏輯的過程，想要做好，不僅需要足夠的訓練與經驗，還要有團隊默契。犯罪現場勘察絕不可侷限在現場單純的勘察資訊，更要有偵查資訊的配合始能完成。團隊合作與意見交流是任何犯罪現場勘察成

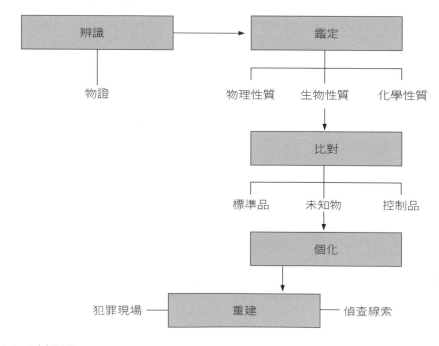

圖 1.1　刑事鑑識

功的要訣。

犯罪現場的種類

　　犯罪現場分類的方法有很多種，有依犯罪最初的發生地點分類，或依現場範圍、現場的犯罪活動、現場大小或狀態而分類。下列為常見的分類類型。

第一現場與第二現場（依犯罪最初的發生地點分類）

　　一九九九年十一月二十二日，米德波音特（Midpoint）警察局據報派員趕去調查一宗懸疑的死亡案件。員警抵達現場發現一具半裸的女屍被丟棄在破舊的車庫內，屍體旁的地上有輪胎印，被害者衣服上黏著一團纖維，屍體以窗簾布包裹，並用幾條細繩綁著。這是犯罪最初的地點？還是只是棄屍的地方？其他地方有可能也是犯罪現場嗎？本案係嫌犯從被害者的家裡引誘被害者到他家，因故把她綑綁並勒死，接著開自己的車子，把屍體運到這個廢棄車庫丟棄。勘察時與本案相關的現場都必須包括在內。本案物證鑑識中，屍體上的細繩與嫌犯家窗簾繩比對、被害者衣服上的纖維與嫌犯家地毯的纖維比對，都有利破案。而現場所有物證也都是結論的佐證。

　　傳統上，這個命案現場的定義是指屍體發現的地點，然而，從這個案例中我們學習到，任何地點，如嫌犯家裡、被害者家裡、嫌犯汽車、前往車庫之路，都與命案相關。因此，犯罪現場不只一個，被害者家裡、被害者辦公室、嫌犯家裡、嫌犯辦公室、嫌犯汽車、汽車行經之路與屍體發現地點，都應該被視為可能的犯罪現場。為了要進一步有條理地描述犯罪現場，「第一現場」一詞常用來指最初或第一個犯罪行為發生的地點，其他地點則都歸類為第二現場，如照片 1.1 所示。

　　再看另一個例子，懷俄明州（Wyoming）李佛頓（Riverton）郡的四角國家銀行（Four Corner National Bank）搶案，兩名蒙面持槍的搶匪闖入銀行，接應的女共犯開著車子在門口等待。兩人越過櫃台搶錢後，其中一

照片 1.1　第二現場：戶外第二現場顯示被害者被謀殺後，屍體被棄置在樹林裡

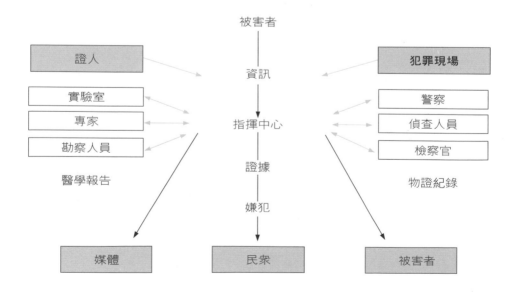

圖 1.2　犯罪偵查中現場的角色

名進入金庫搜刮其他現金。不久，兩名搶匪離開銀行跳入車內，但卻不小心掉了一個袋子。後來，制服警察在離銀行數英里處找到被丟棄的接應車輛。那麼，本案第一現場在哪裡？第二現場呢？

宏觀現場與微觀現場（依犯罪現場的大小分類）

犯罪現場也可以用現場範圍的大小來分類。以上述案例而言，肉眼視野可見的犯罪現場為宏觀現場，不僅包含地點，也包含被害者屍體、嫌犯身體、房子與車輛。這個定義的特點，是在犯罪現場內再以不同的視野觀察現場，這些都是重要的對象，而且要以現場看待處理。微觀現場是指任何現場勘察中所有的特定物證。在上述案例中，屍體上的咬痕、勒痕、纖維、毛髮、指甲、菸蒂、印痕與繩子等，都是微觀的犯罪現場，可分別以獨立的犯罪現場加以處理。

每一個案件都含有許多宏觀現場與微觀現場，如照片 1.2 與 1.3。應重視犯罪現場的宏觀與微觀範圍間的相互關聯性，它可能提供有利於犯罪

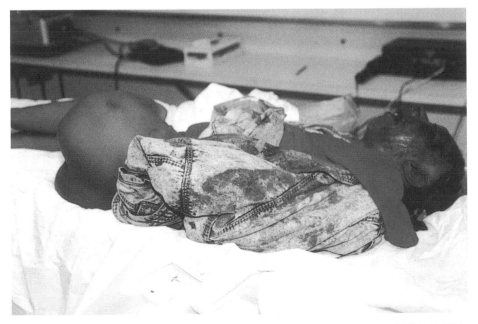

照片 1.2　在麻州波士頓一個小巷子內發現的無名屍，屍體就是現場，因上面有許多證物

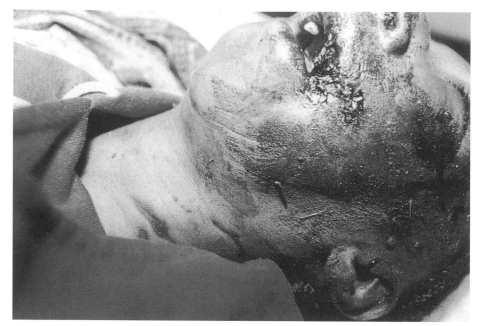

照片 1.3　命案被害者的臉上特寫，顯示有植物、土壤、生理與型態性證物等

偵查的線索。

其他類型的犯罪現場

　　犯罪現場的分類方法除上述外，還可依犯罪性質（如命案、暴力攻擊、搶劫等）、地點（室內或室外）、現場狀態（有組織或無組織）或犯罪的活動性（主動或被動）加以區分。

　　犯罪現場可以用許多不同的方法加以分類，依犯罪性質分類的現場，如命案現場、性侵害現場，或竊盜現場。依地點分類，如室內或室外現場，再精細的劃分可以包括物證可能存在的地點，如掩埋或水底現場。依特定位置分類，有房屋、火車、銀行或汽車。另一種分類，是依現場表面狀態，如有組織或無組織的犯罪現場，這種分類法最近很常見，常應用在犯罪剖繪（criminal profiling）上。此外，主動或被動、有組織或無組織等可以給人犯罪現場狀態的印象。

摘要

　　事實上，要牢記的是，沒有任何單一的分類方法，可以滿足犯罪現場及偵查上所有特性的分類，重要的是現場勘察人員要培養分析的能力、發展邏輯的方法，去研判在這個犯罪中究竟有多少犯罪現場以及哪些類型。

　　一旦定義出犯罪現場及其範圍，現場必須馬上封鎖與處理，所有犯罪現場處理的行為都必須符合法律規範與科學標準。然而，精確的犯罪現場範圍通常不易確定，且常依勘察進度而調整，現場勘察人員必須瞭解還有其他犯罪現場的可能性。當所有的犯罪地點都確定後，就可以研判犯罪活動的順序，在各個犯罪地點搜索物證，犯罪現場勘察與鑑識於焉展開。

犯罪偵查中的物證

引言

　　物證可以依其存在的狀態、犯罪類型、證據性質、組成或解決問題的種類而加以分類，每一種分類方法都有助於現場搜索或調查；物證的分類將在後續章節詳述。對現場勘察人員而言，重要的是要瞭解物證的價值與限制、不同現場的意義、證物移轉的原理與在宏觀現場中尋找微觀現場的有效方法。絕大多數可以導致破案的線索都在犯罪現場的物證中。上述案例在被害者身上的灰褐色纖維經鑑定為孟山多（Monsando）地毯的纖維，正好與嫌犯家的相同，這在偵查上非常有價值。因此，犯罪現場勘察人員必須瞭解利用物證去辨識、分類與定義犯罪現場，是犯罪現場勘察的一部分。有經驗的犯罪現場勘察人員常會去期待不可期待的證據，並去分類與定義現場以進行正確的犯罪現場勘察。只有將犯罪現場分類，犯罪現場勘察人員才可能研判哪一種物證最有可能在這個犯罪現場出現，如何進行辨識、採證、保存與處理物證，及依實驗室分析結果與現場所見重建犯罪現場。

　　犯罪現場勘察的工作是辨識、採證、研判與重建現場。物證鑑定的主要目的是提供有關的訊息給偵查人員，協助破案。犯罪現場勘察的工作與物證鑑定的結果相互驗證是科學的犯罪現場勘察的基礎。

物證的功用

下列功用為犯罪現場勘察與物證鑑定相互驗證的結果。

證明犯罪事實

犯罪事實（*corpus delicti*），依據拉丁文直譯是指死亡調查中的屍體，在這裡是表示犯罪發生的實際結果，這個實際結果就是物證、現場物證的型態及所有物證鑑定的結果等。打破的窗戶玻璃、被洗劫的房間、凌亂的抽屜與保險櫃外的金屬碎屑，都可以是證明竊盜案發生的重要物證。就如同馬路上的血跡顯示出可能發生肇事後逃逸的車禍案件，但若實驗室鑑定的結果是豬血，則將告訴偵查人員，發生了另一種意外事件。同樣地，被害者血跡出現在地板或與肩同高的牆上，將在攻擊案件現場重建中分別具有重要的意義。

照片 1.4　被搜刮過的犯罪現場

顯示犯罪模式

　　絕大多數有經驗的犯罪偵查人員，都知道許多犯罪人會有特定的犯罪模式（*modus operandi*, MO）或犯罪手法，這是他們個人的犯罪特徵或簽名。犯罪現場的物證對判定犯罪模式幫助很大，在破壞保險櫃的竊案中，破壞的方法與形成的物證，在研判犯罪模式上都是重要的特徵。在爆炸案中，引爆裝置、主炸藥成分與爆炸殘渣都是重要物證，可以幫助研判炸彈客的特徵。看來似乎不相干的案件，在仔細勘察下，可能會發現有相同的犯罪模式而有關聯；這種利用物證或犯罪模式來連結相關案件的作法，在連續犯罪案件的偵查上特別重要。

建立關聯性：連結人與人、人與物或人與現場

　　將嫌犯與被害者連結起來，是物證建立連結關係中最常見與最重要的連結應用；這種連結應用在暴力犯罪偵查上特別重要。物證連結人與人，

照片 1.5　住宅竊案現場，侵入口位在一樓廚房窗戶，辨識出這個特徵可以研判犯罪模式，鑑定嫌犯，李昌鈺博士正與 FBI 幹員搜索證物

如連結嫌犯到被害者，是雙向的關係，也就是在被害者身上找到嫌犯的物證，或是在嫌犯身上找到被害者的物證（如果是在距離犯罪時間不久後找到的話），都是同等重要。例如從被害者身上發現嫌犯精液的 DNA 比對，或嫌犯衣服上發現被害者血液、毛髮、衣服纖維或化妝品的鑑定。嫌犯與被害者的連結，可以是在嫌犯處找到被害者的物品的方式，例如被害者的信用卡在嫌犯處找到。微量證物的交換常被忽略或污染，因此，所有物證都必須小心處理，避免二次污染或遺失。

此外，人（嫌犯、被害者或甚至證人）與現場的連結關係可經由犯罪現場勘察與物證分析建立。在犯罪現場找到的指紋，可直接連結人與現場的關係。由於刑事實驗室使用新的科技，生物跡證如血液、精液、毛髮與唾液可以用來連結人與現場的關係。利用物證也可以間接連結人與犯罪現場的關係，現場發現的物證如鞋印、輪胎印、工具痕跡或個人物品可作為間接連結。物證形成間接連結的關係是由現場採獲的物證來證明，例如特定現場的泥土或植物出現在嫌犯的褲腳或車內，嫌犯家中的纖維或碎屑可能黏在被害者的身體或現場等。

最後，另一種連結形式是發生在人、物與現場之間，即把物體連結到特定犯罪。在某處或某人身上找到的物證，往往可以把某人或現場連結到特定的犯罪行為。例如，在嫌犯身上找到的一把槍號磨滅的手槍，經實驗室重現槍號後，找到的槍主可以與犯罪連結起來。此外，較特別的例子是一九八五年世界貿易中心爆炸案的偵查，把物與犯罪連結起來。在世貿中

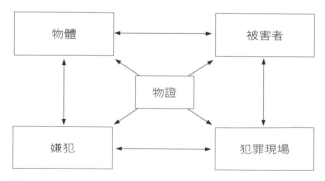

圖 1.3　連結理論

照片 1.6　紐約市世界貿易中心爆炸現場外觀（FBI 查理十‧華許提供）

心停車場的廢墟中，從一輛卡車底盤的殘骸上找到完整的車身號碼，用車身號碼查到卡車與車主，再經調查發現租車者，但已報案失竊。因此，犯罪現場發現之物品可以連結到犯罪行為（本案則為人）。

反駁或支持證人之證詞

正確的犯罪現場勘察與物證分析可以協助判斷被害者、目擊證人或嫌犯供詞的可靠性。例如某人涉及肇事後逃逸的車禍，在檢查沾有血跡之保險桿或擋泥板時，辯稱這些血跡和破損是撞倒衝來的狗所引起，實驗室對這些血跡的鑑定就可以證明或反駁他的供詞。

犯罪現場的型態或型態性證物對判斷證詞的可靠性很有幫助，例如，槍擊被害者襯衫上射擊殘渣分布的大小與形狀可以用來研判射擊距離，如果目擊證人間有關射擊者與被害者間的距離供詞不一，則必須用可疑的槍枝與子彈進行測試，以確認目擊證人的供詞。血跡型態也是一種型態性證物，可以用來證明或反駁供詞，如果嫌犯說被害者衣服上的血跡是他自己

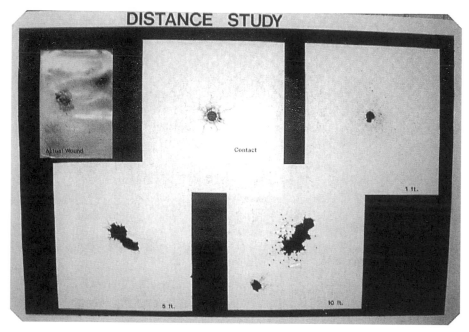

照片 1.7　槍彈證物的射擊距離實驗，左上圖為實際槍傷，其他則為試射情形，證實證人
　　　　　所稱被害者在約四到五英尺遠處被霰彈槍射殺

沾上去的，這種供詞很容易以血跡型態鑑定並予以確認。

鑑定嫌犯

　　刑事鑑識的過程包括：辨識、鑑定、個化與重建；利用在犯罪現場發
現的物證鑑定嫌犯需要前三個步驟。在犯罪現場辨識（或採取）出的物
證，經實驗室鑑定與個化，是為了鑑別出物證的來源。許多物證可以經由
鑑定、比對而個化。鑑定嫌犯最好的個化物證是使用指紋證物，在犯罪
現場採到的指紋，在美國可以用指紋自動鑑定系統（Automatic Fingerprint
Identification System, AFIS）的指紋資料庫搜尋特定的人。

　　在犯罪現場採到可以用來鑑定嫌犯的其他物證有咬痕、DNA 鑑定精
液與血液等；利用目前的 CODIS 資料庫，如果嫌犯的 DNA 檔案在資料庫
中，則未知精液與血液樣品可以經由「冷」搜尋（"cold" search）找到嫌
犯。圖 1.4 說明 DNA 資料庫的用途。

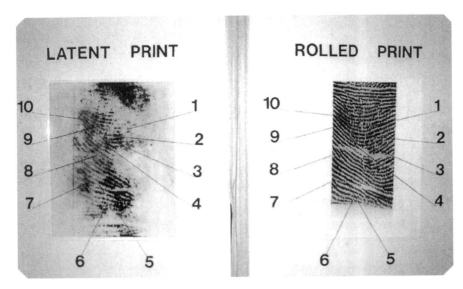

照片 1.8　已知與未知指紋的比對。左邊的指紋是在犯罪現場發現，與嫌犯的已知指紋相吻合（由沙拉索塔警局提供）

提供偵查線索

物證辨識與實驗室分析可以導引偵查循著正確的方向前進，雖然並非所有的物證都可以直接連結到或鑑定出嫌犯，但物證也可以間接提供偵查線索甚或導致破案，這是從現場採到的物證最重要也最有意義的功用。並不是每一個犯罪現場都有還在冒煙的槍枝或目擊證人，但犯罪現場確實會有物證可以協助偵查人員進行偵查。例如在肇事逃逸車禍的偵查中，在被害者身上找到的五層油漆片，可以用來縮小查詢涉案汽車的種類與數量；鞋印大小可以幫助偵查人員排除或鎖定嫌犯，犯罪現場鞋印的型態對未來的偵查提供重要線索（在某些案子可以連結到具有個人特徵的鞋子）。不同鞋印的數量（如照片 1.9）顯示犯罪現場的人數，鞋印的位置可以表現犯罪事件在現場發生的可能順序，鞋印的狀態也可以協助辨識出現場的活動情形。

鑑定不明物質

另一個犯罪現場物證常見的功用是鑑定出現在現場的物質或化學藥

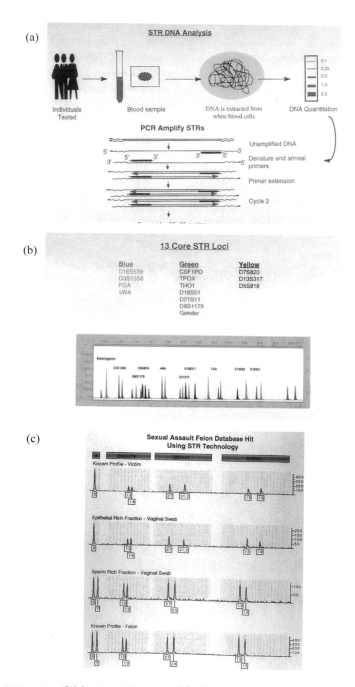

圖 1.4 (a) STR DNA 分析；(b) STR DNA 分析的十三組 STR 基因；(c) 性侵害資料庫以 STR DNA 分析比中的情形（由卡爾‧拉德與麥可‧布爾克博士提供）

品，包括可疑管制品或毒物鑑定，其他如從疑似縱火現場殘渣中鑑定縱火劑，鑑定血液中的酒精含量與毒品，鑑定油漆刮片中的化學成分以研判涉案車輛之廠牌與年分等。另一例子是地下毒品工廠的原料鑑定，即使在成品未完成前，也可以鑑定出是否為管制物品。

重建犯罪行為

　　犯罪現場的採證與實驗室的分析只是刑事鑑識的一部分，在很多案例中，物證的鑑定與個化並不成問題。但對勘察人員而言，更重要的是研判：研判這些物證是如何產生的、犯罪現場是如何形成等，從物證所得到的這些訊息，可以用來重建犯罪是如何發生的。例如，犯罪現場只有被害者一人流血，此時，個化被害者臥室屍體旁牆上的血跡，如同知道血跡型態是否與鈍器打傷相符一樣重要，而打擊的次數、部位與被害者的反應，是調查與起訴犯罪行為的重要資訊。照片 1.10 圖示血跡證物的重建，顯示命案現場事件發生的順序。

照片 1.9　在雪地上的鞋印痕跡與疑似血跡

照片 1.10　犯罪現場照片顯示中速度撞擊的血液噴濺痕，垃圾桶在血液噴濺後被移動過

科學的犯罪現場勘察

　　目前大多數教科書都把犯罪現場勘察侷限在犯罪現場的紀錄與物證的採取上，犯罪現場勘察人員很不幸地被定義為犯罪現場勘察技術員，只是做現場保全、現場紀錄、物證採取與保存的工作。當然，犯罪現場的紀錄與採證是犯罪現場勘察的重點工作，必須正確地處理。然而，這些只是制式工作，任何勘察人員只要受過一點訓練就可以做得很好。犯罪現場勘察工作應是影響物證完整性與犯罪偵查最後結論的重要因素，這個工作非常重要，但對破案卻沒有直接的價值，非常可惜。

　　科學的犯罪現場勘察，如圖 1.5 所示，它的過程不僅包括上述制式工作，如現場保全與紀錄、物證採取與保存等，還希望加些具動態性的現場調查、現場定義或分析、發展物證與人的連結關係及犯罪現場重建等。這

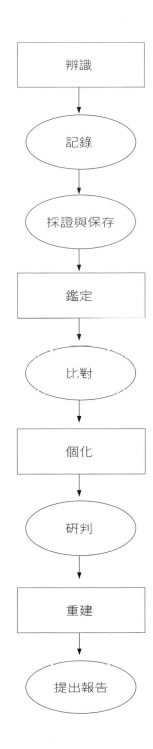

圖 1.5　刑事鑑識的過程

些較具動態性的犯罪現場勘察工作，在鑑定嫌犯與破案上扮演非常重要的
角色。

　　科學的犯罪現場勘察是以科學方法為基礎，即犯罪現場勘察是一個有
系統有條理的步驟，在最先反應到現場時就展開，接著現場保全，現場調
查，現場記錄，物證辨識，物證顯現、採取、包裝與保存，物證鑑定，現
場分析與剖繪，最後，犯罪現場重建。系統化的犯罪現場勘察是依移轉理
論（羅卡交換論，Locard Exchange Principle）與邏輯分析，以科學知識與
鑑識科技為基礎，進行物證鑑定，產生偵查線索，最後協助破案。

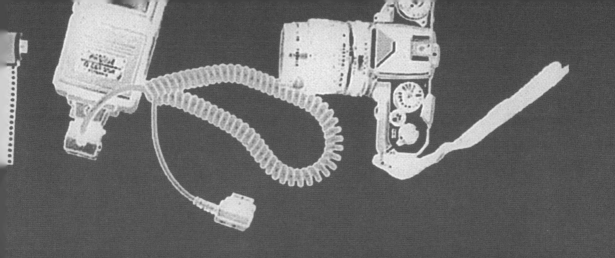

第二章
犯罪現場管理的重點

前言

　　上個世紀之初，犯罪偵查是靠執法人員向證人或嫌犯取供，或利用線民及密探調查。若取供不成又沒有線民，則案件將石沉大海。

　　現代的執法人員採用各種科技與方法，結合犯罪現場、物證、檔案與證人的資訊後，在犯罪偵查上的能力已有長足進步。今日的犯罪案件大都依賴團隊合作、先進科技與正確的現場處理，對所有可能物證辨識、採證與保存而得以破案。

　　然而，經過許多一般與重大案件的嚴格考驗證實，不論有多麼先進的犯罪現場技術與專業人員，犯罪現場勘察還是要有好的管理系統，才能發揮它的功能。

有效的犯罪現場管理系統之要件

　　成功的犯罪現場管理需要四個不同但互有相關的要件：資料管理、人力管理、技術管理與後勤管理。忽略任何一項或過分強調某一項，都會造成整個系統不平衡，而可能影響整個犯罪現場勘察的成敗。

資料管理

　　好幾個世紀以來，傳統上，只要由犯罪偵查人員有效地蒐集線索就可以破案。然而，自從一九七〇年代初期，許多法庭的判決已嚴格限制警察及火災調查人員使用傳統的偵訊方法取供，而且隨著犯罪現場勘察技術的開發，調查人員已瞭解到犯罪現場含有大量資料，這些資料經常可以把嫌犯連結到犯罪現場、證明或反駁不在場證明，或發展新的偵查線索，這些資料可以是口頭形式、文字敘述或文件形式與型態性證據形式等。這些資料可以從案發時在現場的人、現場存在或不存在的物證，或現場的型態性證物中獲得，這些資料愈早辨識、分析、採取與保存，犯罪案件就愈有機會偵破。

用來偵查犯罪的資料有許多種類，茲列舉如下：

來自被害者的資料

大多數案件中，全面性調查被害者的背景就可以提供很有價值的偵查線索。背景調查可以分成兩部分：（一）被害者死前二十四小時的行蹤與財物狀況；（二）二十四小時背景資料的延伸。連續幾天或是幾星期的調查，可讓偵查人員追查到重要的線索，而會把二十四小時的調查時段延長，以清理出被害者的所有背景資料。圖 2.1 與 2.2 是美國執法機構使用之調查表。

二十四小時背景資料

被害者的身分一旦確定，就必須馬上調查基本資料，找出被害者的家庭、朋友、同事等，建立被害者的二十四小時行程表，確定被害者如何到現場及被害者與現場有何特殊關係。被害者與現場的關係愈疏遠，就愈有可能是有人帶被害者到現場。重要的調查項目必須包括車籍資料，以確定車子是被害者的還是朋友的，必須盡量查出所有可能的車輛資料；如果這些車輛曾在事件發生時的現場附近出現，則應列入調查妥善保存。

此外，被害者的所有財物狀況，如皮包、皮夾、信用卡、保險箱鑰匙或珠寶等都必須詳細調查；若有遺失，遺失物的照片或描述對案情的幫助很大。

若找到證人或同事朋友，最初的詢問重點在證人與被害者間在接近可能遇害時間時的互動情形，如被害者最後的衣著、飲食等，都很重要。屍體解剖時，檢驗胃內容物，依其內容與消化程度可以用來連結已知飯局，以協助研判死亡時間。同時，在解剖時也可能獲得微量證物、外來生物跡證或藥物等重要資料。

二十四小時背景資料的延伸

背景資料的調查愈快愈好，必須去訪問所有公司、家庭與同事朋友，

案件編號		鄉鎮市
被害者：姓名		
	調查人員	報告日期
背景		
犯罪前科		
醫療紀錄		
死亡證明		
出生證明		
相片		
訪談		
筆錄		
再次訪談		
其他		

圖 2.1　被害者背景資料調查清單

被害者特徵描述

被害者姓名		地址			
出生日期	年齡		身高	體重	工作單位

犯罪發生日
a 星期日
b 星期一
c 星期二
d 星期三
e 星期四
f 星期五
g 星期六

報案時間
a 24 小時內
b 24～48 小時
c 49 小時至一週
d 一週至一月
e 一月以上

被性侵害次數
a 一次
b 兩次
c 兩次以上

被害者性別
a 男
b 女

被害者種族
a 白人
b 黑人
c 拉丁裔（膚白至棕）
d 拉丁裔（膚黑）
e 東方人
f 其他
g 未知

被害者婚姻狀態
a 已婚
b 單身
c 分居
d 離婚
e 鰥（寡）

被害者之職業
a 辦公室雇員
b 演藝人員
c 工廠工人
d 餐飲工作服務人員（廚師、服務生等）
e 領班
f 醫療人員
g 家庭主婦
h 無技術工人
I 技術工人
J 經理
jk 機械工、修理工人
l 警察、消防員
m 專業與技術人員
n 性工作者（已知或承認）
o 售貨員
p 服務員（管理員等）
q 空中小姐
r 學生
s 老師
t 電話總機
u 卡車司機
v 作家、藝術家
w 失業
x 其他

被害者與誰同住
a 父母
b 配偶
c 除上述外之家人
d 獨居
e 男性室友
f 女性室友
g 小孩與其他家人
h 小孩

醫療協助
a 拒絕醫療協助
b 治療後離去
c 私人醫生
d 受傷／門診
e 嚴重受傷／住院
f 命案

被害者的抵抗
a 沒有抵抗
b 肢體抵抗一成功
c 肢體抵抗一不成功
d 言詞抵抗一成功
e 言詞抵抗一不成功
f 使用武器抵抗
g 其他
h 多種方式抵抗一如＿＿＿

被害者抵抗成功
a 以威脅
b 以輕微暴力
c 以強大暴力

攻擊者使用方法
a 手槍
h 疑似槍枝
c 刀子
d 口頭威脅
e 肢體暴力
f 化學毒物
g 玩具槍
ghi 步槍／霰彈槍
i 鈍器
j 銳器
k 多種武器
l 其他

攻擊者與被害者之關係
a 約會認識
b 邂逅
c 搭便車
d 朋友
e 保母
f 親戚（近親如父兄等）
g 親戚（遠親如叔姪等）
h 男女朋友
i 生意關係
j 同學
k 鄰居
l 只在住家附近見過
m 知道綽號
n 知道全名
o 知道名字與住址
p 同事
q 房東
r 完全陌生
s 未知

會面地點
a 廢棄建築物
b 巷道
c 公寓
d 車內
e 後院
f 酒吧
g 地下室
h 海灘
i 公車
j 樹叢
k 教堂
l 俱樂部
m 日間托兒所
n 車道

o 家裡
p 電梯
q 工廠
r 車庫
s 玄關
t 醫院
u 旅館
v 洗衣間
w 升降梯
x 閣樓
y 按摩院
z 電影院
a 辦公室
b 公園／運動場
c 監獄
d 停車場
e 餐廳
f 盥洗室
g 屋頂平台
h 學校
I 儲藏室
jk 樓梯間
l 倉庫
l 街道
m 地鐵
n 地鐵車站
o 計程車
p 卡車
q 火車／公車站
r 空地
s 林地
t 未知
u 其他

室內、室外
a 室內
b 室外
c 公共場所室內會面，帶出室外
d 室內會面，帶入室內
e 室內會面，帶出室外
f 公共場所室內會面，帶入室內

犯罪類型
a 性侵害
b 性侵害與竊盜
c 性侵害與強盜
d 性侵害與雞姦
e 性侵害、竊盜與雞姦
f 性侵害、強盜與雞姦
g 意圖性侵害
h 意圖性侵害與竊盜
i 意圖性侵害與強盜
j 意圖性侵害、強盜與雞姦
k 意圖性侵害、竊盜與雞姦
l 意圖性侵害與雞姦
m 肛交
n 意圖肛交
o 肛交與口交
p 對女性口交
q 對男性口交
r 意圖口交
s 男女相互口交
t 雞姦與竊盜
u 雞姦與強盜
v 性虐待
w 性虐待與意圖性侵害

攻擊者人數
＿＿＿＿＿＿＿＿＿

犯罪車輛型式
a 小車
b 巴士
c 大貨車
d 小貨車、廂型車
e 機車
f 計程車
g 腳踏車
h 其他
i 未知

車輛廠牌
a 通用
b 福特
c 克萊斯勒
d 美國汽車
e 外國車
f 其他
g 未知

車身顏色
a 白／乳白／淡色
b 灰／銀色
c 金／黃色
d 紅／茶色
e 棕／灰褐／黃褐色
f 黑／深色
g 綠色
h 藍色
i 其他
j 未知

車輛車身型式
a 四門
b 二門
c 敞篷車
d 小型車
e 旅行車
f 賽車
g 其他
h 未知

天氣狀態
a 晴天
b 下雨
c 下雪
d 酷熱
e 嚴寒
f 多霧

被害者意見（若有）
＿＿＿＿＿＿＿＿

其他資訊（若有）
＿＿＿＿＿＿＿＿

圖 2.2　被害者特徵調查表

除了蒐集有關被害者與同事朋友的關係外，應請其提供被害者在其他方面可供偵查的線索，例如可以幫助瞭解被害者習性的作息資料，像是每週五下班後都到特定酒吧之類的作息習慣。

若經調查懷疑被害者的同事涉及被害者的死亡或失蹤時，必須深入追查。調查被害者的公司及財務狀況可能費時，但有意義，應特別注意任何不尋常的交易或與死亡時間同時期的買賣。有些時候被害者雖已死亡，但嫌犯還一直在使用被害者的信用卡或銀行帳戶，因此，必須盡快取得信用卡與銀行資料。同時，電話紀錄、呼叫器訊息、郵件與電子郵件及其他各種訊息都必須徹底清查。

最後，在家人或好友的協助下對被害者住處與財物列出清單，並檢查有無遺失或異狀。

來自證人的資料

證人的來源很多，因此，不可以忽視或忽略任何可能的證人。然而經驗告訴我們，一個人接收特定事件所用五官的感覺，往往不會與事實完全一致。因此，古有名訓，人言不可盡信。然而，在誇大的敘述中，多少還是有些是可靠的。

由於要做好犯罪現場勘察的工作不是一件容易的事，因此，任何可以協助發現事實的訊息都不可忽略。從這些人所獲得的訊息不可用來決定現場勘察的方向，相反地，犯罪現場勘察的功用之一是要驗證證人的證詞。勘察人員可以就證人所提發現現場的角度多拍些照片或記錄現場以為驗證。因此，記錄現場亮度或障礙物，可以協助瞭解證人有無能力正確地看到或聽到事件發生。下列所述為偵查人員應盡速詢問的證人。

直接證人

必須仔細地詢問觀察到事件發生任何部分的所有證人，證人的陳述會因物證的證實而肯定其信用。驗證的方法是調查證人所指證的地點或方式是否真的可能發生，例如，是否有足夠的光線可讓證人觀察到他所指證的狀況。相反地，也要考慮證人是否可能有改變或破壞現場的行為。

最先反應到現場的官員

　　最先反應到現場的警察或消防隊員，比隨後抵達的犯罪現場勘察人員較有機會觀察到後來看不到的訊息，此時證人與嫌犯可能都還在現場，也可能在發現警察時就離開。因此，任何可以找到這些人的訊息都非常重要。最先反應到現場的人應觀察現場可能出現的短暫性證物或狀態性證物，應注意隨後的動作或進入現場都可能改變這些狀態性證物，如門的位置、燈的開關狀態等。短暫性證物基本上很快就會改變或消失，因此，最先反應到現場者可能是短暫性證物存在時唯一在場的人。

一般民眾

　　犯罪細節應盡量避免公諸社會，但必要時則可呼籲社會大眾提供線索。例如，某一雙屍命案在現場找到一個破舊的手錶，可能是被害者在掙扎時抓下的嫌犯手錶。手錶的近照在當地電視台播出後，不久後即有電視觀眾報案指出手錶的持有人，並提供手錶的其他特徵，此線索導致手錶持有人被捕並因而破案。

線民

　　依據多年經驗證實，線民對偵查人員而言是一個很有價值的資產。然而，也有許多案例顯示，線民的可靠性也常受到質疑。因此，線民提供的線索應予驗證，驗證的方法之一是研判為何這位線民會提供這個線索。線民可能是為除去有利可圖的毒品交易的競爭對手、為減輕犯罪責任或免於起訴而提供線索。

來自犯罪現場或物證的資料

　　很多案例顯示最後破案的關鍵並不在於耗時的科學分析，而是靠正確的紀錄，即一個看來不重要的犯罪現場描述與紀錄。紀錄包含攝影、錄影、測繪及其他形式的文字或語言紀錄。

　　記錄犯罪現場的資訊需要不同的方法，以供正確地辨識、採取與保存這類訊息。照片 2.1 顯示利用刑事光源搜索物證。

　　物證是犯罪現場的重要資訊，是大家都瞭解可以作為法庭證據的物品，如凶槍、彈殼等。任何案件中的任何一件物品都可能成為重要的物證而破案。因此，物證可以被貼切地稱為證據，它可以提供偵查人員重要的犯罪偵查線索。

短暫性證物

　　短暫性證物是一種本質上屬於短時間存在且容易改變或消失者，常見的短暫性證物有氣味、溫度、臨時性記號，或某些生物或物理現象。照片2.2 為火災現場，圖 2.3 列出火災現場之短暫性證物。

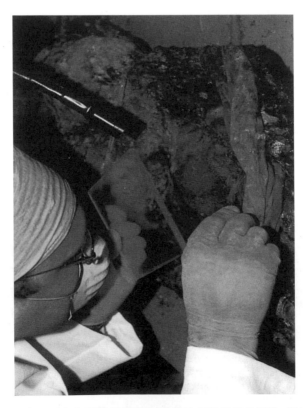

照片 2.1　勘察人員使用刑事光源搜尋墳墓中屍體的痕跡與其他證物（波士頓歌坦卡登提供）

照片 2.2　短暫性證物：火焰與煙的顏色對縱火調查員在研判火勢時提供重要的訊息

現場氣味	火焰顏色	溫度
• 汽油／柴油	• 深紅	975°F
• 燒毀物品	• 暗紅	1290°F
• 燒焦屍體	• 暗草莓紅	1470°F
• 氰化物	• 深草莓紅	1650°F
• 塑膠物	• 亮草莓紅	1830°F
• 爆炸物	• 深橘黃	2010°F
• 硫磺	• 白	2370°F
• 有機溶劑	• 亮白	2550°F
	• 炫白	2730°F

圖 2.3　火場中的短暫性證物

狀態性證物

　　狀態性證物由某一事件或行為產生，與短暫性證物相似，若在犯罪現場沒有適時觀察或記錄到，則此資訊將永久消失。常見的狀態性證物如下：燈光、煙、火、屍體狀態，或現場中物證的確實位置等，如照片 2.3 所示。

型態性證物

　　可以在犯罪現場發現的型態性證物種類很多，主要可分為印痕、凹痕、刮痕、破裂痕或散落痕等。在犯罪現場常見的型態性證物如下：血液噴濺或血跡痕、玻璃裂痕（如照片 2.4）、燃燒痕、家具擺設痕、彈道痕、引火痕、衣物痕、輪胎或剎車痕、犯罪模式痕、火藥或殘渣痕等。

照片 2.3　狀態性證物：在本張照片中有許多狀態性證物，如當偵查人員抵達現場時窗戶是開著、燈是亮著（由反光處可見）及儲藏室的門是開著等

照片 2.4　型態性證物：在命案現場的入口發現玻璃裂痕

移轉性證物

　　移轉性證物與微量證物相同，通常由接觸而產生，有人與人、物與物或人與物間之接觸。羅卡交換論指出無論何時兩相接觸的表面，會相互交換表面上的微量物質。

關聯性證物

　　在犯罪現場採到或偵查中查到的特定物品，都可能成為證物以連結被害者或嫌犯到特定的現場或相互連結。關聯性證物如在犯罪現場找到的嫌犯皮夾，或被害者的物品在嫌犯處找到等（如照片 2.6）。

來自嫌犯的資料

　　把嫌犯連結到現場、被害者或物證，是破案的關鍵。傳統上，警察會把重點放在取得嫌犯自白或認罪供詞上，最近由於行為科學與犯罪學的進步，對犯罪動機、犯罪機會、犯罪模式或犯罪手法的研判已顯得更為重

照片 2.5　移轉性證物：在碎裂玻璃上發現毛髮與纖維證物，這個微量證據後來被連結到
　　　　某個嫌犯

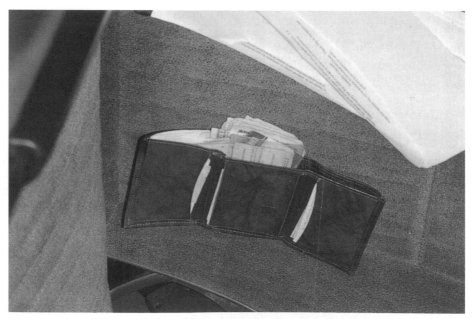

照片 2.6　關聯性證物：在車輛攔檢時，偵查人員查到一個皮夾，該皮夾為五十英里外的
　　　　搶案死者所有

要。此外，鑑識科學、人工智慧與刑事資料庫的大幅進步，也擴大了取得嫌犯大量資料的能力。

嫌犯背景資料

通常嫌犯的背景資料會被列入基本調查工作中，如同被害者的背景調查，嫌犯的二十四小時背景調查應盡速進行。此外，嫌犯之詳細行程與財務分析也有利偵查。深入的背景資料可能會發現嫌犯與被害者的關聯，或找出動機及機會。這些資料有可能把嫌犯連結到犯罪現場或接觸到某個重要物證。

犯罪模式型態

行為科學與犯罪剖繪的研究，可以分析犯罪現場，並辨識出一些特定的犯罪型態，一旦確定犯罪型態，即可設定條件過濾嫌犯，縮小偵查範圍。若由犯罪型態鑑別出是連續犯所涉及的案子，即可將不同的案子連結在一起，或將已知舊案的嫌犯連結起來。這類證物最有用的案件，是連續殺人犯、連續強暴犯或連續縱火犯所犯的案子。然而，也必須謹慎，避免過分強調行為剖繪而走入死胡同或誤導偵查。與其他任何線索一樣，犯罪模式型態必須與其他偵查線索、物證一起評估分析。

來自特徵資料庫的訊息

執法機關可以接觸到的個人識別資料庫在個化程度上都有差別，直到最近幾年，大部分實驗室的鑑定都會將未知物與已知物比對，或只對證物進行分類或個化鑑定。然而，由於刑事資料庫的建立，刑事實驗室已利用人工智慧確實鑑定出可能的嫌犯，並找到以往不相干的案件。目前可以查詢的資料庫有 DNA 資料庫、指紋資料庫與彈頭彈殼特徵資料庫等。這些系統已有重要成果，協助解決許多沒有嫌犯的命案、性侵害、竊案或其他刑事案件。從犯罪資料庫搜尋無嫌犯案件的能力，已大幅提高刑事鑑識在犯罪偵查上的優勢。有些資料庫由地方政府建立，但大部分都會與國家資料庫連結，以擴大資料庫的應用範圍。

DNA 資料庫

由性侵害或重大犯罪者所建立的 DNA 資料庫是最具有個化性的資料庫之一，目前使用短重複序列（short tandem repeat, STR）的複合鑑定系統具有極高的鑑別能力（圖 2.4）。

美國許多州與聯邦司法部門已發布法令允許對判決確定之犯人採血、鑑定並建立犯罪人 DNA 資料庫。從沒有嫌犯的案件鑑定出的嫌犯 DNA 型可以與犯罪人 DNA 資料庫比對，這項技術已偵破許多沒有嫌犯的性侵害案件，並找到許多連續強暴犯。由於大多數美國司法機關只建立過去五年的犯罪人資料庫，相較於已知犯罪人的龐大數目仍為少數，因此，資料庫的實際價值仍難以評估。

多數州的法律規定犯罪人 DNA 資料庫只限定在性暴力犯，然而，有些州已把範圍擴大到所有重大犯罪的判決確定者。為了確保犯罪人 DNA 資料庫的隱私問題，許多州已發布嚴格的法令規範資料庫的使用。隨著科技進步與普及，個化性資料庫的使用，如 DNA 資料庫，將持續增加。

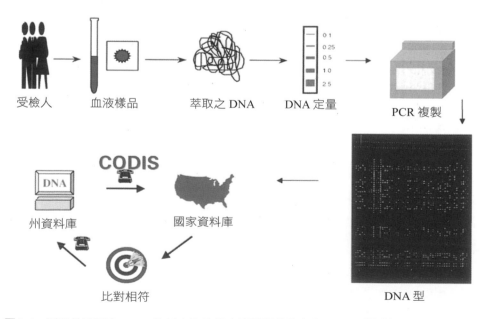

圖 2.4　利用美國國家 DNA 資料庫協助鑑定出因犯他案存有 DNA 型的嫌犯（由康州刑事實驗室海瑟‧寇爾‧米勒博士提供）

指紋資料庫

指紋自動鑑定系統（AFIS）在偵查犯罪中，將未知身分的指紋連結到特定個人的應用已有多年歷史了。這個系統能夠成功，主要是因資料庫夠大，美國許多州的指紋檔已達數百萬份，這些指紋的來源包括各種罪犯、軍事與政府職員、特殊執照申請人及其他來源。許多個別指紋資料庫都相互連接或與國家資料庫相連。一旦指紋被輸入比對系統，這些指紋將與犯罪案件中未知身分的指紋或與已知身分檔案比對，以確認這個人是否使用假名或被以他名通緝中。AFIS 系統圖示如圖 2.5，照片 2.7 是 AFIS 工作站。當愈來愈多新的科技與更熟練的犯罪現場勘察人員出現時，從犯罪現場將可採到愈多的指紋證物，使 AFIS 發揮更大的效用。

彈頭彈殼資料庫

涉及使用武器的暴力犯罪，特別是又與毒品相關的犯罪，加速了資料庫系統的誕生。這個系統可以儲存槍枝證物的個化特徵，協助偵查這類犯罪。

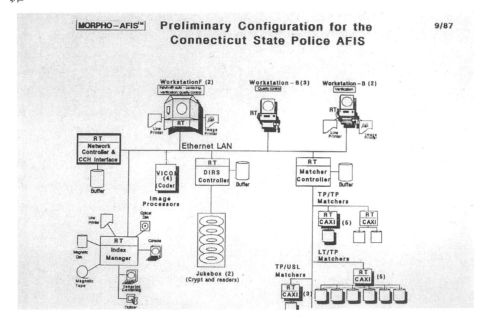

圖 2.5　AFIS 圖例

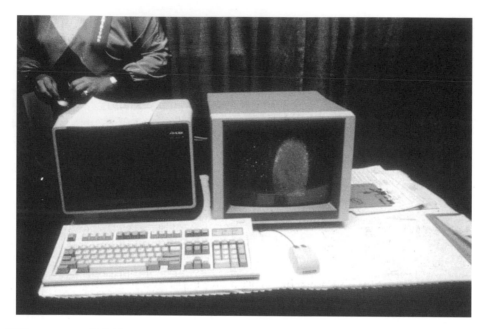

照片 2.7　AFIS 工作站

　　有愈來愈多開車持槍掃射或非法毒品交易的街頭犯罪，在射擊現場唯一的證物只有幾顆彈殼。在資料庫建立以前，除非警察當場查獲槍枝，否則這種證物其實沒有甚麼價值。目前，這些資料庫可以用彈殼將一個現場連結到另一個現場，或以彈殼連結到特定槍枝。這類已知槍枝的資料庫含有送到刑事實驗室槍彈組的槍枝與警察查獲或銷毀的槍枝，每支十次試射的特徵檔案。隨著彈殼特徵資料庫的成功經驗，新的資料庫正在建構彈頭的個化特徵以進行儲存與比對。這項科技可協助沒有找到彈殼、而有彈頭時的鑑定。照片 2.8 為槍彈鑑定人員使用槍彈資料庫比對現場的證物。

來自紀錄資料庫的訊息

　　可供偵查用的紀錄資料庫在近年來已呈指數成長，許多執法單位的傳統資料在新的資料庫建構起來後也已擴充。此外，電腦化的時代已產生了全網路的個人資料庫，可對偵查人員提供重要的訊息。絕大部分的這些資料庫就像公共資料一樣，可以經由網路查詢。

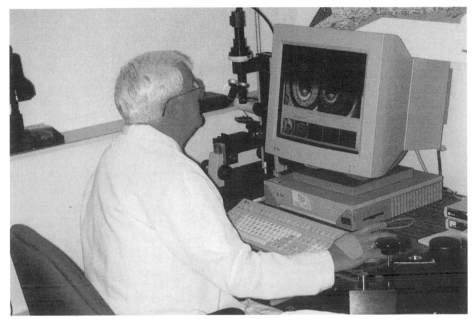

照片 2.8　槍彈證物系統用來比對駕車槍擊案地上的彈殼與嫌犯槍枝的試槍彈殼

犯罪前科紀錄

　　幾年前的前科紀錄都只記載一些基本資料，如犯人姓名、地址、編號及罪名。目前的前科紀錄較為詳細，有案件性質、檢索號碼、血型、DNA 型及犯罪模式特徵等。大部分州的前科紀錄系統都與全國犯罪前科紀錄連線。美國國家犯罪資料中心（NCIC）之前科紀錄如圖 2.6。

槍枝買賣與移轉紀錄

　　為了反應最近逐年遞減但仍大量存在的涉槍死亡案件，美國立法機關已修訂槍枝法律以規範槍枝買賣與移轉。當愈多州採用這種方法，偵查人員就愈容易追查任何特定武器的紀錄與這個武器是否在美國曾經犯了其他案件。此外，自動化的武器執照查詢系統，使得有重罪前科者或沒有正當理由者更難合法取得槍枝。圖 2.7 為槍枝紀錄查詢表。

```
 01/09/1980  13:58:13  ===============
NAME: Doe, Jane                NUMBER:123456              DOB: 01/01/70
LOCATION: DISCHARGE            JURISDICTION: DISCHARGE    STATUS: ACCUSED
LOCATION ENTRY TYPE: DISCHARGED, DID NOT RETURN FROM COURT    DATE: 08/15/1997
OFFENSE: 53A117    CRIMINAL MISCHIEF, THIRD DEGREE    BM    BOND:        0
SENTENCE: MIN:  0 Y 0 M  0 D MAX:   0 Y 0 M  0 D       DETAINERS:
RELEASE DATES:   MIN: 00/00/0000  MAX: 00/00/0000      ESTIMATED:
SPECIAL MANAGEMENT:
                                   DNA    DRWN ....... CONFM .......
RACE: BLACK          SEX: FEMALE       HAIR COLOR: BLACK      EYES: BROWN
HEIGHT: 5 FT 09 IN   WEIGHT: 130 LBS   MARITAL STATUS: M      DEPENDENTS: 1
EDUCATION LEVEL: 10  VET STATUS: N     MED INSURANCE:  N      MVD:
SSN: 000-01-0001     FBI #:12345       OTHER #:              SPBI #: A1234
BIRTHPLACE:   CONNECTICUT              CITIZENSHIP: UNITED STATES
HOME ADDRESS: 10 Main Street   TOWN: Hatfield      STATE: CT  ZIP:

* * * * * * * * * * EMERGENCY CONTACT INFORMATION * * * * * * * * * * *
NAME:  Jack Jones                 RELATION: FRIEND           PH:
STREET: 10 Main Street            TOWN:Hatfield     STATE: CT ZIP: .....

PRIOR LOCATION:        FILE LOCATION:       MED FILE:
INITIAL DOC ADMISSION: 01/17/1992     LATEST DOC ADMISSION: 08/04/1997
SP35 01/17/2001 CT DEPT OF CORRECTION  - FACE SHEET DISPLAY RT50  CSP35  END

TRANSACTION: RT50    NUMBER:
```

圖 2.6　美國國家犯罪資料中心所印出的前科資料樣本

司法與矯正紀錄

　　一個罪犯大部分時間都不在警察機關的控制掌握下，但他卻常有好幾年時間在法院、矯正機關、緩刑或假釋官員的管轄監督下。這些刑事司法機構保有相當完整的紀錄，對往後案件的偵查幫助很大。許多州正嘗試將這些資料整合在一個共同可進入的刑事司法紀錄管理系統中，這個系統只需要一站式搜尋即可獲得任何個人曾與刑事司法機關交往的完整紀錄。

車輛紀錄

　　州級監理單位的資料庫存有大量的個人資料，如地址、簡歷及個人車輛登記清單，多數州也有駕駛人的彩色大頭照。由於多數人都依賴私人車輛當交通工具，因此，擁有駕照與行照相當普遍，甚至那些犯案後的人常還擁有有效的駕照與行照以防警察攔檢。

State of Connecticut
Department of Public Safety

Firearm Tracing & Identification

FOR NTC USE ONLY

Pursuant to Sec. 54-36n, C.GS, print or type all entries and submit completed form on date of seizure, retaining original copy in the incident file.
FAX to the Statewide Firearms Trafficking Task Force @ (203) 238-6176.

PART I TRACE INITIATION INFORMATION

1a Date of Request	1b Priority	☐ Routine	☐ Urgent *(if urgent, check one or more of the following boxes):*		
		☐ Assault ☐ Terrorist Act	☐ Robbery ☐ Terrorist Threat	☐ Kidnapping ☐ Other: *(specify)*	☐ Murder/Suicide ☐ Rape/Sexual Assault

PART II – CRIME CODE INFORMATION

2a Gang Involved ? ☐ YES NAME OF GANG_____ ☐ NO	Juvenile Involved ? ☐ YES ☐ NO	Entered Into NIBN/DRUGFIRE ? ☐ YES ☐ NO

PART IV – OTHER AGENCY REQUESTING TRACE (PART III WAS OMITTED)

4a. ORI Number(NCIC)	4b. Agency Contact Numbers Telephone No. FAX No.	4c. Agency Officer's Name	4d. Badge No.
4e. Agency Case No.	4f. Department/Unit	4g. Agency Mailing Address	

PART V – FIREARMS INFORMATION *(verify data in 5a-5e & 5h)*

5a. Serial Number ☐ Attempted to Raise ☐ Obliterated ☐ None	5b. Firearm Manufacturer	5c. Type *(code letter only, see below)*

5d. Caliber	5e. Model	5h. Any Additional Markings	5i. Imported By	5j. Country of Origin

PART VI – POSSESSOR IDENTIFICATION

6a. Name *(last)*	*(first)*	*(middle)*	*(suffix)*	6b. Criminal History ? ☐ YES ☐ NO
ALIAS (AKA) *(last)*	*(first)*	*(middle)*	*(suffix)*	AKA Date of Birth

6b. Height	6c. Weight	6d. Sex	6e. Race	6f. Address – Route No.
6g. Apt. No.	6h. Street No.	6i. Direction	6j. Street Name	6k. City
6l. County	6m. State	6n. Zip Code		6o. Country
6p. Date of Birth	6q. Place of Birth	6r. Possessor's ID No.		6s. ID Type/State

PART VII – ASSOCIATE INFORMATION

7a. Name *(last)*	*(first)*	*(middle)*	*(suffix)*	Criminal History ? ☐ YES ☐ NO
Alias (AKA) *(last)*	*(first)*	*(middle)*	*(suffix)*	AKA Date of Birth

7b. Height	7c. Weight	7d. Sex	7e. Race	7f. Address – Route No.
7g. Apt. No.	7h. Street No.	7i. Direction	7j. Street Name	7k. City
7l. County	7m. State	7n. Zip Code		7o. Country
7p. Date of Birth	7q. Place of Birth	7r. Associate's ID No.		7s. ID Type/State

PART VIII – FIREARM RECOVERY INFORMATION *(Confirm recovery data in 8a, 8g & 8h)*

8a. Recovery Date	8b. Route No.	8c. Apt. No.	8d. Street No.	8e. Direction	8f. Street Name
8g. City			8h. State	8i. Zip Code	

8j. Additional Information

Letter Codes for Question 5c. Type, are as follows: C=Combination has both rifled & smooth bore barrels; M=Machine Gun fires more than one shot with a single trigger pull; P= Pistol, single shot or semiautomatic handgun with integral or permanently aligned chamber & barrel; P/R=Revolver, pistol design based on cylinder rotation; P/D=Pistol/Derringer, small handgun with hinged or pivoting barrel(s); R=Rifle, long gun with rifled barrel; S=Shotgun, long gun with smooth bore barrel(s).

DPS-258-C (New 09/00)

圖 2.7　槍枝紀錄查詢表

財務紀錄

財務紀錄可以從許多管道獲得並可作為重要的偵查線索，應清查銀行、信用卡公司、投資公司、稅務紀錄、社會福利等資料，有些資料偵查人員可以很方便地取得，有些則需要所有人、監護人或法院的許可。家人或同事也可協助辨識與找出重要的財務文件。

許多情況顯示這些紀錄都是重要的資料，因此，對任何全面性背景資料的調查都應包含財務調查，因為許多犯罪動機與意圖，都可以從財務紀錄中發覺。

例如最近突然大額增加的人壽保險可能是命案的因素之一，同時，犯罪後應檢查被害者的信用卡與銀行帳戶，調查嫌犯是否想要取得被害人的財物等。此外，財務紀錄也可以用來追查一個人的行蹤，因為很少有人能夠長時間不需要從可追蹤的帳戶領錢而還能活下去。

人力管理

理論上，任何犯罪案件的偵查人力都不應該成為問題，但現實是，負責犯罪現場勘察的單位都有人力不足的問題，人力問題確實會影響犯罪現場的管理。

第一，是否有足夠的人力可以擔任犯罪現場勘察的工作，或他們是一般勘察人員或實驗室專家？第二，這些人是否有足夠的訓練與經驗以正確地執行他們的任務？最後，犯罪現場勘察組的工作量有多少，他們在被派往另一個現場或緊急任務前，有無足夠的時間處理手上的現場？如果犯罪現場勘察組的長官不能維持人力品質，那麼很有可能無法處理好任何一個現場。下列是犯罪現場人力管理必須考慮的問題。

人員配置與訓練

每一個警局都在重要案件的偵查上掙扎著如何正確地分配有限的人力，而其中有些人力是不可或缺的。需要制服或巡邏警察封鎖現場、管制交通或民眾活動。我們常見的重大案件之犯罪現場常未受到重視，也未派員徹底搜索與記錄，最後，很明顯地過了最初二十四小時後才開始勘察，降低了破案的可能性。因此必須盡量派遣可能的人力進行勘察，因現場保全與現場勘察是同等重要的。

讓一個很有經驗與具備各種能力的犯罪現場勘察人員，去獨立進行犯罪現場勘察工作是不太可能的，而犯罪案件的複雜度更增加了完成犯罪現場勘察任務的人力需求。在大多數的情況中，如果有足夠的人力與案件，多功能的犯罪現場勘察小組至少應包含四名勘察人員與一名主管。

這些勘察人員與主管除應具備特定的能力與技術外，也應拓展技能成為通才。明顯地，有些較具技術性或複雜性的工作，如血液噴濺痕的重建或先進潛伏指紋採取法，可能很難在這現場勘察小組中找到專家。如果缺少這些技術，那麼現場勘察主管有義務去加強或請求外來專家支援，以免發生疏失或嚴重錯誤。

犯罪現場勘察人員必須具備一些基本技術，包含所有記錄現場的方法，如靜物攝影、錄影、測繪與製圖等；各種搜索方法，如方格人工搜索法與科學搜索法，如使用金屬探測器、易燃氣體探測器、手提雷射與刑事光源等。犯罪現場常需要這些特殊方法協助尋找證物。

犯罪現場勘察人員也必須精通辨識、採取與保存指紋、鞋印、輪胎痕、血跡、其他生物檢體、昆蟲檢體、微量證物、麻醉劑、化學藥品、槍彈、爆炸殘渣、植物與土壤樣品等。

最後，如果犯罪現場勘察小組內沒有專家可以做全面性的現場重建工作，其成員也必須有足夠的訓練以瞭解成功的重建所必須具備的要件。

不管警局的規模有多大，這些人力的基本需求只有在重大案件偵查時才會被瞭解。有效地管理這些相互衝突的人力要求，要透過團隊合作的觀念來完成，這個觀念在本章後段會再強調。

技術與設備管理

科技進步迫使實驗室不斷地添購新穎且昂貴的設備，以發揮犯罪現場勘察的功能。分配購買設備或儀器升級的資源，必須依據犯罪現場勘察小組常遇見的犯罪種類與數量而定。

　　至少，犯罪現場勘察主管必須維持本身之科技水準、瞭解勘察所需設備之詳細清單及缺少某項設備的後果。此外，勘察人員必須有足夠的訓練，以正確使用任何新的科技或設備。

　　現場勘察重要的設備有：

1. 現場勘察車：特別為現場勘察設計之廂型車。
2. 通訊設備：提供犯罪現場勘察人員使用的警局雙向無線電頻道、手機、傳真機、可連網手提電腦等。目前刑事電訊與電子通信科技不斷發展。刑事電訊包含能在犯罪現場勘察時直接傳送數據到實驗室進行分析的手提設備。
3. 搜索工具與設備：手工具、園藝用工具、電鋸與電鑽、輔助燈與發電機、刑事光源、金屬探測器等。
4. 犯罪現場專用採證盒：例如射擊殘跡採證盒、潛伏指紋採取盒、彈道重建器材、工具痕跡與鞋印模型採取盒等。
5. 化學藥品與試劑：如血跡印痕顯現試劑、血跡初步檢驗試劑、潛伏指紋化學顯現試劑等。
6. 證物包裝材料。
7. 手提式設備：如手提雷射、手提氣相色層分析儀、鑽地雷達、夜視設備等。

後勤管理

　　後勤問題必須妥善管理以確保從犯罪現場及關鍵的最初二十四小時偵查中，盡可能獲得最多的資訊。在偵查之初就必須建立良好的組織以有效分配資源，以下是幾個重點。

指揮所

　　最先反應到現場者及其長官必須盡可能保持現場的完整。然而，為了保持現場的完整，犯罪現場負責人必須在現場外圍設立指揮所。

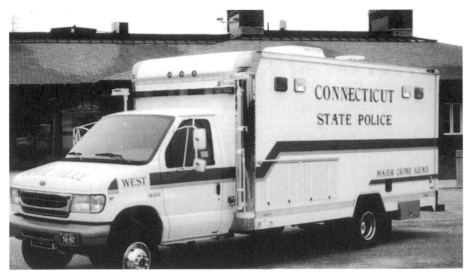

照片 2.9a　康州犯罪現場勘察車：車輛外觀

照片 2.9b　康州犯罪現場勘察車：車輛內部

　　指揮所必須設在現場外圍，使現場勘察人員有足夠的空間可以進行證物搜索與紀錄等。指揮所也必須方便提供現場勘察人員的補給，及作為傳遞資訊進出現場的中心。在偵查初期，犯罪現場勘察負有重要任務，因此在現場外圍設機動或臨時指揮所較理想。如果可能，指揮所不應設在與勘察設備及勘察人員相處在一起之現場勘察車內，避免干擾勘察工作。

　　當犯罪現場勘察工作結束，偵查開始，則應有長期的指揮所。它的主要任務是建立偵查人員長期的偵查中心並提供必要的設備。

媒體關係

　　現場附近應有一個媒體區供記者使用並管制其進入指揮所，好的作法是設立媒體區並指派公關室的連絡員負責。不論我們喜不喜歡，媒體總會應用他們的方法去蒐集訊息並報導出來。約束媒體報導犯罪偵查對我們有利，如果公關人員能不斷地對媒體提供可信的訊息，那麼大多數的媒體都會樂於配合保全現場或保留敏感的偵查線索的合理要求。媒體區應在現場附近，使他們能夠拍攝現場畫面以提供新聞報導。還要再次提醒的是，當選好地點後還是要小心防止敏感線索或畫面上鏡頭。重大案件偵查在必要時，應由公關室定期召開記者會，如照片 2.10。

單位間的連繫

　　即使是人力充足的大單位，在偵查時，有時還是需要許多單位協助。這種狀況會出現在案件發生在超過兩個警局轄區時，或偵查的警局知道其缺少人力、專家或設備時，在這種狀況下，成功的關鍵是充分地合作，組成團隊進行偵查。促進團隊合作精神的方法，是建立正式的連繫管道。

　　有效的連繫關係需由參與單位確實合作才容易分享資訊與資源。儘管是合作，還是需要一個單位負責協調各單位的指揮系統，最大的障礙常是各單位人員間溝通不良，因此，可各派一名連絡官集中所有資訊定期連繫。連絡官的任務是讓各方的發展、問題與需求都能及時被告知。如果這種模式形成，不僅成功的可能性提高，也將加強未來各單位間的合作關係。

照片 2.10　媒體關係：在警方聯合偵查的案件中警局局長與公關人員舉行的記者會

資源利用

　　近年來鑑識科學與犯罪現場勘察科技不斷精進，假使這些新的科技都能正確地應用到犯罪現場，將可提高犯罪現場勘察的成功率。很不幸地，很少警局有獨立的能力去購買這些設備，同時這些新的科技設備也需要專業人員去操作。因此，較可能的作法是瞭解其他單位的設備能力，建立相互支援服務的協議。不僅可以使用最新的犯罪現場勘察科技，也不會無謂地耗掉他們的人力與經費資源。

發展管理方法

　　只做到上述四個重點還是不足以確保犯罪現場的管理能得到最大的發揮，還要發展全面性有組織的管理方法，從最基本到最先進科技的模式，以應對任何類型的犯罪現場管理。這是很多單位在執行犯罪現場勘察工作上都缺少的作法。

　　缺少這種書面的犯罪現場管理方法的可能原因如下：

　　第一，有些單位可能覺得他們不需要專家或指導手冊處理現場，就可以過得去了。第二，有些犯罪現場管理者可能也不願忍受公開的奚落，以及歸咎無效的犯罪現場勘察而造成偵查失敗的責難。第三，犯罪現場勘察的重要性尚未表現在犯罪偵查的成功上，因此犯罪現場管理者根本不知道他們所不知道的。

　　有些單位因有幾位訓練有素、經驗豐富的犯罪現場勘察專家而受益，他們就不需要遵守書面手冊或步驟，平常只依專家各自的專業進行高度專業的任務即可。然而，即使是這些高度專業的人，還是有犯錯或疏忽的可能，只因他們不瞭解系統化犯罪現場勘察的價值。再者，犯罪現場勘察專家也無法體認傳承這些經驗給新進人員的重要性。

　　犯罪現場勘察專家是需要不斷地從工作上累積經驗的，一旦等到經驗豐富者退休後才要培養新人，那已是來不及了。然而，如果這些專家與管理者能整理出一些書面原則，那麼很多問題都可避免或迎刃而解。

　　身為犯罪現場勘察與鑑識科學界的一份子，我們無時無刻都處在無法在重大案件之犯罪現場找到足夠物證導致破案，而受到公眾議論的壓力中。過去許多重大案件中的問題，如凡賽提（Venzetti）或約翰‧甘迺迪（John F. Kennedy）謀殺案等，這些指責愈來愈嚴屬而令人難以忍受。明顯地，在那時候的犯罪現場勘察人員並不如現在勘察人員一般擁有先進的科技，而即使現在我們已經進步了，我們還是不斷看到發生在犯罪現場勘察初期的一些重大錯誤，如辛普森案等案例。

　　不久，警察辦案的古老模式都會轉變為符合現代物證導向的刑事審判要求。不論基於甚麼理由，幾乎每一個現代司法系統的現實就是物證、刑事物證鑑定、犯罪現場分析及所有資訊的整合。

　　其實很簡單，陪審團想聽到和看到的是，到底在現場找到了哪些物證。因此，完整的犯罪偵查計畫必須結合犯罪現場管理，以有效地提供資源。

選擇最佳的犯罪現場勘察模式

　　目前有許多犯罪現場勘察模式可供選擇，以發揮現場在犯罪偵查上的價值，作為偵查的骨幹。每一個模式都有其優缺點，選擇最佳模式需要考慮幾個因素，包括現有資源、人力、犯罪種類、犯罪率、犯罪現場需求、科學與法律規範的程度、物證分析的能力等。

　　最後，每個警局應對這些模式進行評估，選出一個或幾個方法的組合，以符合當地刑事司法系統的需求。

傳統方法

　　傳統方法處理犯罪現場，是使用巡邏警力與刑事警探作為主要的犯罪現場勘察人力，這個模式的好處是適合編制小或對犯罪現場勘察需求低的警局。缺點是這些人員缺少專業訓練與實務經驗，而且為了做好犯罪現場勘察而花費很長時間，可能影響正常的巡邏、偵查或公共服務等工作。

犯罪現場勘察技術員

　　這種模式使用全職犯罪現場勘察文職人員，這種制度較具持續性與專業，這些人員也有專長與訓練。然而，有時這些人較缺乏犯罪偵查上的經驗。

　　一般而言，偵查經驗可以協助犯罪現場勘察，在特定犯罪或犯罪模式中辨識出相關證據。然而，這些人員往往缺少對犯罪偵查的全面瞭解，他們的角色只停留在重要的犯罪現場勘察技術員上。

犯罪現場勘察組

　　犯罪現場勘察組由合格警官組成，負責犯罪現場勘察與偵查任務。與傳統作法不同，這些人可以專心在現場勘察與犯罪偵查上，能累積經驗而不會分心，且有機會加強科技訓練。

　　主要缺點是所有警局都有的共同問題，這些人升遷調動頻繁。雖然他們比傳統模式的人有較高的科技能力，但仍缺乏鑑識科學的先進技術。而且，使用合格警官去執行技術性的犯罪現場勘察工作，可能減少實際從事犯罪偵查的人力。

實驗室犯罪現場專家

實驗室的科學家通常比上述模式的人員有較專業的科技水準，這些人的工作沉浸在鑑識學術研究上，與影響犯罪現場勘察科技的改變同時進步。另一個優點是犯罪現場與實驗室分析可以緊密結合。這種模式的缺點是這些人缺少偵查經驗，使得現場辨識工作產生困難。常見的情形是，實驗室會因人力不足而不願意去勘察現場，因此，他們只選擇特殊犯罪現場，從而限制了他們的經驗。最後，指派實驗室專家去從事費時的犯罪現場勘察工作，將減少實驗室分析扣案物證的人力。

團隊合作模式

從多數案例發現這是犯罪現場勘察的最佳模式。然而，這種模式需要大量人力，如警察、實驗室人員、犯罪現場人員、法醫、檢察官等。再者，這種模式的成功在於應用全面犯罪現場勘察的技術與各參與團隊成員的合作。在這種模式下，將投入所有先進的科技與偵查人員。

團隊中的成員不僅各有所長、各有所司，同時也可不斷相互學習精進，這是其他模式所不及之處。這個團隊必須一起擬出犯罪現場勘察計畫，進行證物之辨識、採取與保存工作。這種模式需要的是合作，而不是競爭。照片 2.11 是鑑識科學家與偵查人員在波士尼亞的集體墳場尋找炸藥與槍彈證物。

照片 2.11 鑑識科學家在波士尼亞的集體墳場尋找證據（由克羅埃西亞德拉干‧派莫拉克博士提供）

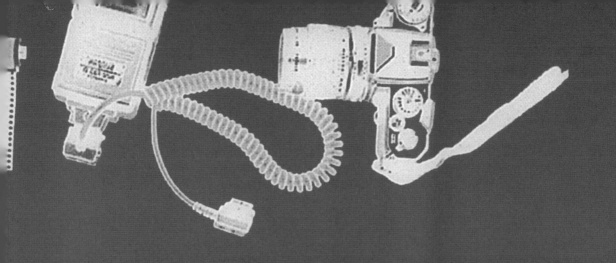

第三章
犯罪現場初步勘察的步驟

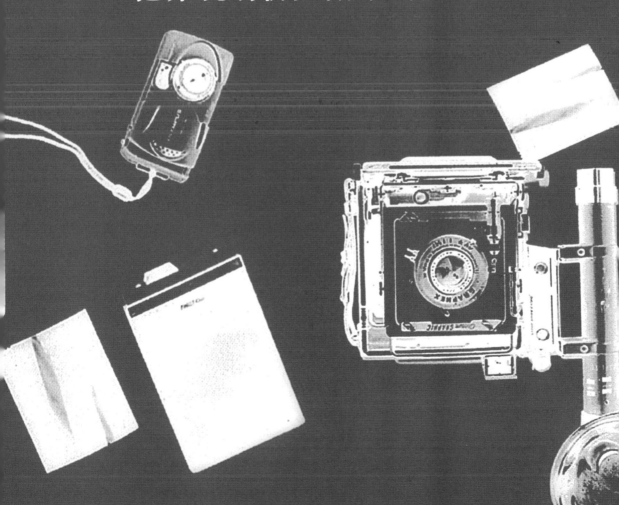

前言

　　犯罪現場勘察是一種發現（discovery）的過程，發現在犯罪現場所發生的所有犯罪活動，如犯罪本質、犯罪型態、物證種類及其他所有在犯罪現場與犯罪相關的事實真相。例如死亡案件中要發現的真相，包括有死亡原因與死亡現象、死亡時間、死者身分、死者的相關醫療紀錄、嫌犯身分、現場發現前被害者的行蹤等。照片 3.1 顯示科學家與現場勘察人員一起勘察現場尋找可疑證物。

　　犯罪現場必須有條理有系統地勘察，勘察包括許多步驟，都必須遵守一定程序並正確處理，缺少某一步驟，很可能將導致主要證物被忽略或不符法律或科學要求。每一位有經驗的犯罪現場勘察人員，都會基於專業決定勘察的步驟在特定案件中是否要修正。圖 3.1 顯示現場勘察人員使用有系統有條理的方法去確保犯罪現場勘察的完整。如同有經驗的犯罪現場勘察人員常說的，「所有的物證都在這裡」，但必須仔細調查分析。往往這

照片 3.1　李昌鈺博士與偵查人員在分析現場

圖 3.1　犯罪現場勘察

個步驟就可以提供重要的偵查線索。

　　以下所探討的是每個步驟的摘要，顯示系統化犯罪現場勘察的重要性，詳細內容將於隨後各章討論。

最先反應到現場的官員之任務

　　最先反應到犯罪現場的往往是警察、醫務人員，或消防人員（見照片 3.2），他們在現場所見常是破案的關鍵。這些最先反應到現場的人員，常是唯一進入現場看到最初狀況的人。很多案例說明他們在「盡他們的職責」時，會無意地改變犯罪現場最初的狀態。雖然他們有他們的任務，但也應該牢記他們已經進入把犯罪現場連結到被害者、證人與嫌犯的過程中，任何行為都可能阻礙了這個連結。教育訓練與經驗對所有最先反應到現場的人員都非常重要。

　　最先反應到現場者的基本任務是：

1.　救護傷患。

2. 逮捕嫌犯：搜索或逮捕仍停留在犯罪現場的嫌犯。

3. 留下證人：證人持有關於犯罪現場的重要訊息，設法隔離證人，防止相互討論，並留下訪談。

4. 保全現場：開始現場保全工作，使用警戒線、公務車輛或任何可能方法，注意犯罪出入口，若有任何可疑物證，尤其必須記錄與保存容易消失、污染或變化的短暫性證物或型態性證物。切勿使用現場任何物品或設備，如電話、廁所、衛生紙、水等，不可在現場飲食或抽菸。

5. 通報長官（見照片 3.3）。

6. 最先反應到現場者在犯罪現場所做的動作、觀察到的現象或對現場所做的改變，都應向犯罪現場勘察人員報告。最先反應到現場者應遵守的原則，是在任何情況下盡量避免破壞現場。

　　任何犯罪現場勘察人員與最先反應到現場者在抵達現場時，必須秉持開闊與客觀的心胸，因為錯誤的第一步將會導致全盤皆輸。因此，最先反

照片 3.2　最先反應到現場者抵達命案現場，注意巡邏車是停在緊鄰犯罪現場外面

照片 3.3　巡邏隊長官與偵查人員聚在現場管制區外

　　應到現場者必須完整記下在現場所有的觀察與行為。使用錄音配合描述的
現場紀錄最適合用在此處。對最先反應到現場者來說，最好的參考問題是
回答「何人」、「何事」、「何時」、「何地」、「何物」、「如何」與
「為何」的問題。具體的例子如：觀察現場附近停放的車輛或駛離現場的
車輛、被害者身旁的醫藥品、現場進出人員、現場有哪些干擾或障礙物、
被害者附近有哪些顯示時間的物品，如報紙、信件或筆記，哪些物品有被
觸摸或移動過等。

　　最先反應到現場者一到現場應記住安全第一，包括自己本身、現場他
人的安全與附近旁觀者的安全。確定事件性質，穩定現場狀況，急救傷
患，找出現行犯（若仍在現場），盡可能保全現場，並立刻通知警局或相
關單位。如果能做到細心的保全、紀錄與保存工作，那麼即可辨識犯罪現
場最原始的狀態，且證物未受污染或遺失。

救護傷患

最先反應到現場者一到現場應馬上進行上述所提狀況的研判與現場保全，如果現場有傷患，應馬上進行急救。急救優先，隨後記錄救護過程中對現場所做的改變或變化。

搜索與逮捕嫌犯

警察機關的主要任務之一是逮捕嫌犯，然而，搜索與逮捕不應破壞可以把嫌犯連結到現場的物證，例如槍擊案嫌犯絕不可以讓其洗手，因很可能洗掉手上的槍擊殘跡。涉及鈍器或利器刺傷的鬥毆事件的嫌犯衣服，必須馬上拍照並保留。如果嫌犯不是在現場被逮捕，切勿將嫌犯帶回現場。任何被害者或證人應在較安全的環境下進行指認，最重要的是不要讓嫌犯接近現場，只有嫌犯在犯罪時所遺留的物證才能用來連結嫌犯，而不是要嫌犯回到現場供被害者或證人指認而連結嫌犯。

留置嫌犯的目的是：

1. 搜查武器：如果有，應注意安全並瞭解它們都是證物。必須記錄槍枝子彈裝填狀態並卸下子彈（切勿試槍）。
2. 隔離嫌犯遠離現場，必要時，嫌犯如廁都應陪同。
3. 勿讓嫌犯回到現場。
4. 記錄嫌犯狀態：以描述或照相等。照片 3.4 是命案現場留置嫌犯時所拍攝之系列照片。
5. 記錄嫌犯行為或當時所講的話。
6. 記錄嫌犯的任何傷痕及醫療狀態。

現場保全

瞭解現場保全以避免遺失證物的重要性，就應限制或避免其他人員進入現場。利用阻絕設施可以幫助管制，其他亦有商品化的警戒線或常見的帶子。警局或消防局的公務車可用來對公路、街道或戶外等不方便使用帶子的廣大現場進行管制（如照片 3.2、3.3）。管制點很重要，必須位在管制區域上。但它並不是固定不變的，隨管制區域內犯罪現場勘察的進展，

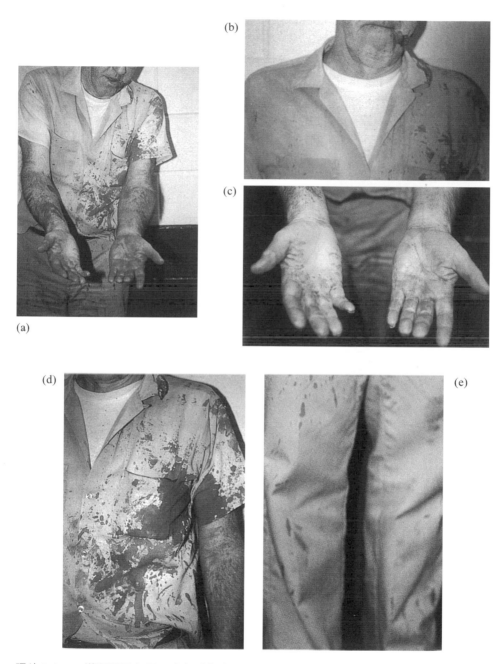

照片 3.4a-e　嫌犯展示衣服、臉與手上的疑似血跡

可以決定犯罪現場的範圍是否需要改變。依勘察結果，管制區域可以變大也可以變小。

負責現場保全的人員必須防止任何人進入現場，在重大案件如命案，往往指派另一名員警在重要區域或屍體附近警戒。現場管制必須包含所有非勘察人員，除新聞記者外，還包含警官、偵查人員、消防人員、證人、被害者親屬、鄰居、圍觀者等。犯罪現場工作紀錄上必須記載所有進出犯罪現場的人員。犯罪現場旁的交通管制可以減少物證被破壞或遺失。有經驗的犯罪現場勘察人員都知道管制犯罪現場可以保全證物，但卻很難貫徹，尤其對高階長官來說更難做到。使用拍立得照相或錄影可以協助應付這些好奇的長官。

在理想狀況下或重大案件偵查時，可使用分層法管制犯罪現場（圖3.2）。

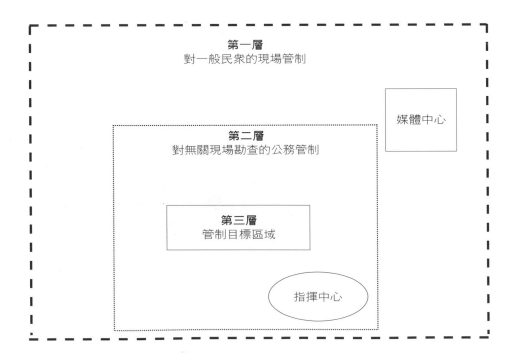

圖 3.2   多重現場管制

現場分層管制

1. 第一層是犯罪現場最外圍，通常涵蓋整個管制區。犯罪現場管制人員必須位在可以檢查管制的位置，任務是管制車輛與禁止非相關人員出入。在第一層內可以規劃一個特別區域供媒體使用，這個區域不應在第二層內且僅開放給媒體。此媒體特區不開放給一般大眾，以方便媒體報導及建立合作關係（如照片 3.5）。

2. 第二層管制緊鄰犯罪現場，只允許警察、急救人員、工作人員及公務車輛，如現場勘察車，進出此區域。第二層管制區域可以保留給高級長官進入，這種設計可以讓他們較靠近現場，但不會破壞物證。指揮所必須設在此區以協調所有犯罪現場的活動，如向偵查人員簡報、供後勤人員使用、現場勘察人員休息區及其他相關活動等，如照片 3.6。

3. 第三層管制區即犯罪現場目標區，本區應施以最嚴格的管制，唯有犯罪現場勘察人員才能進入。

照片 3.5 在警察涉入的槍擊案現場外聚集許多圍觀者

照片 3.6　多層次的現場管制，指揮中心為在第二層內（見圖 3.2）

犯罪現場初步反應

犯罪現場初步勘察

　　一旦現場實施管制，犯罪現場勘察的長官或主管應進行現場初步勘察，初步勘察常稱為「預勘」（walk-thru），這個初步勘察如有最先反應到現場者陪同將有莫大助益，因為只有最先反應到現場者對原始現場狀況或任何變化有最直接的認識，此時應詳細詢問最初抵達者。在初步勘察時使用拍立得照相對初步現場紀錄也有幫助。

　　以下是對初步勘察工作的建議重點：

1. 心裡開始重建可能導致犯罪發生的景象，此步驟並非要形成牢不可破的犯罪發生理論，它只是重建的起點。記住，科學的犯罪現場勘察是客觀的、有條理的，切勿形成「井蛙之見」誤導偵查方向。

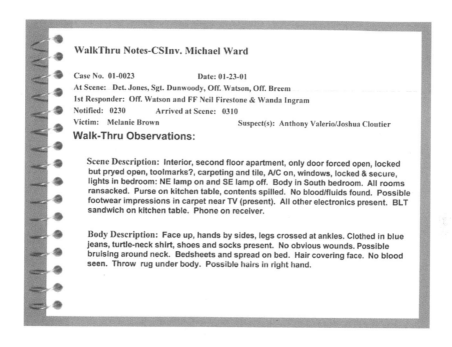

WalkThru Notes-CSInv. Michael Ward

Case No. 01-0023　　　　　Date: 01-23-01
At Scene:　Det. Jones, Sgt. Dunwoody, Off. Watson, Off. Breem
1st Responder:　Off. Watson and FF Neil Firestone & Wanda Ingram
Notified:　0230　　　　Arrived at Scene:　0310
Victim:　Melanie Brown　　　　　　　Suspect(s):　Anthony Valerio/Joshua Cloutier

Walk-Thru Observations:

Scene Description: Interior, second floor apartment, only door forced open, locked but pryed open, toolmarks?, carpeting and tile, A/C on, windows, locked & secure, lights in bedroom: NE lamp on and SE lamp off. Body in South bedroom. All rooms ransacked. Purse on kitchen table, contents spilled. No blood/fluids found. Possible footwear impressions in carpet near TV (present). All other electronics present. BLT sandwich on kitchen table. Phone on receiver.

Body Description: Face up, hands by sides, legs crossed at ankles. Clothed in blue jeans, turtle-neck shirt, shoes and socks present. No obvious wounds. Possible bruising around neck. Bedsheets and spread on bed. Hair covering face. No blood seen. Throw rug under body. Possible hairs in right hand.

圖 3.3　犯罪現場的預勘紀錄範例

2. 記下現場出現的短暫性證物與狀態性證物。瞭解天氣狀態（及其變化）、燈光開或關、門鎖完整或損壞、窗戶開或關、冷氣機狀態、有無臭味、型態性證物等。此時必須對此類證物進行紀錄、保護、保存或採取等。

3. 記下犯罪出入口、出入口間的路徑、現場目標區域、破壞情形及在勘察中所牽涉的問題（如道路封鎖）。初步勘察紀錄如圖 3.3。

4. 嘗試回答下列問題：何人？何事？何時？何地？何物？如何？為何？

5. 評估現場種類、範圍與人員設備的需求。

犯罪現場通報

　　初步勘察後，犯罪現場勘察人員應將勘察發現向其他勘察人員及偵查人員報告，這個報告啟動犯罪現場勘察的模式及犯罪現場勘察的科學活動。

　　犯罪現場勘察人員都被賦予特定的犯罪現場勘察任務，例如證物採取、攝影、錄影、指紋顯現等。勘察模式與現場管理在報告時應即完成。以下將簡要介紹每一步驟的內容，詳細內容將在後續各章討論。必須再次強調的是，資訊、發現與想法的分享是科學的犯罪現場勘察中重要的一環，沒有好的犯罪現場報告，重要的物證即可能在勘察時被忽略或遺失。

通報長官與其他單位

　　對最先反應到現場者而言，盡速將犯罪現場狀況報告長官是非常重要的事，犯罪現場查核表（圖 3.4）應列入警局處理現場的標準步驟之一。

1. 依據警局的規定通報指揮中心的適當人員。
2. 必要時通報刑事實驗室或其他技術支援單位。由於鑑識科學進步神速，每個單位不可能對所有現場所需的科技都有擅長的專家，必要時可商請不同單位（如學術單位、私人公司或實驗室等）人員支援現場，並隨時掌握這些名單。針對犯罪現場勘察的這類專家有血跡型態分析師、炸彈拆解技術員、人類學家、警犬訓練師（偵查炸彈、縱火加速劑、毒品與屍體）、工程師、昆蟲學家、牙醫師、勘察員、刑事鑑識專家或鑑識科學家等。
3. 必要時通知檢察官。現場有檢察官的優點有二：（一）檢察官在犯罪現場可實際觀察到犯罪現場，有利法庭訴訟；（二）瞭解犯罪現場勘察人員的工作內容，對現場記錄、搜索、採證等工作有較深刻的瞭解。
4. 對非病死或可疑死亡的勘察，應通報法醫及其他相關單位。在大多數司法系統下，屍體證物是由法醫管轄，針對屍體進行勘察時，法醫必須在場。

犯罪場現查核表

案件編號＿＿＿＿＿＿＿＿＿＿＿　　　　犯罪類型＿＿＿＿＿＿＿＿＿＿

一般資訊
地點＿＿＿＿＿＿＿＿＿＿＿＿＿＿＿＿＿日期時間＿＿＿＿＿
被害者姓名＿＿＿＿＿＿＿＿＿＿＿＿＿＿＿＿＿＿＿＿＿＿＿
最先抵達現場者＿＿＿＿＿＿＿＿＿＿＿＿＿＿時間＿＿＿＿＿
最先抵達現場之偵查員＿＿＿＿＿＿＿＿＿＿＿時間＿＿＿＿＿
天氣狀況＿＿＿＿＿＿＿＿＿＿＿＿＿＿＿＿＿＿＿＿＿＿＿＿
現場狀況＿＿＿＿＿＿＿＿＿＿＿＿＿＿＿＿＿＿＿＿＿＿＿＿
燈光照明＿＿＿＿＿＿＿＿＿＿＿＿＿＿＿＿＿＿＿＿＿＿＿＿
證人＿＿＿＿＿＿＿＿＿＿＿＿＿＿住址＿＿＿＿＿＿＿＿＿＿
　　＿＿＿＿＿＿＿＿＿＿＿＿＿＿住址＿＿＿＿＿＿＿＿＿＿
嫌犯＿＿＿＿＿＿＿＿＿＿＿＿＿＿住址＿＿＿＿＿＿＿＿＿＿

犯罪現場勘察紀錄資料
管制＿＿＿＿＿＿＿＿＿＿＿　負責人員＿＿＿＿＿＿＿＿＿
描述＿＿＿＿＿＿＿＿＿＿＿　負責人員＿＿＿＿＿＿＿＿＿
相片＿＿＿＿＿＿＿＿＿＿＿　負責人員＿＿＿＿＿＿＿＿＿
測繪＿＿＿＿＿＿＿＿＿＿＿　負責人員＿＿＿＿＿＿＿＿＿
錄影＿＿＿＿＿＿＿＿＿＿＿　負責人員＿＿＿＿＿＿＿＿＿
錄音＿＿＿＿＿＿＿＿＿＿＿　負責人員＿＿＿＿＿＿＿＿＿
證物＿＿＿＿＿＿＿＿＿＿＿　負責人員＿＿＿＿＿＿＿＿＿
勘察＿＿＿＿＿＿＿＿＿＿＿　負責人員＿＿＿＿＿＿＿＿＿

通報單位／人
偵查指揮官＿＿＿＿＿＿＿＿＿＿＿＿＿＿＿＿　時間＿＿＿＿＿
警察局長＿＿＿＿＿＿＿＿＿＿＿＿＿＿＿＿＿　時間＿＿＿＿＿
重案組＿＿＿＿＿＿＿＿＿＿＿＿＿＿＿＿＿＿　時間＿＿＿＿＿
鑑定組＿＿＿＿＿＿＿＿＿＿＿＿＿＿＿＿＿＿　時間＿＿＿＿＿
刑事實驗室＿＿＿＿＿＿＿＿＿＿＿＿＿＿＿＿　時間＿＿＿＿＿
檢察官＿＿＿＿＿＿＿＿＿＿＿＿＿＿＿＿＿＿　時間＿＿＿＿＿
其他單位＿＿＿＿＿＿＿＿＿＿＿＿＿＿＿＿＿　時間＿＿＿＿＿
　　　　＿＿＿＿＿＿＿＿＿＿＿＿＿＿＿＿＿　時間＿＿＿＿＿
　　　　＿＿＿＿＿＿＿＿＿＿＿＿＿＿＿＿＿　時間＿＿＿＿＿
物證　　＿＿＿＿＿＿＿＿＿＿＿＿＿＿＿＿＿　時間＿＿＿＿＿
　　　　＿＿＿＿＿＿＿＿＿＿＿＿＿＿＿＿＿　時間＿＿＿＿＿
清查鄰居＿＿＿＿＿＿＿＿＿＿＿＿＿＿＿＿＿＿＿＿＿＿＿＿
　　　　＿＿＿＿＿＿＿＿＿＿＿＿＿＿＿＿＿＿＿＿＿
　　　　＿＿＿＿＿＿＿＿＿＿＿＿＿＿＿＿＿＿＿＿＿＿＿＿
清查附近車輛＿＿＿＿＿＿＿＿＿＿＿＿＿＿＿＿＿＿＿＿＿＿
　　　　　　　　　　　　　　簽名＿＿＿＿＿＿＿＿＿＿＿＿

圖 3.4　犯罪現場查核表

犯罪現場搜索的法律問題

　　即使是使用最先進的儀器設備去處理犯罪現場與鑑定證物，這些結果如果在訴訟過程中不具證據能力的話，這些證據一點價值都沒有。辯方貶抑證據最常見的方法是證明證據是非法取得。如果法院認定證據是非法取得或採證保存證據時未符合法律規範或科學標準時，除非例外，這個證據將被視為不具證據能力。這個原則是憲法對抗非法搜索或扣押的保護規定，這是美國憲法第四修正案及州法律都有的規定。這個憲法保護規定已出現在美國最高法院的判例中，如「美普訴俄亥俄州」案（Mapp v. Ohio 367 US 643, 1961）。此外，由無證據能力之證據所產生的證據也因「毒樹果實論」而被認為亦不具證據能力，見「那頓訴美國」案（Nardone v. United State, 308 US 338, 1939）。

　　對犯罪現場搜索與證物扣押的法律問題有二：（一）搜索是否合法？（二）扣押是否合法？有關這方面，法院在「明西訴亞歷桑那州」案（Mincey v. Arizona, 437 US 385, 1978）做了重要的判決。

　　在「明西案」中，便衣警察在搜索被告公寓內麻醉物時被槍殺，被告則受傷。偵查命案的探員對現場公寓進行四天沒有搜索票的搜索，從搜索取得的數以百計的證物被用來控訴被告。美國最高法院在審理本案時認為，執法人員馳赴犯罪現場可以合法執行以下三個任務，而不需要取得屋主同意與事先獲得法院核准的搜索與扣押票。

　　第一，警察在必要時可以進入現場搜尋被害者並提供救助。這個目的只限制在被害者可能存在的區域，例如可以找床底下，但不可以翻抽屜。

　　第二，最先反應到現場者也可以進入現場搜尋犯人。就像搜尋被害者一樣，只限制在犯人可能藏匿的合理區域。同時，在現場找到一個犯人，並不能禁止繼續搜尋以確定沒有其他犯人。

　　第三，當執法人員在執行上述任務時，可以扣押直接看到的證物，但有限制規定；這些物品必須是不需要經過加工處理，可以很輕易就可確定具有證據功能者。

　　例如對不易辨識的東西，不允許拿起來檢驗編號以驗明是否為贓物，如「亞歷桑那州訴希克斯」案（Arizona v. Hicks, 480 US 321, 1987）。通常不建議在初到現場時的觀察就扣押物品，除非是在搜索被害者或犯人時。雖然它是合法的，但它跳過完整的現場紀錄、正確的採證與證物保存步驟，應盡量避免。除非該證物很有可能消失、破壞或變化等，例如在冰箱旁邊正好有一根吃剩一半的冰棒上有明顯的咬痕，或在兩百名憤怒示威者的路上有一枝上膛的全自動槍枝，在這種情況下，為保全槍枝證據，防止其被破壞或消失，當然有必要扣押。

　　一旦這三個任務完成，任何繼續搜索與扣押行為都屬非法。在向法院申請許可或所有人同意前，警察只能保全現場，防止非相關人員進入。如果獲得同意搜索，也必須查明同意人是否有資格允許搜索。實務上，雖然沒有限制到底最先反應到現場者在獲得搜索票或同意書前，能在現場搜索多久，但仍必須符合合理的狀況。

　　最後，即使是已獲法院核准、所有人同意或是屬於緊急狀況，另一個法律問題是搜索的範圍。為了要申請到搜索與扣押票，申請人必須描述要搜索的特定物品或種類，並知道這些物品可能在現場。一旦開始搜索，只有列在搜索票或所有人同意範圍內的物品才可以扣押，扣押核准外的物品都屬非法，除非是違禁品或少數例外者。再者，搜索範圍必須清楚地載明在搜索票或同意書上，因法庭會質疑扣押物是否為在核准範圍內的物品。常見的例子是只能搜索現場內的車輛，不可搜索不連接的建築物或未列在核准範圍者。圖 3.5 即是康州搜索扣押票申請書的樣本。

　　總之，犯罪現場勘察人員應具備必要的法律訓練，以進行合法的搜索扣押。如果有問題，勘察人員應向檢察官查詢，同時應瞭解州法律與判例及聯邦法律可能的差異。勘察人員也應知道非法扣押證物的可怕後果。

犯罪現場紀錄

　　任何犯罪現場都必須用筆記、攝影、測繪、錄影詳細地記錄，有時也會用到錄音。攝影、測繪、錄影可以提供犯罪現場中被害者、物品與物證

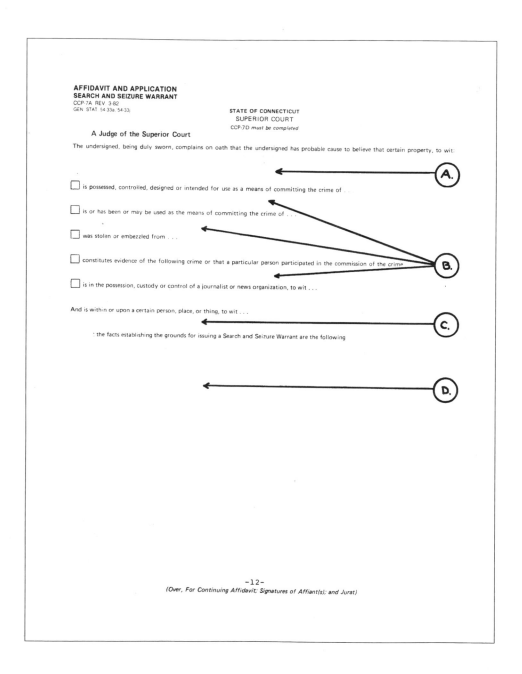

圖 3.5　康州搜索扣押票申請書樣本

"MINCEY" WARRANT APPLICATION

A. Blood, semen, saliva, physiological fluids and secretions, hair, fibers, fingerprints, palmprints, footprints, shoeprints, weapons and firearms including pistols, rifles, revolvers, shotguns, hatchets, axes, cutting instruments and cutting tools, blunt force instruments, projectiles, ammunition, bullet casings and fragments, dirt, dust and soil, paint samples, glass and plastic fragments, marks of tools used to gain access to locked premises or containers, and items containing traces of any of the above mentioned articles.

B. Constitutes evidence of an offense, or that a particular person participated in the commission of an offense, to wit: (Specify Crime).

C. Describe location of place to be searched.

D. (Add the following paragraphs to the wording of the Search Warrant Application. These paragraphs should be at the end of the Affidavit.)

  1. That the affiant, _____, is a regular member of the _____ Police Department and has been a member for the past _____ years. That I am presently assigned to the Detective Division's Major Crime Squad Crime Scene Processing Unit and have been so assigned for the past _____ years. That I have investigated and processed numerous serious and violent crimes, including murder, and have received specialized training and experience in the collection of physical evidence, crime scene processing and the investigation of such cases. That I have personal knowledge of the facts and circumstances hereinafter related as a result of my own investigative efforts and those of brother officers who have reported their findings to me.

     (One of the two affiants should be a member of the crime scene processing unit. The second affiant should be an investigator and should use his customary paragraph of introduction.)

  2. That the affiants do believe that the offense hereinbefore stated was committed at the location to be searched, in that: (Specify circumstances indicating commission of offense at place to be searched; include information as to when crime was first reported, what first officer on scene observed, a description of the scene, etc. This information may require several paragraphs.)

  3. That the affiants have personal knowledge, based upon their experience and training, that crimes of violence involve a struggle, a break, the use of weapons and other instrumentalities, and/or the element of unpredictability. That the person or persons participating in the commission of a violent offense is in contact with physical surroundings in a forceful or otherwise detectable manner. That there is often an attempt to alter, destroy, remove, clean up, or cover up evidence of a crime. That traces may be left in the form of blood, semen, saliva, physiological fluids

```
        and secretions, hair, fibers, fingerprints, palmprints,
        footprints, shoeprints, weapons and firearms including
        pistols, rifles, revolvers, shotguns, hatches, axes,
        cutting instruments and cutting tools, blunt force
        instruments, projectiles, ammunition, bullet casings and
        fragments, dirt, dust and soil, paint samples, glass and
        plastic fragments, marks of tools used to gain access to
        locked premises or containers, and items containing traces
        of any of the above mentioned articles.  That many of the
        above items are minute and/or microscopic, thus requiring
        additional specialized examination by forensic laboratory
        techniques.

     4.  That the affiants have personal knowledge based upon their
        experience and training, that a crime scene, such as
        described above, will contain physical evidence, hereinbefore
        itemized, which will aid in establishing the identity of
        the perpetrator(s), the circumstances under which the
        crime was committed, and/or which in general will assist
        in the discovery of the pertinent facts; and that such
        evidence requires a systematic search to locate, seize,
        record and process.

     5.  That based upon the foregoing facts and information, the
        affiants have probable cause to believe and do believe
        that evidence of (specify offense) will be found within
        and upon (specify place to be searched).

   *Mere Evidence Search Warrant Affidavit and Application pursuant
    to Mincey v. Arizona, __U.S.__ , 98 S.Ct. 2408 (1978)
```

外觀及其相關位置永久的圖像紀錄。照片 3.7 顯示一個戶外命案現場，它表現出被害者與小貨車的關係位置。現場筆記與錄音將提供現場狀況、姓名、方向、氣味、狀態及非圖像式訊息的紀錄與描述。現場紀錄不僅可以當作犯罪現場勘察人員的證詞，證明在犯罪現場發現的物品、地點、性質與狀態，也可以提供後續重建、案件分析及提示法庭的重要訊息。犯罪現場紀錄將在第四章詳細討論。

犯罪現場搜索

　　犯罪現場搜索包含現場目標區與周圍地區，犯罪現場搜索的主要目的是物證的辨識與採取。除非可疑物證可以直接辨識與採取，就不用進行刑事檢驗處理，否則，如果第一步的勘察——辨識——沒有做好的話，整個犯罪現場勘察將受影響，而可能失敗，甚至變成懸案。現場搜索必須仔細規劃，目前已發展出的現場搜索模式與方法有許多種，將在第五章討論。

照片 3.7 犯罪現場攝影人員使用熱腳凳子與三腳架以獲得良好視野進行完整攝影紀錄
（由刑事攝影師米其・葛拉提供）

特殊現場如廣大的戶外、水底、地下毒品工廠、火災現場與掩埋現場在搜索、記錄與採證時應特別小心，這些將在第九章討論。

物證之採取、保存與包裝

現場勘察組應指派專人採證，此人負責現場發現證物之採取、標示、保存與包裝。物證的種類很多，分布也廣，有關物證形式、物證分類、物證與鑑識科學、鑑識科學各領域之物證等將在第七章討論，第七章也會討論如何將物證連結到特定犯罪，以及使讀者便於利用的「邏輯樹」。各種物證的採取與保存將在第六章討論。部分現場物證的採取需使用現場檢驗或試劑，這些現場使用的方法、配方與步驟，將在第八章討論。犯罪現場有關死亡、屍體、挖掘及其他個別物證的特別注意事項將在第九章討論。

初步重建

犯罪現場重建涉及犯罪現場分析、現場型態研判及物證鑑定,因此,犯罪現場重建應從不同的角度去評估。評估現場所存在的現象、物證與鑑定結果,使用簡單的邏輯(歸納與演繹),加上一般常識,將顯示發生何事、何時、何地、何人與如何發生。許多不同形式的物證特別適合用來重建,例如血跡型態、玻璃裂痕、鞋印及槍擊案件中的射擊殘跡等,就常在犯罪現場重建中使用。第十章將著眼在犯罪現場重建以獲得如何出現這種犯罪現場的訊息。

解除現場管制

只有在確定所有的事實與答案都找到之後,犯罪現場才可以解除管制,並確定所有物證都已記錄並採取。記住採證、包裝與保存會直接影響證物鑑定的成敗,不正確的採證或包裝將導致實驗失敗或不具證據能力。所有勘察人員的討論可以幫助決定是否要解除現場的管制,此時也可實際再檢視每個人的工作,暫時或離開犯罪現場的反省步驟也有助於下決定。一旦所有訊息都詳查完成後,即可解除現場管制。

犯罪現場勘察組

犯罪現場勘察組由可以擔負特定任務的人員組成,是整個犯罪偵查的一部分。他們必須建立團隊合作的方式,每個人必須瞭解任務、重要性與極限。重要的是,一個人不可能只有一項工作,一個人負擔多項工作是很普遍的事。不管團隊人數與個別任務,每一個成員,從最先反應到現場者到偵查員,從實驗室科學家到起訴的檢察官,都必須相互合作,盡忠職守偵查犯罪。

有許多不同的犯罪現場勘察模式,如地方警局的現場技術員,聯邦、州或郡的重大犯罪勘察小組,及制服警察與警探勘察員等,都被廣泛應用。但最有效的犯罪勘察模式是犯罪現場勘察組模式,在這個模式裡,每個人依其專長負責特定的任務,以發揮犯罪現場勘察的最高效率,團隊中每個人的任務主要以其訓練與經驗為考量,但興趣與態度也是主要依據,以符合人性管理。

　　完整的犯罪偵查團隊應包含下列成員：

1. 最先反應到現場者。
2. 犯罪現場勘察組：主管、攝影者、錄影者、測繪者、筆記製作者與採證者。
3. 刑事專家。
4. 法醫（必要時）。
5. 鑑識專家：人類學家、電腦分析師、昆蟲學家等。
6. 檢察官。

　　上述成員及其任務將在後續章節討論，犯罪現場勘察組最需要的是合作、協調與溝通，以免產生「井蛙之見」的問題。

犯罪現場的生物毒害

　　犯罪現場暗藏許多風險，勘察人員必須瞭解它們，才能自我保護。這些毒害有許多種，包括化學、生物、爆炸與建築結構上的危害。現場中常見的化學毒害是地下毒品工廠，將在第九章特殊現場技術中討論。該章亦討論核生化等大規模毀滅性武器。此外，第九章也強調犯罪現場的陷阱如何影響現場勘察。本節將討論犯罪現場勘察時的愛滋病及其他生物毒害。

　　犯罪現場勘察人員因為暴露在犯罪現場的生物毒害中，使得近年來他們在執行工作時感染致病原的風險較高。愛滋病與其他病毒疾病，如 B 型肝炎甚至肺結核，在現代社會都相當常見。這些經由血液或空氣傳染的病原體很容易經由身體接觸、觸摸或在密閉空間內吸入而感染。好消息是只要小心遵守一些基本的預防措施，就可以減低感染這些病原體的機會。每一個派員到犯罪現場或從現場帶回物證處理的單位，都必須規定正確處理生物毒害物質的方法。這些預防措施的主要目的是保護犯罪現場勘察人員，另一個作用是，當使用高靈敏度的檢驗方法時，如 PCR 與粒線體 DNA 鑑定法，降低證物被勘察人員污染的可能性。此時，遵守這些規定，如戴手套、防護衣、面罩、頭罩等，可避免勘察人員自己的 DNA 污染證物，及避免兩個或兩個以上物體間產生二次移轉污染的可能性。

常見的致病原

愛滋病：後天免疫不全症候群

　　愛滋病所表現的症狀很多，從無症狀、輕微症狀（所謂愛滋病相關症狀）到嚴重免疫不全與致命的二次感染。引起疾病的病毒有好幾個名字，常用的名字是人類免疫不全病毒（HIV 或 HIV-1）。愛滋病病毒是反轉錄病毒，會侵入被感染者的 DNA 並影響其免疫系統，產生漸進的不可逆免疫機能損壞，導致病人極易受各種疾病的感染，肺炎是愛滋病人最常感染的疾病。愛滋病病毒已被從血液、骨髓、唾液、淋巴結、腦組織、精液、血漿、陰道分泌物、子宮頸分泌物、淚水與人奶中分離出來。傳染的模式通常是血流或黏膜直接與愛滋病病毒污染的血液或體液接觸，常見的是性接觸與使用污染到愛滋病病毒的針頭注射，後種感染途徑常見於靜脈注射吸毒者。然而，任何外露的割傷傷口、擦傷或黏膜暴露在愛滋病病毒污染的血液或體液中也有感染的危險。不幸地，目前愛滋病還沒有治癒的方法，許多疫苗與醫療方法都還在實驗階段。

B 型肝炎

　　肝炎是肝臟的傳染性疾病，有 A、B、C 型肝炎。B 型肝炎是血清型肝炎，它會造成黃疸、肝硬化，有些則為肝癌。B 型肝炎由病毒引起，經由血液與體液感染，與愛滋病的感染方式相似。此病毒在血液、尿液、精液、脊髓液、唾液與陰道分泌物中可發現，注射入血流或與帶原者性接觸是已知的傳染途徑，黏膜或傷口暴露在感染體液或灰塵都具有高度危險性。幸運的是，目前有三種疫苗可以用來預防 B 型肝炎，然而，肝炎仍被認為是很嚴重、有時甚至致命的疾病。

結核病

　　結核病是經由空氣傳染，主要途徑是吸入結核病的致病原，常見情形是結核病人咳嗽噴到他人或結核病人與他人處在密閉空間內。最近結核病又再度引發感染，特別是發生在如愛滋病或 B 型肝炎者的高危險群中，這類結核病已顯示對傳統抗生素具有高度抗藥性。

一般性預防措施

犯罪現場勘察人員必須遵守有關預防生化毒害的注意事項，這些規定是依美國公共衛生中心的疾病管制與保健規範訂定，現場勘察人員必須遵守這些規定以減低意外感染的風險。

不論相關人員是否知道證物來自感染的人或現場，都應嚴格遵守這些預防措施。

1. 所有的血液與體液不論是濕或乾，都應視為具傳染性。
2. 所有針頭、針筒、刀片、尖銳物品都應高度小心處理並應放在防刺容器內。
3. 良好的個人衛生是對抗疾病感染最好的方法，常用肥皂洗手。
4. 瞭解皮膚狀態，工作時應將傷口包紮妥當，使用繃帶三百六十度不透氣包紮，沾污時應立即更換。
5. 處理血液、體液及可能污染源之物品應戴塑膠手套，每次使用後應更新。
6. 在處理外露血液或可能感染的體液（包含運送屍體、實驗室鑑定檢體、屍體檢驗等）應穿戴實驗衣、口罩、眼罩，避免被血液或體液污染。
7. 在可能感染的場所應避免手臉接觸，包括飲食與抽菸。
8. 若手與皮膚意外接觸到血液必須馬上徹底洗淨。
9. 污染表面與物體必須以一份漂白劑加九份水的漂白水清洗，再以酒精棉墊或肥皂水連續沖洗去除漂白水味道。
10. 隨時注意尖銳的物品，當處理針頭、刀子、碎玻璃、指甲、破金屬或其他含血尖銳物品，應謹慎並避免皮膚割傷或刺傷。

犯罪現場勘察人員的特別注意事項

1. 勘察現場時應戴塑膠手套。

2. 空氣中可能有感染原時應配戴過濾式醫療口罩或面罩，對乾血跡顆粒也應注意。

3. 處理屍體、液態血、體液、乾血跡及含有上述物質的證物應使用雙層塑膠手套、醫療口罩及護目罩等。

4. 參與解剖時應戴塑膠手套、護目鏡、醫療口罩與實驗衣。

5. 處理現場時，應隨時注意尖銳之破裂物體或表面。

6. 搜索時切勿把手伸入看不見的地方，如果有必要，應戴特別設計的搜索手套，以提高保護功能。

7. 不論何人在犯罪現場，都不允許抽菸或飲食。

8. 當瓶子內裝有液態血或體液時，必須標示「小心血液」或「生物毒害」。

9. 沾染血跡或體液之衣物必須晾乾，裝在雙層紙袋並標示清楚，如果證據是採自可能感染之人或現場，包裝上必須標示「小心：可能感染愛滋病或肝炎」。然而，要注意法律規定保護感染者之隱私與不可洩露感染者之訊息。

10. 現場若有感染血液，應盡量使用拋棄式器具；除拋棄式器具外，所有器具於每次使用後均應清除污染。

11. 任何報告、標籤或證物袋沾上血液後，必須丟棄另行製作。

12. 現場搜索完成後，必須用稀釋的漂白水洗手，用肥皂水清洗，在現場無水可用時，可以用市售乾洗手清洗。

13. 應妥善處理任何被污染的衣服或鞋子。

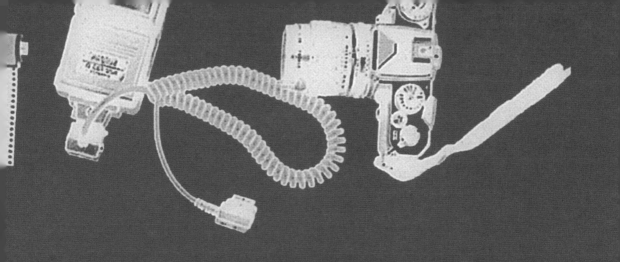

第四章
犯罪現場紀錄

前言

現場紀錄是犯罪現場勘察中最費時但卻最重要的步驟之一，也是最需要犯罪現場勘察人員遵守有條理、有系統的步驟，同時更是需要犯罪現場勘察人員不斷創新的步驟。訓練與經驗是犯罪現場的基礎，這是現場勘察人員都知道的常識。犯罪現場紀錄的目的是記錄與保存物證在犯罪現場的狀況、位置與相互關係，正確的犯罪現場紀錄能再次驗證現場採到的物證。犯罪現場紀錄的五個方法是：描述、錄影、攝影、測繪與錄音，每一種方法都很重要，都不能被取代。雖然這些方法可能會被視為繁瑣，但它們卻可相互驗證與互補。好的犯罪現場描述並不能取代好的錄影、攝影、測繪，但詳細的現場描述卻可彌補電池不足或攝影失敗的窘境。被害者的傷痕無法用筆描述完全，但卻可以用攝影或錄影清楚記錄。可能無法在照片上看出藥物標籤的名稱，但自殺被害者藥櫃上的藥品描述則可以協助死亡偵查。以下將討論犯罪現場紀錄的方法，包括現場描述、錄影、攝影與測繪。第五種方法是錄音，也屬於現場描述，它是用聲音的描述，可以被轉成文字的描述。依警局的證據搜索規定，語音描述最後可能需以文字方式呈現。

現場紀錄的開始

開始現場紀錄的確定時間應在勘察人員被派參與案件時就開始，時間可能正好是坐在辦公室接到電話、午餐時或半夜兩點在家睡覺時呼叫器響起，所有這些訊號都表示是犯罪現場勘察的重要步驟——現場紀錄——的開始。紀錄不能停止，它可能慢下來或暫停，但仍在進行，只有在勘察結束與案件終結才停止。

本章將介紹犯罪現場紀錄的方法及如何有條理地完成犯罪現場紀錄的工作，照片 4.1a-g 顯示犯罪現場紀錄的完整系統，此外也會探討每一方法的優點。

照片 4.1a-g　紐海芬大學鑑識科學系教師與學生在練習探勘現場，重點為現場描述與紀錄
　　　　　（由紐海芬大學豪爾‧哈里斯博士提供）

有效的現場描述

　　現場描述是記錄在犯罪現場所觀察到的所有活動與物品的文字紀錄，現場描述者實際上就是犯罪現場的祕書，現場描述反映出現場勘察中要解答的何時、何人、何事、何地與如何的問題。有效的現場描述將尋找這些答案，使用預定表格較容易進行現場描述（如附錄二）。這種表格雖好但還無法包含現場描述者所觀察到的所有訊息，它們提供了一些重點與準則，但完全信賴表格將導致犯罪現場沒有效率，預設表格不能取代詳細的文字描述。

一般通則

　　一般現場描述的基本原則包括製作永久的（使用墨筆書寫）、清晰的、頁碼連號、有案件號碼與製作人的現場描述。犯罪現場勘察的現場描述並沒有一定的格式，但必須包含的基本內容如下所列：

1. 通報資料
   (1)通報方式。
   (2)日期與時間。
   (3)內容（案件種類、被害者、案件號碼、勘察組長等）。
   (4)通報者（單位、職稱、姓名等）。
2. 抵達資料
   (1)馳赴現場之交通工具（是否中途有停留、是否為第二現場等）。
   (2)日期與時間。
   (3)在場人員（證人、嫌犯、被害者、警察、急救人員等）。
   (4)已通報或要通報單位與人員：法醫、鑑識專家（牙醫、人類學家等）、消防單位（危險物品、搜索與救護等）、直昇機、檢察官及其他必要協助者。
3. 現場描述
   (1)天氣（溫度、風向、雨勢等）。

　　(2)位置（室內／室外、一樓／二樓、汽車／房子等）。

　　(3)現場描述。

　　(4)輕易可見之證物（初步勘察前），特別是短暫性（味道、聲音、信號）與狀態性（燈光開關、HVAC 控制器）證物。

4. 被害者描述：許多單位規定屍體是法醫的證物，若欲在犯罪現場中移動或破壞屍體都必須經過核准，屍體一經勘驗至少必須記錄下列事項

　　(1)屍體位置。

　　(2)屍斑分布。

　　(3)傷口分布。

　　(4)衣服、鞋子、珠寶等有哪些特徵。

　　(5)有無武器。

5. 犯罪現場勘察組

　　(1)任務分配（現場描述、攝影、測繪、採證等）：何人、何事、何時、何地、何物與如何等工作的完成。

　　(2)初步勘察的資料（最先反應到現場者資料）、證物辨識（包含血跡型態辨識、彈道辨識、短暫性與狀態性證物、鞋印、輪胎痕及其他在初步勘察時觀察到的訊息）。

　　(3)現場勘察開始與結束時間。

　　(4)證物處理、採證、包裝、儲存與運送。

　　通常犯罪現場勘察的現場描述必須包含勘察人員對現場所有觀察、行為、描述與特殊訊息的文字紀錄，當然也包含名稱、日期、電話號碼、地址等。清晰的現場描述包含現場及任何與現場相關證物的詳細描述，回答下列問題可以保證有完整的現場與證物描述，有多少（數目）？甚麼東西（名稱）？在甚麼地方（位置）？像甚麼（外觀、顏色、結構、大小、狀態）？唯一的嗎（序號、特徵、標籤等）？現場有誰？誰可能是證人？

　　此外，現場描述將被用來連結現場與物證，因此，下列項目是絕大部分室內現場必須觀察的重點。

1. 區域：房間、牆壁、地板、天花板，房間是由六個面組成的盒子，

它們都可能沾上證物。

2. 進出口路徑：門、窗、天花板、通氣系統、地毯、地板。記錄狀態：開、關、半開、上鎖、未鎖、窗簾、移動、鞋印。

3. 電氣設備：狀態性證物，記錄這類證物必須由人去開或關或插入，這類證物也與天然的光度、熱或冷相關。

4. 菸灰缸與垃圾桶：內容物。這類證物常可看出被害者與嫌犯最近與過去的行為。

5. 衣服：有組織或無組織。顯示被害者與嫌犯在現場的行為。

6. 家具：描述與被害者、物證及整個現場的關係。

7. 證人、嫌犯、被害者的描述重點（年齡、狀態、位置、受傷）。

任何證物不管是在現場或不在現場都應記錄在現場描述中，不在現場的證物往往會被忽略，這些證物包含依證人或被害者提供的訊息顯示不在現場者，如現場遺失而可在未來找到或證明者的立體音響或電腦設備。當然犯罪現場勘察人員也必須注意不應在現場卻出現在現場的證物，例如命案偵查中，丈夫稱凶手只偷走被害者的珠寶而沒有拿走他的珠寶，或大筆鈔票並沒有被偷走，這類證據對偵查人員都非常重要。記住，失蹤或在現場的證物都可以提供驗證證人、被害者或嫌犯的供詞，及確認犯罪事實是否存在等，因此都必須記錄在現場描述中。

犯罪現場紀錄中的現場描述有現場活動的紀錄、物證的位置、在場人員的描述、犯罪現場的狀態等，這些不僅對勘察初期很重要，在後續的偵查也不可忽視。精確的現場報告、及時的嫌犯逮捕與可靠的法庭證詞對順利完成犯罪偵查工作非常重要。

犯罪現場錄影

近年來犯罪現場錄影已成為犯罪現場紀錄的例行工作，目前司法單位也普遍接受錄影帶與數位錄影。大多數司法單位接受犯罪現場錄影紀錄的理由是，目前已有許多種類的錄影機可供選擇，及有變焦鏡頭可以改變犯罪現場或物證的廣角或狹角視野。

　　此外，最主要導致接受使用犯罪現場錄影紀錄的理由是陪審團的期望。因為多數民眾在生活中已常使用錄影設備，他們希望犯罪現場勘察也能使用錄影紀錄。的確，犯罪現場勘察人員使用錄影將是犯罪現場紀錄中最有價值的工具。

　　犯罪現場初步勘察後的第一個工作是錄影與拍立得照相，以下所列為犯罪現場錄影的重要技巧：

1. 開始錄影時應加上介紹，介紹的內容可以是錄影者的口述，也可以拍大字報，介紹的內容至少應包含案號、日期、時間、地點、犯罪現場類型與其他各觀訊息（如天氣狀況、錄影機種類等）。

2. 介紹後開始犯罪現場錄影，但不應外加錄音效果（有些單位會規定要錄音，則必須遵守），有些時候錄影者加上的註解會被法庭視為主觀意見而消去。因此，避免在錄影時加入主觀意見並確定不要錄到現場勘察人員，錄影內容只能有犯罪現場、被害者與物證，不能有偵查人員或最先反應到現場者在現場觀看的鏡頭。

3. 犯罪現場錄影應以現場外圍全貌開始，再引入或引出現場，現場內錄影則在外景之後拍攝。使用四面拍攝法可以確保錄到所有影像，拍攝順序對後來觀看錄影帶的偵查人員、證人、檢察官與陪審團也很重要。

4. 對物證的錄影應先使用廣角再用特寫錄影，錄影畫面必須顯示證物在犯罪現場的相關位置，錄影的效果要讓人覺得有連貫性，隨意由一個證物跳到另一個證物是沒有效率的錄影紀錄。犯罪現場錄影最主要的目的是以影像表現犯罪現場的環境，而不是要表現個別證物的細膩高品質特寫影像。

5. 犯罪現場錄影也應包含從被害者所處位置看到的犯罪現場，站在被害者位置的旁邊（如被害者還在現場）向四個角度錄影，以方便未來偵查。進行這個步驟時，應避免破壞證物或改變被害者的位置。

6. 錄影時應緩慢移動鏡頭，特別是在變換焦距時，使用三腳架或單腳架會有幫助。走動錄影要獲得穩定效果並不容易，但多練習是不二法門。

7. 光線差或夜間錄影必須打開錄影機上的光源或外加輔助光源，消防車、特種警車或公路維修車都有這種輔助燈光，可以尋求支援。

8. 犯罪現場錄影完成後不可剪接或更改，原始母帶必須保存為證物，觀看時必須使用拷貝帶。

錄影除了設備價格低廉，法院受理外，另一個優點是可以呈現三度空間的現場，此外，訓練容易、操作簡單、影帶價廉、可以複製及具有能連結其他錄影與數位系統介面的能力，也是犯罪現場錄影的優點。數位錄影對犯罪現場勘察另一個重要的優點是，可以立即在犯罪現場看到拍攝的結果，現場的錄影機可以透過鏡頭重新檢視錄影效果。此外，可以讓其他勘察人員或官員不要進入現場就可以觀察到現場，以免破壞或污染現場。錄影是現場紀錄方法中比現場描述、測繪、攝影更容易觀察到現場全貌的方法。然而，應牢記它只是一個輔助的方法，並不能取代其他方法。

攝影紀錄

犯罪現場攝影的目的是提供現場及相關區域的影像紀錄、記錄犯罪現場與物證的最初外貌、提供勘察人員與偵查人員永久的紀錄，供後續現場分析，及提供法庭永久的紀錄。犯罪現場與物證傳統的影像紀錄方法是攝影，幾年來已使用許多型式的相機，照片 4.2 顯示常見的型式，雖然各有不同，但是對犯罪現場與物證「真實精確」的要求卻是相同的。

本節要提供的是犯罪現場攝影的基本原理，但不包括攝影學的詳細技術問題。攝影紀錄所呈現的資訊都只是「拼圖的方塊」，依據這些資訊，犯罪現場勘察人員可以形成穩固的知識基礎，引導出成功的偵查。

攝影的一般功能

一堆雜亂無章的犯罪現場照片，會直接影響犯罪現場勘察在其他方面的努力，因此，攝影是整個現場處理中最重要的步驟之一，也是最主要的現場紀錄方法之一，必須有條理有系統地記錄未受干擾過的現場影像。因此，犯罪現場攝影通常在錄影後接著進行，若現場不錄影則應在現場初步

照片 4.2　相機與底片的演進，左側上下是 4×5 規格，右側上中是 35 mm 規格，右下是數位相機

勘察後即刻攝影。有條理有系統的現場與物證攝影應遵守「漸進式由全面到部分」的原則，照片 4.3 至 4.7 顯示命案現場中由全面到部分的系列照片，這個步驟被稱為從「全景」、「中距離景象」到「特寫」的過程，遵循這個步驟，如照片所示，可呈現「真實精確」的現場。漸進式的步驟可以呈現現場全貌、物證在現場的相關位置及提供高品質的證物照片供鑑定，如鞋印、輪胎痕，這些都可能被用來進行實驗室分析或鑑定。

　　犯罪現場的任何景象都必須拍攝下來，不要考慮到底片的價錢，犯罪現場勘察人員如果懷疑這張照片要不要拍時，就拍下來吧！不要去決定現場某一部分或某一證物是不重要的而不去拍照，它後來很可能會變成極重要的證據。如在美國加州布蘭特屋（Brentwood, California）的一個公寓內，一個裝冰淇淋的盤子可能提供偵查妮可‧辛普森（Nicole Simpson）

照片 4.3 至 4.7　顯示正確地由全面到部分的犯罪現場攝影方法

照片 4.3　綁架謀殺案現場由空中鳥瞰公路的全景

照片 4.4　中距離景象的空中攝影顯示公路上的血液拖痕

照片 4.5 地面攝影的血液拖痕全景

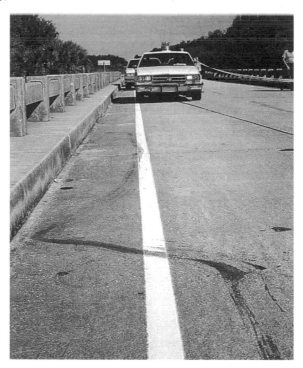

照片 4.6 針對特定血液拖痕的中
距離景象地面攝影

照片 4.7　血液拖痕末端的特寫

命案偵查的重要線索，但由於這個盤子並沒有被拍照下來，因而無法重建
命案發生的正確時間（照片 4.8）。

　　拍攝現場全景時，利用空中攝影可以獲得較好的視野，現場附近的環
境、馬路、步道、水溝等在空中照片中都可清楚看到。不幸的是，並不是
每一個警局都可以利用直昇機或飛機進行這類攝影，但在地面上也可以由
犯罪現場勘察人員拍攝現場周圍與進出現場的環境。如果可能，空中攝影
應盡速拍攝以記錄還沒有因時間、天氣或其他環境因素（天然或人為）破
壞的影像。

　　犯罪現場外部全景應包含犯罪發生建築物的外部、門窗、步道或其他
出入口，任何顯示在建築物外部的數字、地址或名稱，包含門牌號碼、門
口或信箱上的名字、街道名稱等（見照片 4.10）。如果建築物外有陽台或
安全梯，可由此對著犯罪現場拍出空中全景，犯罪現場全貌照片的價值是
可以組合相關照片，顯示被害者與嫌犯接近犯罪現場、進入現場、進行犯
罪及離開現場的出入口。

照片 4.8　妮可‧辛普森與隆納德‧高德曼命案的系列照片

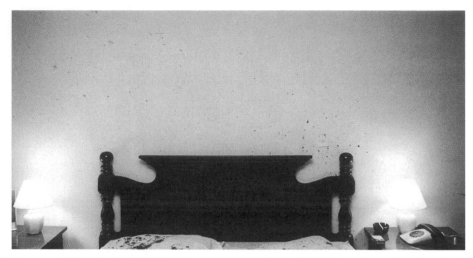

照片 4.9a　槍擊現場全景顯示枕頭與床頭板上牆壁的血液噴濺痕，此照片由最先反應到現
　　　　　場者拍攝

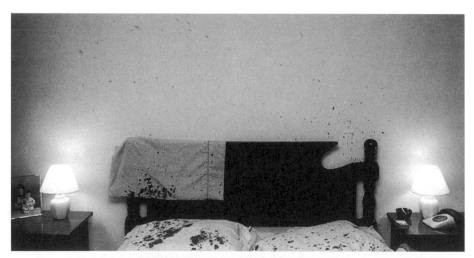

照片 4.9b　此照片是後來由現場勘察人員拍攝，注意現場已被改變，沾血的枕頭套已被放
　　　　　在床頭板上

　　如果犯罪現場是車輛，也需使用同樣的步驟處理，周圍地區與建築物
都應拍攝。汽車的每一面全景與四個角都必須拍攝，確定必須包含車牌、
車號、標誌、保險桿貼紙及其他車輛外部特徵，如照片 4.11a 與 4.11b。

照片 4.10　街道標示牌可用來當作辨識標記

　　犯罪現場內部攝影紀錄的步驟必須遵守與外部攝影紀錄相同的漸進逐步原則，從犯罪現場入口開始拍攝，先是全景再來特寫，如工具痕跡或其他出現在入口的型態性證物。進入室內或現場內部，拍攝可以顯示現場入口的區域，以重疊拍攝的技術拍攝整個犯罪現場，當拍攝犯罪現場內部時，應使用四面法或四角法拍攝整個現場，這些照片可以獲得現場全景。「中距離景象」照片的重點是拍攝現場證物與任何鄰近區域或相連房間，個別證物應以中距離景象拍攝再以特寫拍攝，中距離景象拍攝顯示相關位置，特寫拍攝則記錄詳細的個別特徵。照片 4.12 顯示這種紀錄方法的序列照片。物證拍攝的各種方法將在本章後段討論，每個證物都應標上號碼，以便在照片中辨識。為記錄物證大小與相關距離，應在證物旁放置量尺（不可放在證物上）。量尺或其他測量工具適合中距離景象或特寫攝影，好的作法是在中距離景象與特寫攝影時分別拍攝有編號與量尺與無編號與量尺（原始狀態）之照片。犯罪現場紀錄拍得的大量照片必須依序編號記錄，一般是用照片紀錄表記錄，它是犯罪現場攝影紀錄的完整文書紀錄。圖 4.1 是照片紀錄表的範例，照片紀錄表是現場攝影紀錄的重要紀錄，內容如下：

　1. 攝影者與記錄者姓名。

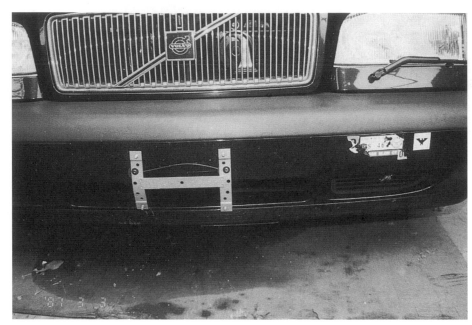

照片 4.11a　被丟棄在命案現場的車輛，在取下車牌後發現前擋泥板上有貼紙

照片 4.11b　貼紙的特寫，依此鑑定出車主因而破案

(a) (b)

照片 4.12　(a) 被害者之臥室全景；(b) 中距離景象顯示被害者之床鋪；(c) 被害者床鋪的特寫，床上的號碼牌表示該處有證物

(c)

2. 案件號碼。

3. 案發日期與攝影日期。

4. 案件性質。

5. 攝影時間。

6. 攝影地點。

　照片紀錄表也應記錄攝影設備資料：

1. 相機廠牌、型式與種類。

2. 相機序號。

3. 鏡頭廠牌、型式（焦距長度）與序號。

4. 底片型式、每卷張數、感光速度（ASA 或 ISO）。

5. 閃光燈資料（廠牌、型式與序號）。

　每一張現場照片必須記錄在照片紀錄表的資料如下：

1. 拍攝日期與時間。
2. 底片編號與照片編號。
3. 照片影像種類（全景、中距離景象或特寫）。
4. 相機與主體物距離。
5. 相機設定（鏡頭焦距、光圈與快門）。
6. 使用三腳架或閃光燈（閃光燈設定）。
7. 簡述照片內容。
8. 使用濾色鏡或其他光源等。

照片紀錄

拍攝日期_____
INV_____ 案件編號_____
使用設備：
相機_____ 機身編號_____
鏡頭_____ 鏡頭編號_____
軟片_____ 曝光張數_____
ISO_____
閃光燈_____ 閃光燈編號_____

軟片卷數 ____

時間	曝光張數	種類	描述	距離	相機設定

種類：全景、中距、特定
描述：照片顯示的重點
距離：相機至主體物距離
相機設定：相機之光圈、快門與其他相關訊息

圖 4.1　照片紀錄

照片紀錄表可以幫助犯罪現場勘察人員在未來需要時，辨認犯罪現場與其證物，底片格式與相機設定為沖片放大時要參考的條件，照片紀錄必須與現場勘察的底片與照片放在一起，不可以把沒有用到的底片或照片丟掉，因為照片紀錄表與照片都是證物。

特殊攝影技巧與注意事項

使用拍立得攝影

在犯罪現場出現的短暫性與狀態性證物很容易消失或變化，避免遺漏或失去最初狀態的唯一方法是使用拍立得攝影，以彌補錄影或攝影之不足，例如突然出現的大雷雨，戶外槍擊現場即將被沖掉的鞋印或血跡噴濺痕。最先反應到現場者應攜帶可能派上用場的拍立得相機，以現場全景與中距離景象拍攝印痕，可避免證物流失。使用拍立得攝影也可以防止現場證物遺失或污染，因為以拍立得攝影的犯罪現場照片可以讓其他勘察人員、官員、證人或在封鎖線外的相關人員觀看，讓他們不需要接觸現場。

重疊攝影

利用一般中度廣角的鏡頭以四面拍攝法可以獲得現場全景，如圖 4.2。若無廣角鏡頭，則標準鏡頭（50-55 mm）也可以拍得現場三百六十度重疊的全景，如圖 4.3。

比對鑑定用高品質照片

這些照片的目的是精確記錄在犯罪現場發現的物證的特徵特寫，以進行實驗室鑑定。這類證物大多數是型態性證物，如指紋、鞋印、血跡痕、槍擊殘跡與玻璃裂痕等，這些特寫照片可以用特殊技巧拍攝。拍攝時，應使用自然光外加斜光光源，證物型態種類將決定光源位置（見圖 4.4a 與 b），拍攝時應同時拍攝沿平面雙軸附有量尺與不附量尺的照片，記得拍攝物應充滿鏡頭全景（照片 4.13）。相機與底片必須與拍攝物體呈直角，使用三腳架與水平儀可以獲得高品質的照片（圖 4.5）。如要作為實驗室

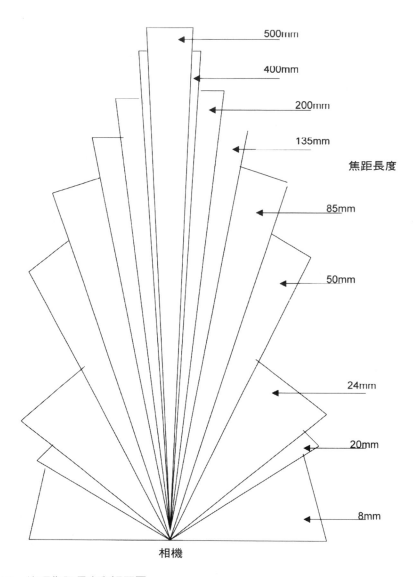

圖 4.2　鏡頭焦距長度與視野圖

鑑定或比對用鑑定級照片，以黑白底片拍攝將呈現較大的對比而有利鑑
定。此外，以彩色底片拍攝的證物或特寫照片，可以用來記錄色彩、微量
織物或證物圖案。

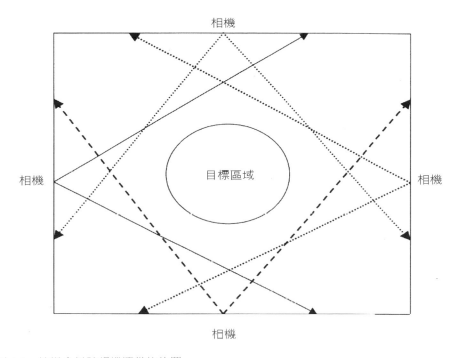

圖 4.3　拍攝全景時相機適當的位置

使用閃光燈

　　這個技巧不僅推薦在光線不足時使用，在大部分現場的拍攝上也可適用。閃光燈設備在鑑定用照片中，以鑄模陰影可以強調型態性證物的特徵，也可以強化中距離景象攝影的證物照片特徵，例如照片 4.14 顯示的可疑縱火現場，夜間燒毀的建築物已停電，使得現場一片漆黑（黑色證物在黑色背景中）。使用閃光燈攝影，在光線不足與低對比顏色下記錄火警現場特別重要。閃光燈攝影在犯罪現場紀錄的另一個應用是補光（照片 4.15a 與 b），這個技術可以在強光下的戶外現場，照出黑暗陰影中的證物。詳細步驟如下：

1. 設定快門速度與閃光燈速度同步。
2. 利用相機內裝感光器測出正確光圈值，手動設定此光圈值。
3. 設定閃光燈為手動，設定閃光燈到主體物距離對應上述光圈值。
4. 使用上述閃光燈距離拍攝。

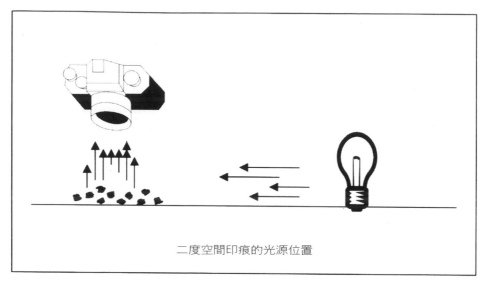

圖 4.4a 拍攝二度空間印痕時光源的適當位置

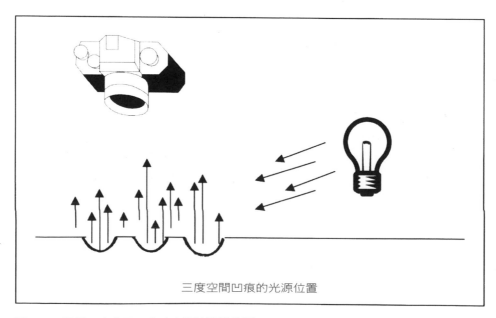

圖 4.4b 拍攝三度空間凹痕時光源的適當位置

照片 4.13 鑑定用高品質的鞋印照片

5. TTL 閃光燈具有自動補光能力。

犯罪現場紀錄中,閃光燈攝影最後一個有用的技術是「噴光」(painting with light),這在夜間廣大戶外現場的攝影紀錄非常重要(照片 4.16a 與 b)。噴光對犯罪現場廣大區域可以提供正確的曝光效果,這是利用同一個鏡頭使用移動光源(閃光燈)重複曝光的技術,重要的設備是閃光燈、最遠可拉到一百五十英尺的同步線、B 快門相機三腳架,及充電式外接電池,以提供閃光燈短時間多次放電用,這是標準閃光電池無法做到的,進行步驟如下:

1. 把相機架在三腳架上,鏡頭對著要拍攝的整個現場,最遠可達五百

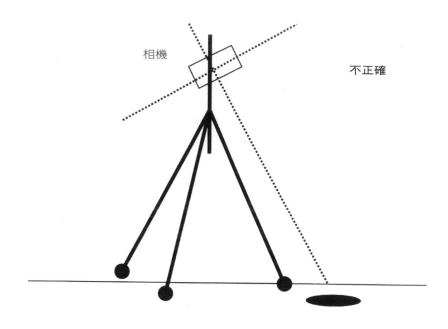

相機

不正確

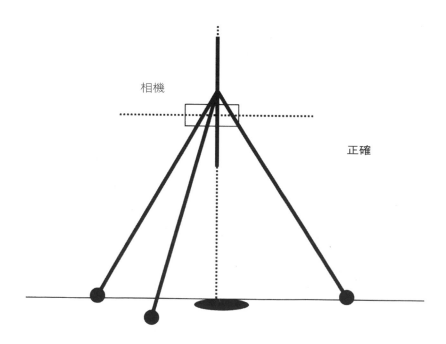

相機

正確

圖 4.5 拍攝鑑定用照片時三腳架的位置

照片 4.14　命案燒焦屍體的正確照明

照片 4.15a　車輪底下的景象，注意在照片中央的微弱反光，那是一支螺絲起子

照片 4.15b　使用閃光燈除去陰影並顯現出車底的螺絲起子（由康州警察局刑事實驗室照
　　　　　相組提供）

英尺。

2. 設定 B 快門、中等光圈約 f11（有好的景深）。

3. 移開所有現場外的光源（警察與其他急救車輛）及移動物體（人、
　車輛等）。

4. 按下相機快門（在這設定下快門會一直開啟到再按一次才關閉結束
　曝光）。

5. 開始從距相機最遠處開閃光燈，重複在不同位置閃光，直到漸次改
　變距離與角度到靠近相機為止。不要擔心拍攝者會被攝入鏡頭，因
　閃光燈會消去攝影者在照片上的影像。

6. 當攝影者回到相機附近，即可按下快門結束曝光。
　對全場遠距與中距離照片可以用這種方法拍攝。

改變拍攝視野

大多數犯罪現場照片都是以正常平視的高度拍攝，然而，由於房間大

照片 4.16a　夜間公路上槍擊命案現場全景

照片 4.16b　以燈光在夜間可以照亮廣大的現場（由康州警察局刑事實驗室重案勘察組
　　　　　　喬‧底司特法諾警探提供）

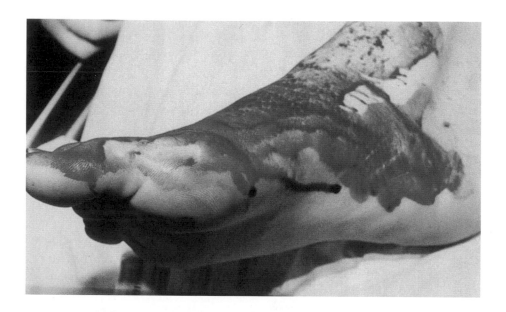

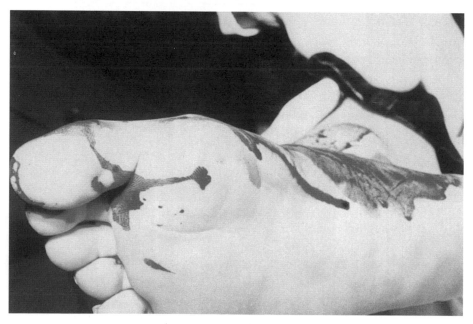

照片 4.17 被害者右腳的兩張照片，各有不同的視野

小與其他因素的限制，改變視角對現場紀錄也很重要。以被害者的視角拍攝，如降低到地面或調整三腳架到天花板高度拍攝等，在某些狀況下，可以提供很重要的偵查訊息。照片 4.17 顯示被害者右腳不同的兩個視野呈現的血跡型態。

瞭解光源位置

使用特定光源拍攝時，要確定光源在拍攝者之肩膀以上高度，以照亮主體物之正面。如果對著太陽拍攝，應使用陰影遮住鏡頭或等到光源條件改變後再照。使用閃光燈拍攝時，最好從正面打光，拍攝型態性證物的特徵應使用側面斜光。對光滑或反光表面不要使用正面打光，避免引起炫光，以四十五度斜光可以獲得較好結果。當使用閃光燈進行特寫攝影時，以衛生紙、絲襪或手帕遮住閃光燈，以避免主體物「泛白」（washing out）；許多閃光燈具有減弱或控制閃光輸出量的功能。同時，使用反光技術也可以減低泛白效應，目前很多机機、閃光燈都可以使用這類技術拍攝。

紅外線、紫外線與其他光源攝影

執法機關也常常會應用紅外線攝影，它是經由攝影記錄肉眼看不見的紅外線輻射影像，在犯罪現場紀錄的應用包含空中攝影（強化地勢的反差）、偵測衣服與其他物面上之槍擊殘跡等。由於溫度與全暗裝片的限制，致使紅外線攝影在大多數的犯罪現場勘察並不好用。

有些物證會吸收紫外線，有些則反射紫外線，例如許多指紋粉在紫外燈下會產生螢光。體液如精液、尿液與汗液，在紫外燈下也會產生螢光。紫外線反射的攝影可以加上只讓紫外線通過的濾色鏡拍攝（圖 4.6），這種方法應使用黑白底片。

使用其他光源拍攝犯罪現場證物與拍攝紫外燈螢光影像相似，最好使用黑白底片，但若無黑白底片也可使用彩色底片，但想要成功地拍出其他光源增強效果的證物，可以遵循下列步驟。相機裝上正確波長的濾色鏡，固定在三腳架上，角架放在主體物拍攝距離上，對準犯罪現場或證物，利

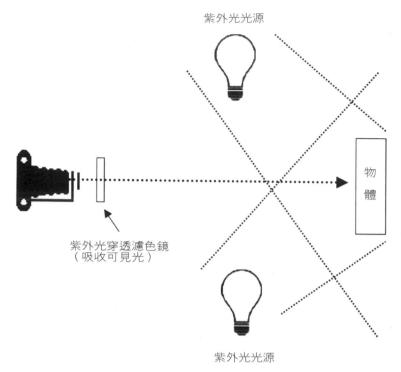

紫外光光源

物
體

紫外光穿透濾色鏡
（吸收可見光）

紫外光光源

圖 4.6　紫外線攝影的方法

用測光表測出曝光值，設定光圈與快門速度，按下快門。曝光後，改變光
圈或快門兩格拍攝，再重複此步驟一次。這種變化的作法稱為分級曝光，
當分級曝光時不可移動相機。

數位攝影

　　數位攝影技術提供犯罪現場勘察一個強力捕捉、分析與儲存犯罪現場
與物證影像紀錄的工具。數位工具能彌補傳統錄影、攝影在犯罪現場紀錄
上的不足，數位攝影的優點包含立即獲得影像、容易以電子科技整合、不
需要沖片或暗房設備。數位相機不使用傳統底片記錄拍攝影像，相機內有
影像感應器可以補捉主體物的影像，如照片 4.18。單眼反射傻瓜數位相機
是目前市場上最普遍的機種，這種相機最適合作為犯罪現場紀錄使用。數

位相機的影像感應器雖然需要較精確的曝光值，但曝光限制對它而言並不成問題，因為勘察人員可以在犯罪現場將影像連接到手提電腦，如果效果不好可以馬上再拍；數位相機也具有可以直接在機上觀看影像的功能。數位相機的鏡頭轉換，從廣角到變焦，解析度與閃光燈設備的使用都與傳統攝影相似。

　　執法單位建議數位攝影技術可以應用在犯罪現場的紀錄工作上，但不認為可以取代其他方法。由於數位影像易遭修改而有法庭上的證據能力問題，畢竟作證的是勘察人員而不是照片或影像，任何有關數位影像修改的問題，叮以用完善的規範來防止。

犯罪現場攝影應注意事項

　1.　使用二腳架，設定小光圈以獲得良好的景深，這會使快門變慢，因

照片 4.18　照片中顯示數位相機、影像卡與影像讀取機以在電腦中產生與儲存數位照片

此照片會因震動而模糊的可能性升高，故應使用三腳架並對準焦距（圖 4.7）。

2. 記住光圈十六法則，以獲得良好曝光及放大效果。光圈十六法則是：設定相機快門速度接近底片感光度（ASA400 之接近快門速度為一二五分之一秒）與光圈十六。

3. 使用閃光燈，即使有足夠光源，閃光燈會照出犯罪現場可能忽略或遺漏的細節。

4. 多練習，相機是犯罪現場勘察人員的看家工具，絕不可生疏，當買進新機種或有替代設備時，現場勘察人員必須馬上熟悉它，在辦公室、停車場或實驗室練習拍攝。保持相機與零件在最佳狀態，維持最有效率與最專業的表現，隨時攜帶備用電池，底片必須保持新鮮

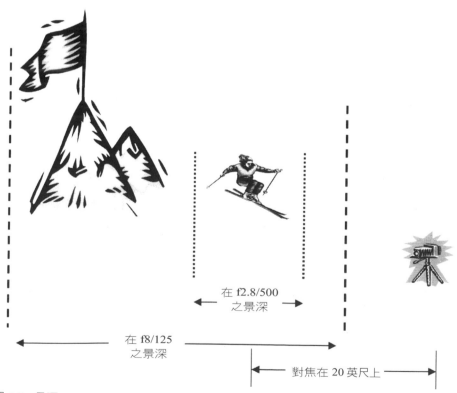

在 f2.8/500
之景深

在 f8/125
之景深

對焦在 20 英尺上

圖 4.7　景深

可用，勘察現場時不應有回辦公室或到商店購買電池或底片等情事。

5. 就算不確定也要拍下它！攝影是重要的犯罪現場紀錄，整個現場與物證都必須拍攝下來，勘察人員不應主觀地選擇或排除拍攝不確定是否為證物的物品，必須依上述所提方法拍攝，拍出過多的照片通常是可以理解的。

表 4.1　犯罪現場攝影的基本裝備

基本組件內容	
・相機	・彩色與黑白底片
・標準鏡頭：50mm	・相機與閃光燈使用手冊
・廣角鏡頭：28mm 左右	・標記材料：卡片、筆等
・特寫鏡頭及附件	・比例尺或量尺
・濾色鏡	・閃光燈
・電子閃光燈	・灰卡
・閃光同步線	・備用電池
・快門線	・紀錄紙
・三腳架	

犯罪現場測繪

犯罪現場紀錄的最後一個重點是犯罪現場測繪或繪圖。攝影是將三度空間的地區或物品以二度空間表達出來，因此，照片中物體間的空間關係在本質上就會有變質的現象，例如，照片中犯罪現場的前門入口無法顯示出到入口前走道的實際距離，這些空間的失真可能影響槍擊彈道或原始噴血點的重建。犯罪現場測繪是犯罪現場與物證實際大小與距離關係的永久紀錄，測繪必須附有現場照片。

　　由犯罪現場勘察人員所製作的犯罪現場測繪，並不需要藝術天分，但需要規劃與組織的能力。測繪的畫圖與測量需要兩人以上一起合作，尤其需要耐心與練習。

　　犯罪現場的測繪圖有兩種：草圖與完稿圖（見圖 4.8 與 4.9）。現場測繪圖有兩種劃法，頂視圖（或鳥瞰圖，見圖 4.10）與正視圖（或側視圖，見圖 4.11）。

　　草圖通常畫在犯罪現場採證前，它會顯示出所有要採取的證物、犯罪現場主要結構與鄰接犯罪現場的相關結構。草圖會標出所有相關物的大小與距離。完稿圖可以依草圖用尺畫出。完稿圖通常為向法庭報告而製作，它顯示出犯罪現場的主要結構、所有證物與編號，不會有測量值，看起來較乾淨。犯罪現場測繪通常以頂視法畫出，這種現場圖最常用，偵查人員與陪審團也較能接受。當犯罪現場在不同高度各有證物時，就可以用正視或側視圖。正視圖可以彌補攝影紀錄的側視外觀。槍擊彈道與血跡型態紀錄常使用正視圖。此外，在法庭報告用的完稿圖常結合正視圖與頂視圖，

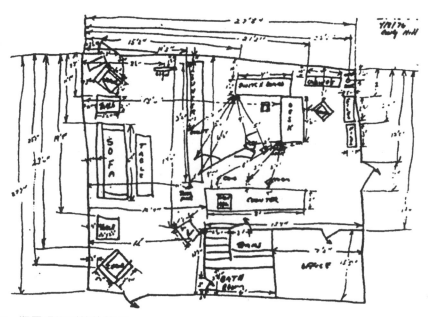

圖 4.8　犯罪現場測繪的草圖

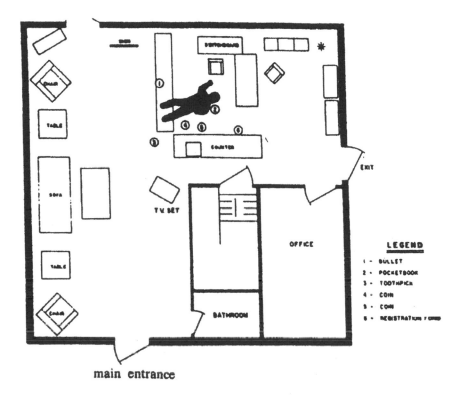

圖 4.9 犯罪現場測繪的完稿圖

這種組合圖稱為交叉投影或展開圖，例如一個房間的六個面，四面牆，一個天花板與一個地板被攤開以記錄犯罪現場與證物（圖 4.12）。三度空間的測繪圖並不常用，但必要時可以測量三度空間結構（照片 4.19）或進行三度空間測繪。

在犯罪現場測量或標定證物位置的方法有三種：三角測量法（triangulation）、角座標法（polar coordinates）與直角座標法（rectangular coordinates）。這三種方法（圖 4.13、4.14 與 4.15）都以固定或已知的點為基礎，固定點是永久不變的，例如土地測量標記、大樹、電線桿、房子或房間的轉角及其他不能移動的物體，如果固定點是永久存在的，那麼未來犯罪現場就可能重建。

1. 三角測量法：選兩個固定點，量出兩點距離，測量現場需要定位的

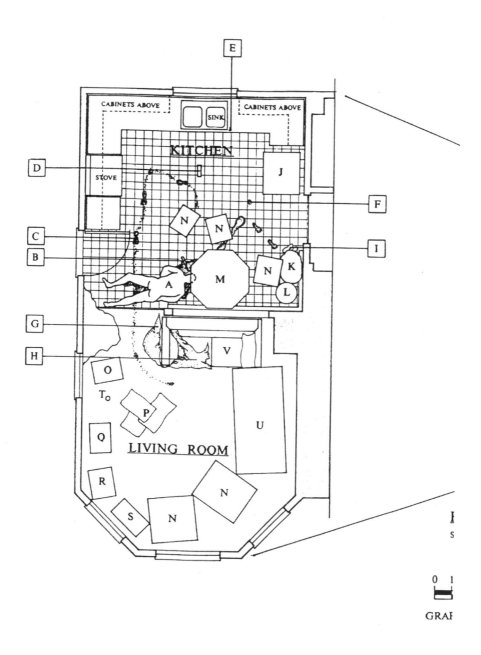

圖 4.10 測繪完稿圖

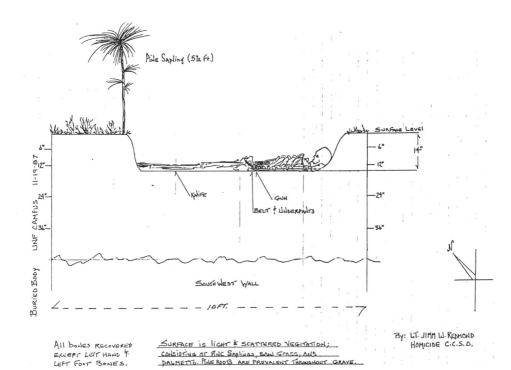

圖 4.11　側視測繪圖

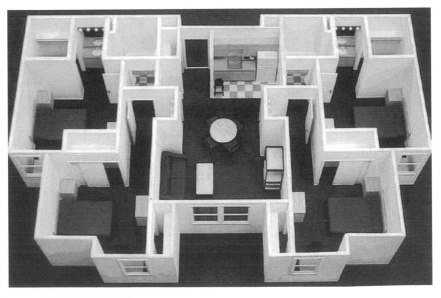

照片 4.19　三度空間測繪圖

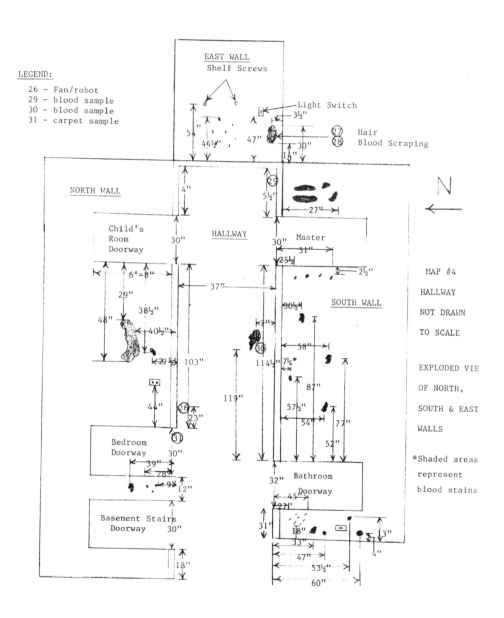

圖 4.12　展開圖：此測繪圖顯示發生毆打致死的走道、三面牆與地板上的血跡

物證與這兩個固定點間的距離（圖 4.13）。

2. 角座標法：選擇一個固定點，測量物證與這個固定點間的距離與方向或夾角，使用分度器測量角度（圖 4.14）。

3. 直角座標法：選兩個固定點，建立兩點間的基線，測量物證到基線的垂直線的交點與距離（圖 4.15）。

犯罪現場測繪不只包含現場與物證的測量，還包括其他重要的現場紀錄資訊。現場測繪圖應加上標題，標題為測繪的主題，例如「現場物證草圖」或「血跡證物垷場圖」等。縮寫、符號、數字或字母的說明必須加註在圖上。犯罪現場測繪是犯罪現場的導覽圖，因此，犯罪現場測繪圖應標示指北針方向。現場草圖通常不標比例尺，它只是個大概比例，因此必須註明「末依比例製作」。然而，如果是主要證物間的距離，如被害者與凶器間的距離，則應記在測繪圖上。通常完稿圖應附上比例尺。最後，下列重要資料必須包含在犯罪現場測繪圖中，詳細如下：

1. 案件編號。
2. 犯罪種類（命案、竊案等）。
3. 被害者姓名，絕不可將嫌犯姓名列在測繪圖上。
4. 地址或位置。
5. 現場描述（室內、室外、房間號碼、天氣、燈光等）。
6. 測繪日期與時間。
7. 測繪者、協助者與見證人姓名。
8. 比例尺（如 1 公釐 = 1 英寸等）。
9. 物證的圖說（凡例）。

為了方便在犯罪現場測繪，可以使用一些簡單的文具，如測繪紙、量尺或皮尺、指南針、筆與墨等。最近有電腦用的電子化測繪系統可以在現場使用，取代笨重的畫墊；這個系統操作簡易，能在現場測繪產生可以縮放的測繪圖。這個自動化電腦測繪系統與先進電腦輔助設計軟體（computer-aided design, CAD）相容，可以畫出二度（2D）或三度（3D）

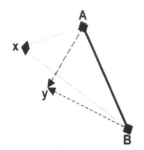

選取兩個固定點，量其間距離及與主體物距離，A
與 B 是固定點，X 與 Y 是主體物。

圖 4.13　三角測量法

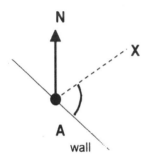

主體物到固定點的距離與角度方向，主體物 X 到
牆壁 A 點的距離為 25 英尺並為 A 點的東北向 25 度
上，可用分度器測量。

圖 4.14　角座標法

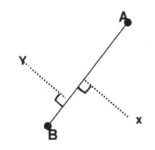

選取兩個固定點，測量主體物到兩點連線間的垂直
距離，A 與 B 形成固定線，X 與 Y 是主體物。

圖 4.15　直角座標法

空間立體圖，圖 4.16 顯示以電腦製作的 2D 測繪圖。

　　CAD 軟體在大部分電腦零售店及犯罪現場專門店都可買到，警用電
腦測繪軟體特別設計適合大多數的現場勘察。大多數依 CAD 製作的警用
軟體都包含 3D 動畫測繪。圖 4.17 是由電腦製作的 3D 測繪圖。

　　另一種犯罪現場紀錄的方法是直接由犯罪現場模型組裝出來，如照片

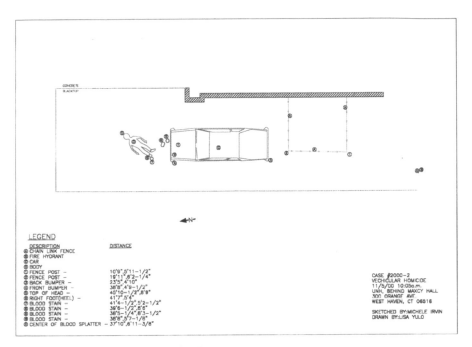

圖 4.16 以電腦製作之犯罪現場頂視圖

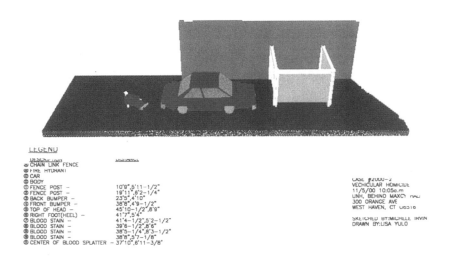

圖 4.17 以電腦製作之犯罪現場立體圖

4.19。利用模型需要詳細的測量數據、對照照片及現場結構圖,使用模型的優點是在法庭很容易表現出重點,及讓人感覺到犯罪現場勘察的專業。

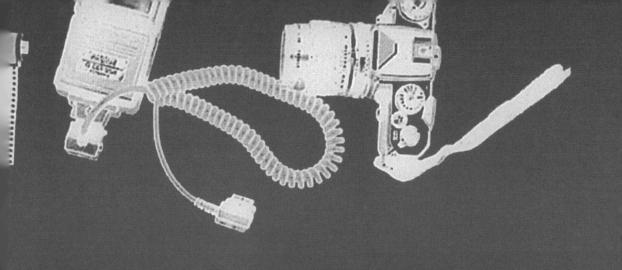

第五章
物證之搜索

前言

　　從犯罪現場或其他偵查階段中獲得的物證，常是破案關鍵之所繫，同樣地，很多案子無法突破也正是因為缺乏物證。在理論上可能會有近乎完美的犯罪，或只留下極少的物證，使得重要的證據永遠都找不到。許多勘察人員都已經具備了各種物證的辨識、紀錄、採取與保存的專業能力，然而，卻可能忽略了犯罪現場勘察中，被認為簡單工作的尋找重要證物的搜索工作。

　　常見的作法是把現場所有可能成為證據的物品都採回來，但如果這些東西都被採取，送到實驗室分析，實驗室會被絕大部分不具證據價值的證物給拖垮。因此，這種作法不僅浪費時間與資源，也會引起法律與偵查的問題。相反地，如果證物被遺漏或處理不當，即便使用現代高科技的方法，還是無法挽回。因此，必須建立一個可以真正找到有用的物證而排除不相關物品的系統化搜索方法。只有犯罪現場勘察人員使用系統化的搜索步驟，瞭解犯罪現場搜索的目標，掌握有效的搜索方法，進行專案搜索才能成功。

犯罪現場搜索的目的

　　犯罪現場搜索的目的是找出所有有用的物證，用來連結或澄清嫌犯或證人與犯罪的關聯。經驗與訓練對犯罪現場勘察人員能否找到證物很有幫助，但經驗也告訴我們，沒有兩個完全相同的案子。我們必須知道，天下沒有不可能發生的事，只有想像不到的事。專業的犯罪現場勘察人員會對證物可能在哪裡有直覺，但不可避免的現實是，並不是所有的證物都可以期待被找到。因此，好的勘察人員都應該瞭解到，只有遵守有系統有條理的方法，才能保證犯罪現場已經沒有留下沒有被採取到的證物。在這搜索步驟下有兩個主要問題：要到哪裡找證物與要如何進行搜索工作？在進入這個問題前，讓我們先瞭解連結與移轉理論。

連結論

四向連結論說明犯罪現場、被害者、嫌犯與物證的相互關係，瞭解這些項目間的相互關聯性對找尋證物有很大的幫助，圖 5.1 顯示四向連結論的原理。

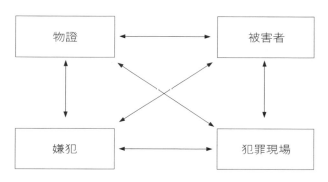

圖 5.1　四向連結論

理論上，建立任何兩個或兩個以上項目的關聯性——現場、被害者、嫌犯與物證——案子就有可能解決，建立愈多關聯性，破案的機會就愈大。例如，如果嫌犯說他從沒到過犯罪現場，那麼現場必須詳細搜索以證明嫌犯在某個時候確曾到過現場，嫌犯可能留有指紋、鞋印，或移轉微量證物。同時，植物類物質、土壤或玻璃可能被帶離現場等，這些證物可以建立嫌犯與現場的連結，如果現場搜索後確定沒有找到屬於這個嫌犯的證物，那麼偵查方向可能要轉到其他嫌犯。然而，要確定的是，現場必須經過正確而徹底地搜索，而且是所有證物都已找過才能下這個結論。

如果嫌犯住在犯罪現場或經常出入犯罪現場，那麼這種連結就沒有多大的證據價值，除非能確定犯罪發生的當時，嫌犯確實遺留證物在特定的位置上，例如，命案現場或屍體身上的血指紋，這種狀況就可以將嫌犯與被害者連結起來。

很多案例顯示家人或親密朋友間會涉入暴力犯罪，例如，在一個偏僻的高級住宅區中，一對夫妻被毆打致死，屍體被火焚燒。在詳細檢查房子外部後發現侵入方法是移開窗型冷氣機，在冷氣機旁的玻璃上找到十枚潛伏指紋，隨後指紋鑑定證明是屬於被害者已分居的兒子。由於兒子的吸毒問題，該夫妻於幾個月前將他趕出家門並換了門鎖，儘管這個兒子以前曾住在這裡，但是在這特定位置遺留的指紋，與夫妻遇害當時非法侵入而遺留的痕跡具有高度的相關性。這個案例顯示系統化搜索證物的價值與連結現場、被害者、嫌犯與物證在偵查犯罪上具有重要的意義。

移轉論

不論何時兩個物體表面相互接觸就可能出現移轉性證物，這是羅卡交換論；這個理論指出不論何時兩個物體表面相互接觸時，在接觸面上會有物質交換，照片 5.1 與 5.2 是刑事證物在接觸面上接觸移轉的例子。更實際的說法是，當犯罪者進入犯罪現場時，會遺留一些東西在現場，當他離開現場時，身上會帶走一些現場的東西，關鍵的問題是我們能否找到這些被移轉的物質。

明顯的直接移轉物常被忽視，如門把上的血手印，在犯罪現場勘察時絕不可忽略。有些時候，移轉的物質並不需要直接接觸，如噴到物體表面上的槍擊殘跡或濺到嫌犯衣服上的血液噴濺痕等。此外，有些移轉物是由間接移轉而非直接移轉所產生。間接移轉物是由中間物或人將其從原始來源傳遞到最後目標上，間接移轉的例子，如犯罪者把手上的血沾上門把，而不經意地移轉到第三者開門的手上。

通常移轉性證物可分為微量物質的移轉性證物與型態痕跡的移轉性證物。微量物質的移轉性證物包括纖維、玻璃、土壤與血液。移轉性證物常是微量物質與型態痕跡的組合，如血鞋印、油漬指紋或纖維印痕等。

微量物質很難去辨識、尋找與採取，其包含生物或化學物質，種類非常多，也存在相當多的偵測與採取問題。另一個要瞭解的是，搜索的對象與經由它可能建立的連結是甚麼？在現場，只能懷疑微量證物可能存在，但很難確定，因此，勘察人員必須窮盡所有可能的方法去採取現場中任何可能忽略的地方。膠帶黏取、真空吸取與扣押含有微量證物的物體是常用的方法，微量證物的採取將在第六章討論。

最近儀器分析方法的進步與靈敏度提高使得微量證物漸受重視，例如

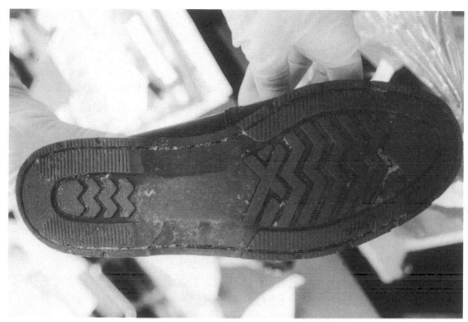

照片 5.1 嫌犯鞋底的特寫顯示土壤與微量物質可以用來連結嫌犯與犯罪現場

照片 5.2 在肇事逃逸車禍中移轉到車上的油漆

氣相色層分析質譜儀可以偵測火災現場中百萬分之一含量的縱火劑,以及已發展出來很多更先進更靈敏的縱火劑偵測器。但諷刺的是,儘管偵測器已有大幅進步,在縱火現場最可靠最靈敏的偵測縱火劑殘渣的方法還是靠警犬偵測,訓練有素的警犬依其超強的嗅覺已證明具有偵測各種微量縱火劑的能力。

另一個突破性方法能突顯微量證物重要性的是 DNA 分析,目前的技術分析短重複序列或粒線體 DNA 的靈敏度極高,使用微量 DNA 就可以鑑定出 DNA 型,因此,犯罪現場勘察人員應記得搜索犯罪發生時留下的任何含 DNA 物質的證物。

羅卡交換論除了積極地說明遺留移轉性證物的可能性外,也消極地告訴我們,在擁有高靈敏度分析方法時不要忽略了這些證物。草率的犯罪現場勘察很容易破壞有價值的證物,甚至經由間接移轉造成污染。小心謹慎及詳細的搜索計畫才能避免勘察時的不當移轉及破壞證物。

犯罪現場搜索的一般概念

證物要到哪裡去找,現場搜索要如何進行?在犯罪現場勘察時,想要找到證物,應該綜觀犯罪現場全部而不是只看個別的採證工作,如指紋、血液、攝影等。想要做好這項工作,不要忽略去尋找平常很少注意到的地方,如天花板上的血液噴濺痕、垃圾筒裡面的武器或衣服、門或窗簾上的血跡或纖維、馬桶坐墊(毛髮與指紋)、冰箱內食物上的唾液與咬痕;還有,站在不同的位置尋找證物,如地面或樓梯上。有條理地搜索加上謹慎與耐心,才不會破壞或遺漏重要證物,這些搜索所得常提供珍貴的偵查線索。如果這些東西後來也在嫌犯身上、汽車上或其他地方找到,那麼它將對嫌犯與犯罪現場形成重要的連結。

列出搜索時應該尋找的物品清單,以便讓勘察人員知道要尋找哪些證物,例如,在現場搜到槍枝必須檢查每一把槍的最大容量與發射子彈數,以確定是否搜索完全。照片 5.3 顯示在現場找到的命案凶槍。

對於涉及警察的槍擊案件,每一位抵達現場的警察的彈匣都必須清

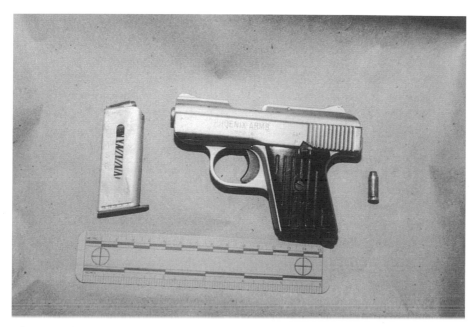

照片 5.3 在某個槍擊案中使用的小口徑手槍，此照片記錄槍枝被發現時的狀態，槍膛內有一顆子彈，另一顆子彈在彈匣內

點，不論他在當時是否有開槍。

　　雖然有很多例外，但不同種類的犯罪通常會遺留不同的物證，只有遵守有條理的步驟才能有完美的犯罪現場搜索。主觀與武斷是非常危險的，最好的方式是，依據犯罪類型合理推論可能出現的證物種類與其可能出現的地方。第七章討論的「邏輯樹」非常有用。

尋找物證

　　犯罪現場勘察人員必須在開闊客觀的心胸與漫無目標缺少方向感之間尋求平衡點，為達到這個境地，只有不斷地吸取經驗與接受訓練才能有成。然而，一般而言，還是有一些要領可以提供有目標而又不失為客觀的勘察。

第一現場與第二現場

任何可能使證物遭到破壞或變更的現場都應優先處理，例如：現場一部分在戶外，雖然最重要的證物在室內，但戶外現場還是要先處理，免得天氣產生變化。另一個因素是可能無法有效管制的全部現場或部分現場，在沒有人工或天然屏障的大規模現場會有現場管制的問題，例如，比起偏僻少數人接近的地方，擁擠的道路或公共場所更要優先處理。處理犯罪現場最好由一組訓練有素的人員一次勘察一個現場，而不要分成好幾組同時分散到各現場去，現場勘察的連續性與一貫性是非常重要的，但有天氣或其他特殊狀況時應予適當地調整勘察方式。

決定第一現場或第二現場有助於排列勘察現場的優先順序。第一現場是指主要犯罪行為或證物發生的地點，例如在命案中，被害者被謀殺的地點。相反地，第二現場是指犯罪次要行為發生的地點，第二現場包括犯罪產生後丟棄屍體或證物的地方，照片 5.4 顯示一具女性屍體被丈夫在臥室殺死後丟棄在路旁。第一與第二現場可能就在附近也可能相隔數英里。此外，有些證物也可能散布在兩個或更多的地點。一般而言，勘察的順序只要依序進行，次序先後並不是很重要，因為屍體可能位在遙遠沒人知道的地方，而在現場進行的徹底搜索可能只採到少數證物。第一現場可能經過數個月還找不到，有時甚至永遠找不到，因此，在確定某一現場是第二現場後，最重要的事就是盡快找出第一現場，以減低嫌犯清除或改變第一現場的機會。

搜索重點地區與次要地區

當現場的所有條件都相同時，應先搜索重點地區而非次要地區。重點地區是指很可能留有重要證物的地方，這些重點地區如下：現場入口、犯罪者行經路線、犯罪發生的目標區、現場出口。一旦重點地區經完整記錄、搜索、採證與保存後，即可搜索次要地區，最後，再重點式且徹底地搜索其他次要地區。

應用這種方式處理竊盜現場的步驟如下：搜索整個建築物外面的任何出入口痕跡，一旦出入口找到，應馬上搜索，並擴及相關區域，因為這些

照片 5.4　棄屍的第二現場

區域可能有物證，如鞋印、潛伏指紋、微量證物等。進入建築物時，應留意從入口到目標區路徑上的證物。接著搜索明顯被擾亂或洗劫區域，詳細勘察這些區域中可能被犯罪者接觸過的物體，例如珠寶盒、保險箱、化妝台、書桌、瓷櫃、休閒室、槍櫃等。接著搜索目標區與出口，徹底搜索出口及離開路徑。最後搜索的次要地區，包括附近地區及大垃圾筒等，可能會有犯罪相關的證物。記得搜索那些該在而不在的物品，若可能，應在現場記錄、搜索與採證後，請屋主或現場使用人或親屬列出現場重要物品清單以確定有無遺失物品。

犯罪現場的組成

犯罪現場的種類很多，傳統上，現場包含室內犯罪現場（房子、建築物）、室外犯罪現場（院子、公園、野外或道路）與交通工具（火車、飛機、汽車）等。但勘察人員應瞭解任何地方或物體都有可能含有證物而成為犯罪現場。

　　被害者的屍體或嫌犯本身就是現場，應詳細檢驗，所有的微量證物，包括毛髮、纖維、DNA、體液、潛伏印痕、縱火劑、槍擊殘跡、花粉、土壤、殘渣等，常出現在與犯罪相關的人身上。屍體的狀態與位置，包括顏色、僵直、屍斑等，以及傷口的形狀與位置等，也是需要偵查的資訊。

　　身體的開口可能含有異物、纖維、體液與毒品，體液可以顯示有無毒品、酒精或毒物的存在，體液也含有血型物質與其他遺傳標記。除了屍體，衣服或私人物品往往也具有證據價值。屍體在搜索階段應最優先處理，因其可能被移動、被清洗或腐敗分解。此外，還有一些特殊犯罪現場，如水底犯罪現場、地下毒品工廠、火災與爆炸現場及埋屍現場等，值得特別討論，這些特殊現場與勘察技術將在第九章討論。

　　近來一種新的犯罪現場愈來愈普遍，即與電子或數位網域（digital domain）相關的犯罪，特別是網路世界。全世界的執法單位已面臨不斷增加的網路或電子媒體的犯罪調查，並投入更多的人力去搜索、尋找與保存所有電子證物，這些證物包含從兒童色情圖片到用來進行各種犯罪行為的密碼數據等。在勘察時不只需要注意其電子特性，還需要搜尋電腦檔案或數據並進行後續分析的勘察。

犯罪現場搜索的型態

　　犯罪現場搜索的型態很多，各有不同的應用，雖然它們都有共同的目標，即確保物證不會被漏掉。但一個特定類型的現場絕不是只有一個正確的搜索方法，重要的是，勘察人員必須評估既有的資料與現場特性，資源不足者就無法進行某些特定搜索方法，如使用大量人力或特殊設備者等。

　　大多數的搜索型態都是用基本幾何圖形型態搜索，有直線、方格、螺旋、放射、區塊與連結法。雖然這些方法簡單又基本，但事實上卻是最有效率也最有成果的方法，勘察人員常犯的錯誤是誤以為自己的經驗可以取代，而不用這些系統化的搜索方法。如果懷疑可能會漏掉哪些證物，那麼就採用這些基本的搜索方法。記得這些方法中，有些是適合戶外現場，有些則是適合室內現場。

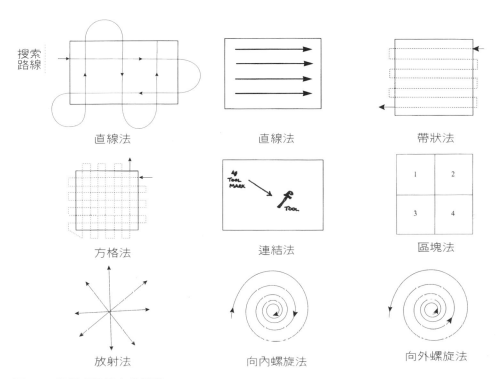

搜索路線 →

直線法　　　　　　　直線法　　　　　　　帶狀法

方格法　　　　　　　連結法　　　　　　　區塊法

放射法　　　　　向內螺旋法　　　　　向外螺旋法

圖 5.2　犯罪現場搜索的型態

連結法

　　連結法在犯罪現場搜索中是最有用也最常用的方法，本法依四向連結理論去尋找現場、被害者、嫌犯與物證之間的關聯物，利用這個方法，勘察人員可以有條理地找到能連結到特定犯罪或行為的物證，雖然這個方法並不是幾何圖形法，也不容易定義，但卻也是不折不扣的系統化方法。這種方法的進行並不是隨意的，而是依據觀察與發現進行每一步，依據經驗與訓練，使用簡單的邏輯推理，找出特定位置上的證物。

　　例如鄉下道路旁河堤下發現的二十幾歲女性裸屍，依僅有的少許線索研判這個地方應是第二現場。搜索計畫必須注意，在屍體與離開路徑間尋找鞋印與輪胎痕。遺失的衣物如褲子、襯衫、鞋子或筆記本，可能留在第一現場、丟棄在第二現場或可能被嫌犯帶走當紀念品等。

　　依被害者之年齡、性別與屍體狀態可以研判是否為性犯罪，因此屍體必須仔細檢查，尋找性侵害相關的物證，如精液、唾液，及移轉的毛髮與纖維，以及屍體上可能的潛伏印痕，若無法在勘驗初期找到這些物證，很可能後來會被破壞或分解。被害者皮膚上潛伏指紋的顯現必須盡快處理，否則屍體的脫水、腐爛或變化將對指紋顯現非常不利，較能成功的方法是把屍體裝在塑膠帳蓬內，以氰丙烯酸酯（瞬間膠）煙燻顯現，再用化學或物理方法增強顯現效果。

很多情況可以用一般的邏輯推論應用連結，例如在犯罪現場發現大量的血跡，勘察人員就必須尋找受傷的人，若被害者被刺傷，勘察人員就應搜索可以造成這種傷害的武器等。

直線法（帶狀法）

戶外犯罪現場可能範圍很大，又因植物、地形與水的分布而很難搜索，此外，由於沒有明顯的目標，若沒有應用系統的搜索法，會很難徹底搜索。最簡單而有效率的方法是直線法，這種方法是因把現場畫出幾條線或畫成帶狀而得名。首先，把現場封鎖成方形，搜索隊排成手臂長的間隔，沿著直線前進搜索，勘察人員要在他前進的路徑上找尋證物，這種方法也稱帶狀法。犯罪現場搜索主管應控制搜索前進的速度，在發現證物的地點應標上記號以利後續處理。這種方法適合大範圍搜索，如公園、野外、庭院、停車場、公路等。此外，搜索人員可以從一人到數百人之多，在大面積的搜索，如在荒野找尋失蹤者，本法非常適合。

搜索隊的成員並不一定要是訓練有素的犯罪現場勘察人員，只要清楚地告知一般的義警任務與方法，如集體行動時，不可觸碰任何發現的可疑物品，應立即通知現場勘察人員處理即可。

對槍戰之犯罪現場，必須搜索所有相關的槍彈證物，例如彈殼與彈頭，以及可能涉案的武器與彈匣，必須清查最大彈容量與所有現場該找到的彈頭，這個訊息可以與屍體傷口初驗結果附在一起。如果初步勘察無法找到所有的槍彈證物，就必須進行有組織的直線法搜索現場。在某一個警察槍擊案中，經初步搜索還是無法找到彈殼，此時應使用金屬探測器進行搜索，找到的彈殼對幾個月後的現場重建工作幫助很大。

照片 5.5　勘察人員進行直線法搜索證物，在搜索中找到一顆彈殼

　　例如一九九九年一位警察在例行巡邏時發現一部可疑車輛，在尾隨不久後，可疑車輛的逃逸引起一群警車的高速追逐，最後幾輛警車把可疑車輛攔下。當一名警察從車內出來接近可疑車輛時，車輛突然轉彎衝向警察，在沒有任何安全退路並擔心生命安危之下，警察朝司機開了一槍，司機傷重死亡。在初步勘察時，並未找到警槍的彈殼。幾個月後，在重建過程中使用直線法搜索，終於在原始現場附近草叢內找到彈殼（如照片5.5），這枚彈殼的位置對重建警察與嫌犯車輛的位置、警察與車輛的移動方向及警察開槍的位置格外重要。

方格法

　　方格法是改良的雙直線搜索法，本法是以直線法搜索後，再以另一個直線法在同一區域進行搜索，但兩者進行方向相互垂直，搜索人員依直線法進行現場搜索，完成第一次直線搜索後再進行另一個直線搜索。因此，同一個地方搜索兩次以形成格子狀圖案，此外同一個地點被兩個不同的搜

照片 5.6 　州警實習生協助命案偵查進行方格法搜索

索人員搜索過。雖然這個方法較費時，但搜索較徹底。

區塊法

　　犯罪現場可以輕易畫成若干區塊者，以此法進行搜索較有效率。室內犯罪現場就是其中的例子，依據現場大小，可以規劃為幾個合適的大小區塊。

　　有許多技巧可以用在區塊搜索法上，如果現場搜索是由專業的現場勘察人員組成，即可就特定區域一起進行搜索。例如，如果現場是私人住宅，則勘察人員可以同時進入一個房間進行搜索、紀錄與採證。對現場主要區域可以用這種方式，但如果次要地區有許多區域要勘察，則勘察組可分開，每人搜索一個區域。當選用這種方法時，最好每個區域都有兩個勘察人員勘察過。區塊搜索法有特別區域可優先搜索的好處，重要區域如犯罪目標區、入口、出口等，可以進行多次搜索。

放射法

使用放射法搜索的現場應是圓形的，搜索人員從中心點向外沿著許多直線或放射線搜索，這種搜索方法對於大面積會很困難，因此，通常只應用在特定現場。

螺旋法

與放射法相似，螺旋法也是用在圓形的犯罪現場，常用的搜索方式有兩種，向內旋轉與向外旋轉。

向內旋轉法，搜索人員從犯罪現場外圍開始，漸次朝中心旋轉搜索，直到抵達中心點。同樣地，向外旋轉法是由中心點開始，漸次朝外旋轉，現場若有障礙物將會引起搜索困難。螺旋法通常只適用在特別的狀況，若以向外旋轉法時，在進入中心點時有破壞物證的危險。這種搜索法的應用範圍也是非常有限。

犯罪現場搜索

沒有單一犯罪現場搜索法可以適用所有類型的現場，因此，有經驗的犯罪現場勘察人員必須在詳細評估特別障礙物、現有設備與人力、搜索範圍及要尋找的證物等後，選擇合適的搜索方法。搜索時，往往是多種方法交互使用，如連結法可以與其他幾何圖形法結合使用。對任何一種犯罪現場，最重要的是使用有條理、有系統的搜索方法，現場搜索的目的是辨識與找出相關的物證。

除了上述傳統的搜索方法外，犯罪現場搜索也可以利用特殊的設備或方法。

以訓練過的警犬去尋找證物是很有價值的資源，屬於被害人或嫌犯的已知衣物可以用來使警犬追蹤到個人。此外，可以訓練警犬去追查毒品、縱火劑、炸藥殘跡、屍體與特定物品等；警犬的嗅覺特別敏銳，牠可以偵測到百萬分之一濃度的縱火劑，與氣相色層分析質譜儀的分析能力相當。

縱火勘察人員目前已在使用各種人工鼻子與偵測器，而且相當有效。

不久後，特殊的遙控偵測器將被用來進行現場儀器分析，因此，在現場找到的微量跡證，可在勘察人員還沒離開時即可確認結果。這些技術由美國國家司法研究所（National Institute of Justice）、紐約、康乃狄克與麻塞諸塞州警察局刑事實驗室贊助發展中，這些新興的技術將在第九章特殊現場技術中討論。

　　還有很多先進的理論與方法應用在犯罪現場搜索上，如金屬探測器、手提 X 光機等。在槍擊案件中，勘察人員可以利用已知訊息選用搜索方法，一旦找到彈殼，即可研判武器種類與可能的射擊位置。此外，研判彈道也可幫忙找到彈頭與子彈路徑，這些槍擊現場重建將在第十章討論；其他特殊與先進方法則在第九章討論，包括水底搜索、空中搜索、失蹤人口、失蹤車輛及其他不同搜索方法的結合等。

　　任何犯罪現場的搜索都有一些注意事項必須遵守，通常勘察人員只有一次機會去搜索原始的犯罪現場，因此，最初的搜索必須正確而徹底。當勘察人員懷疑可能忽略某些物證時，就必須再搜索一遍，除非各種方法都已用盡，否則不可放棄。現場必須完整保全，直到屍體解剖完成或實驗室初步分析完成為止。

　　不要讓現場搜索干擾到犯罪現場勘察的其他工作，如記錄、採取與保存證物等。記住羅卡交換論提到，在現場的任何行為都有可能造成改變或破壞證物的結果，因此，在利用大批人力進行搜索時，特別是包括非專業的搜索人員，應在初步記錄、採證與保存後才進行。此外，不要規避繁瑣的程序，若在後續搜索時找到證物，也一樣要依程序進行紀錄、採取與保存證物的步驟。證物監管鏈的問題勝過一切，並只侷限在犯罪現場採證的少數人可以接觸。

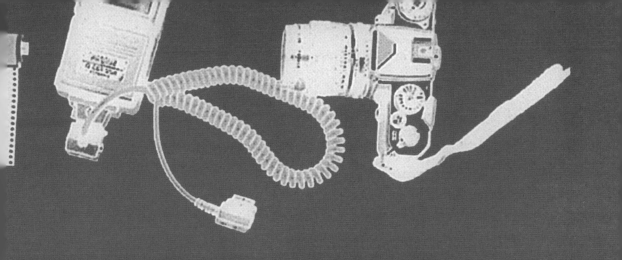

第六章
物證之採取與保存

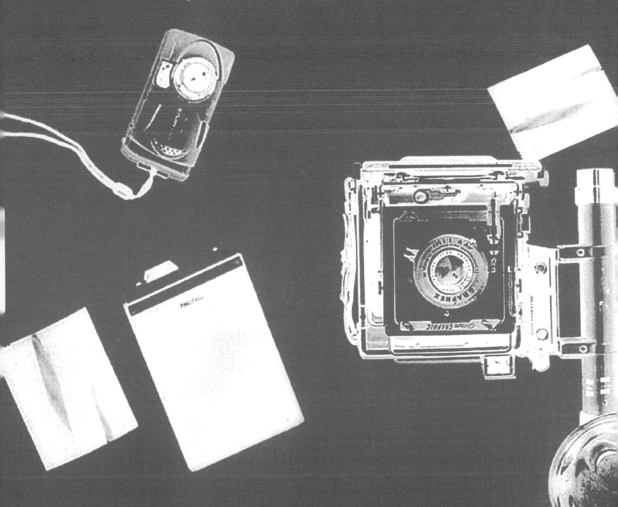

一般注意事項

在犯罪現場紀錄與物證搜索完成後，即可進行每一個證物的採取與保存工作，勘察小組必須指派一位人員負責證物，這名證物官（evidence officer）必須確保所有證物都已採取、包裝、編號、封緘與保存完整，如果有一名工作人員負責證物的採取與保存，就不會有任何遺漏、遺失或污染。目前並沒有一定的物證採證順序，但有應該遵守的注意事項，對採證、包裝與標記都很有幫助。表 6.1 是採證箱的內容。

表 6.1　犯罪現場採證箱中的基本裝備

・各種大小之紙袋	・各種大小之塑膠夾鏈袋
・各種大小之藥丸盒子	・各種大小之金屬油漆罐
・紙箱	・無菌棉棒與盒子
・拋棄式滴管	・眼藥水滴瓶
・繩子	・大張防污紙
・秤量紙	・無菌試管
・槍枝盒子	・刀器盒子
・標籤與麥克筆	・證物膠帶
・採血盒	・性侵害採證盒
・槍擊殘跡採證盒	・屍體指紋採取盒

如果現場有易碎、易遺失或短暫性證物等，應優先採取，有時有些證物或物體必須移開或移回以方便勘察，此時應小心移動並注意尋找證物，記得如果在採取過程中發現新證物，必須以前述方法記錄之（見照片 6.1a 與 b）。

絕大多數的物證都必須裝在第一個容器或藥包內，再裝到第二個容器或外層容器中。藥包通常用來包裝微量證物，對證物上可能沾有之微量證物也有保護作用。外層容器通常是信封、紙袋、包裹袋、金屬罐或塑膠袋

照片 6.1a　沙發移開前的犯罪現場照片

照片 6.1b　沙發移開後的犯罪現場照片，露出沾血的小刀（兩張照片都由愛西維爾警局羅賓·倫斯佛德警官提供）

等，外層容器必須封上證物膠帶並註明證物項目、採證人、日期、時間、採證位置、案件編號及所有裝在外袋內物證之簡要描述。照片 6.2 顯示證物膠帶必須蓋過外層容器的封口，並由採證人簽名及註記採證日期與時間。各種包裝物、封口膠帶及標記材料在商店都可購得。

　　大多數的物證都是固體，很容易包裝與保存在上述容器內。如果是屬於揮發性或容易蒸發的證物，可以使用金屬油漆罐、廣口瓶、密封的罐子及特別設計的袋子。液體證物可以裝在不易摔破與防漏容器內運送。潮溼或生物性證物（血液、疑似大麻等）的採取方法將在後續討論，可以暫時裝在上述袋子，隨後在安全的乾燥區域內晾乾，裝入非密封的容器內（見照片 6.3），原始袋子必須保留並與證物裝在一起。

　　每一個證物都必須分別採取與包裝以免交互污染，採證時就必須隨手包裝與封緘，這個步驟可以確保避免證物混淆。

　　最後現場勘察人員必須牢記，所有證物對犯罪偵查都很重要，都應

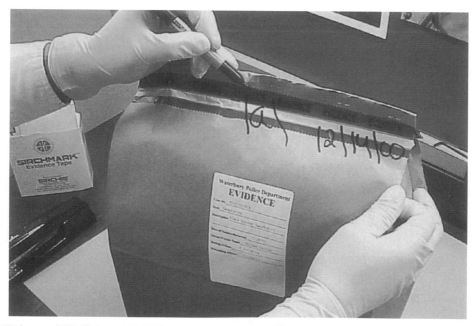

照片 6.2　證物袋上正確的封緘與標記（由華特伯里警局辛蒂・羅培斯提供）

照片 6.3　沾血的證物在乾燥室內晾乾（由羅賓‧倫斯佛德警官提供）

該採取。刑事鑑識的技術不斷地在進步，樣品分析的使用量也不斷地減少，可以鑑定的證物也不斷地在增加中，例如十五年前鑑定 ABO 血型與酵素型需要一毛錢銅板面積的血跡，十年前的 RFLP DNA 鑑定需要半個一毛錢銅板面積的血跡，五年前需要四分之一個一毛錢銅板面積的血跡進行 PCR （DQA 與 PM）DNA 鑑定，如今只要犯罪現場的血跡含有納克（0.000000001 克）量的 DNA 就可以進行 STR 分析鑑定它的可能來源（如圖 6.1）。由於這些方法的改良與靈敏度的提高，使得正確的採證與包裝顯得特別重要。對於不當的採證或包裝而引起的證物失效或污染，即使實驗室有再先進的技術都派不上用場。照片 6.2 顯示沾血的物品必須放在安全的地點晾乾，以確保科學與法律的完整性。

　　本章將列出犯罪現場中各類常見的證物，探討每種證物最好的採取與包裝方法。

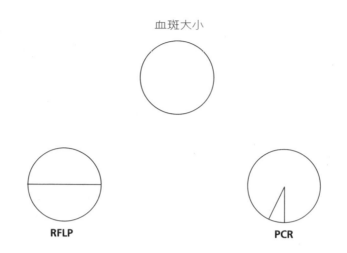

血斑大小

RFLP　　　　　　PCR

以 PCR/STR 鑑定只需 RFLP 鑑定的十分之一至百分之一樣品量

圖 6.1　以 RFLP 與 PCR 鑑定血液 DNA 所需相對血斑大小

指紋

　　指紋是確認鑑定或個化的物證中最重要的一種，此外，掌紋、腳掌紋、唇印與耳朵印都可能會出現在現場。在現場的指紋證物可能是潛伏的、印模的、明顯的或潮溼的指紋，每一種都需要不同的搜索、顯現、觀察與採取技術，圖 6.2 是這些指紋證物的基本處理步驟。

　　利用各種光源可以目視檢查或搜索到指紋，常見的方法是使用側光或斜光法，強力探照燈效果很好，其他光源包括手提式雷射、氪燈雷射或刑事光源等。物證上也有可能沾有指紋，應小心處理。若發現指紋，應先拍照再以化學或物理方法顯現，拍攝指紋必須遵守第四章所提的方法（見照片 6.4），配合拍立得或數位相機會使採證工作更加順利。指紋顯現方法的選擇要依指紋遺留物的表面性質而定，顯現方法將詳述於後，如果指紋是遺留在不可移動的物體上，則必須在現場採取，如果是遺留在小件可移動的物體上，則此物體可帶回實驗室再採，其包裝方法如第五章所述。

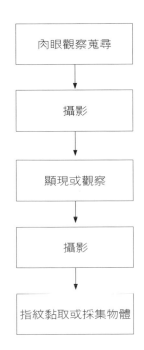

圖 6.2　指紋處理的一般程序

照片 6.4　玻璃上以粉末法顯現的潛伏指紋之特寫

潛伏指紋

　　一旦在現場發現可能有潛沃（看不見的）指紋，必須用物理、化學、儀器或合併方法顯現。物理顯現方法適合用在任何乾燥、光滑如玻璃或塑膠表面上，這些方法包含使用各種顏色的粉末與毛刷。物理顯現方法在使用粉末前，可以用瞬間膠煙燻法加強效果，煙燻的設備有很多種，有適合現場使用，也有適合密閉小房間使用。照片 6.5a 與 6.5b 是瞬間膠法在犯罪現場與實驗室的使用情形。

　　黑粉是對淺色背景最常使用的粉末，而黑色背景則用淺色粉末；磁粉混有金屬碎屑，配合特製磁筆，適合光滑表面如塑膠袋、塑膠 CD 盒、雜誌封面等。一旦潛伏指紋被瞬間膠與粉末法顯現後，應再次拍照。顯現的

照片 6.5a　勘察人員使用瞬間膠煙燻處理車窗的外部表面

照片 6.5b　瞬間膠煙燻箱適合小型證物顯現潛伏指紋（由羅賓·倫斯佛德警官提供）

指紋必須採取，貼在指紋採證卡背面。指紋採證卡應記錄案件號碼、採取日期與時間，並由採證人簽名，在指紋採證卡上描述指紋採取的來源，如照片 6.6。指紋採證卡是證物，必須謹慎對待。如果遺留指紋的物體是可移動的，則必須標示潛伏指紋採取處，並將該物體包好帶回當作證物。如果這類物體是不能移動的，則應對採指紋處的表面拍照存證。

潛伏指紋的化學顯現法適合用在乾燥或潮濕的物體表面，利用不同的染料染色，如龍膽紫（gentian violet）、螢光染料或其他雷射可激發的染料，再以光或雷射激發，最後拍照存證。是否可以將染色的潛伏指紋採取保留下來，要視染料與物體表面而定。可能含有潛伏指紋的潮濕物面應以噴劑或物理法處理（如照片 6.7），這些顯現出來的潛伏指紋都應拍照。表 6.2 列出以化學試劑顯現指紋的詳細步驟。

在非光滑表面的潛伏指紋可以用化學方法顯現，由於物體表面的特性與指紋紋線上的分泌物溶入物體表面上的事實，使得化學試劑的選擇必須

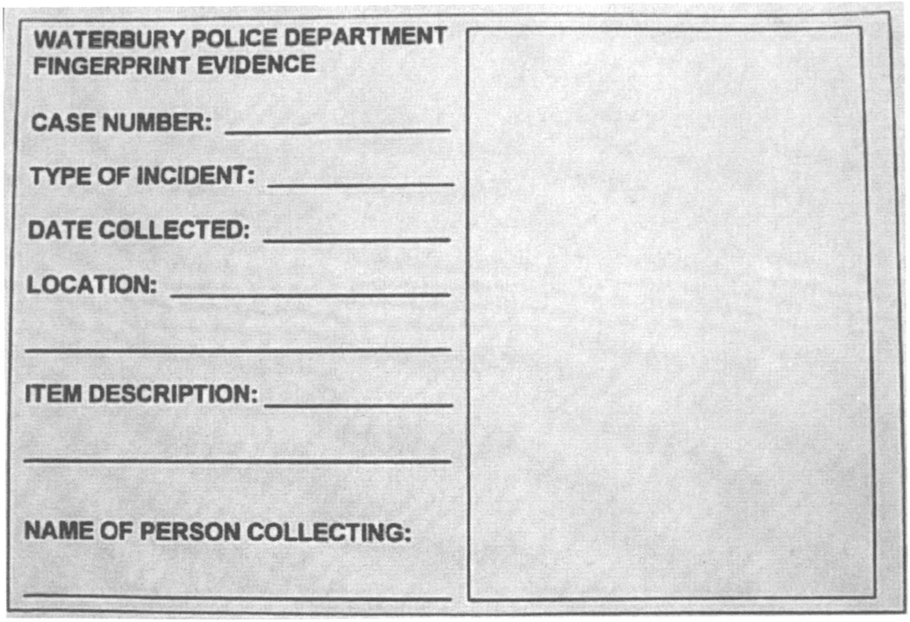
WATERBURY POLICE DEPARTMENT
FINGERPRINT EVIDENCE

CASE NUMBER: ____________

TYPE OF INCIDENT: ____________

DATE COLLECTED: ____________

LOCATION: ____________

____

ITEM DESCRIPTION: ____________

____

NAME OF PERSON COLLECTING:

____

照片 6.6　潛伏指紋黏取卡，膠帶黏取之指紋放在卡片背面，指紋描繪圖畫在卡片右側，案件資料填入卡片左側

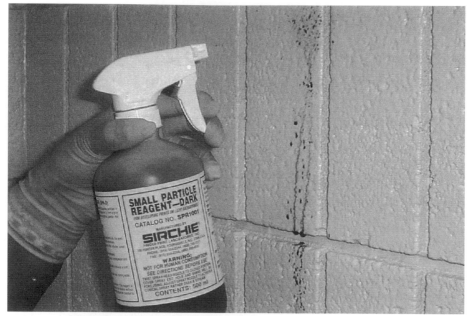

照片 6.7　在潮濕表面使用微粒試劑顯現潛伏指紋

與分泌物反應而不與物體表面反應，才能顯現指紋。硝酸銀、碘燻、寧海
得林及其他染色法都是適用在非光滑表面的化學顯現方法。一旦潛伏指紋
顯現出來，就必須照相並盡可能將指紋所在的物體帶回存證。紙張或其他
文件應分別放在塑膠袋（乾燥後）或信封內。如果潛伏指紋所在的物體不
可移動，則此照片將成為重要的指紋證物。

表 6.2　顯現潛伏指紋的化學試劑

- **寧海得林試劑**

寧海得林　　　0.8 克

丙酮　　　　　120 毫升

將試劑噴灑在物體上，加熱觀察。

注意：試劑之有效期可達一年以上。

· **氯化鋅試劑**

（適用於以寧海得林試劑顯現後的處理，再以雷射或其他光源觀察）

氯化鋅結晶	5 克
冰醋酸	2 毫升
甲醇	100 毫升
1,1,2 三氯三氟乙烷	400 毫升
漂白水	2 毫升

輕輕噴灑在物體上，晾乾後以刑事光源觀察。

· **碘噴霧試劑**

溶液 A：		溶液　B：	
碘	1 克	黃酮	5 克
環己烷	1 公升	亞甲基二氯	40 毫升

將 2 毫升的溶液 B 與 100 毫升的溶液 A 混合五分鐘，過濾。

注意：溶液 A 儲存在室溫二十天內有效，溶液 B 冷藏儲存在二十天內有效，兩者混合後，必須在二十四小時內使用。

· **硝酸銀試劑**

百分之五的硝酸銀水溶液

直接噴在物體上，注意：會使皮膚變黑。

· **微粒試劑**

二硫化鉬	30 克
蒸餾水	1 公升
Photo Flo	3 滴

完全混合，有效期為六至八週，可以噴灑或浸泡，以水沖淨並以膠帶黏取。

瞬間膠顯現後螢光處理

· **羅丹明** 6G

儲備液：羅丹明 6G	100 毫克	工作液：儲備液	3 毫升
甲醇	100 毫升	丙酮	15 毫升
		乙青	10 毫升
		甲醇	15 毫升
		異丙醇	32 毫升
		石油醚	925 毫升

· **7-甲氧基甲胺-4-硝基苯-2-草酸-1,3-二腙（MBD）**

儲備液：MBD	100 毫克	工作液：儲備液	10 毫升
丙酮	100 毫升	甲醇	30 毫升
		異丙醇	10 毫升
		石油醚	950 毫升

依序混合。

· **亞卓克斯（Ardox）**

亞卓克斯	2 毫升
丙酮	10 毫升
甲醇	25 毫升
異丙醇	10 毫升
乙青	8 毫升
石油醚	945 毫升

明顯指紋

　　明顯指紋、手掌紋或腳掌紋通常是因紋線上沾染的物質移轉到另一個表面而留下紋線的輪廓或印痕。明顯指紋並不需要灑粉顯現（有時可能需要），一旦發現明顯指紋應予拍攝，並把所在物一併包裝採取，如果無法採取則僅能以照片為證物。

　　明顯指紋也常需要顯現處理以獲得更好的紋線，利用化學法顯現指紋是基於使指紋上所帶有的化學成分被顯現出來，如血指紋是犯罪現場勘察中最常發現的明顯指紋，這種指紋可以用圖 6.3 的流程把它顯現出來，化學試劑沿著紋線表現出顏色使其更加清楚（見照片 6.9），這些試劑常用在血液初步試驗或現場血液試驗的化學藥品，在這裡則利用噴霧罐噴灑顯現。這些試劑在不冷藏下容易變質，因此當不在現場使用時，應放置冰箱冷藏以維持品質。詳細方法將在第九章敘述。

印模指紋或 3D 指紋

這類指紋是當手指、手掌與腳掌上的紋線接觸到軟性物體表面而印下的 3D 印痕，攝影紀錄是必要的步驟也是最好的證物。依某些表面材質的特性而定，有時可以用鑄模材料將這些印痕製模保存。

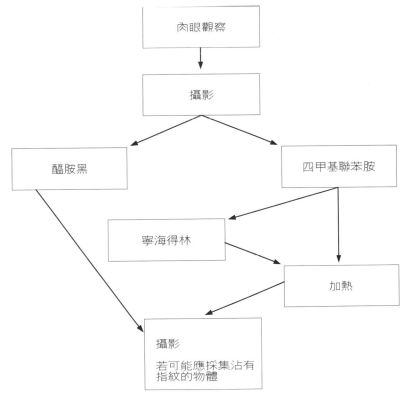

圖 6.3 含有血跡指紋之證物的處理方法

排除指紋

　　為了比對的目的，犯罪現場勘察人員必須採取曾在現場的每一個人的指紋（掌紋或腳掌紋），這些已知指紋稱為排除指紋，它是用油墨在現場將十指沾墨印在指紋卡上，現場死者的排除指紋亦應採取。屍體指紋與掌紋的採取應有法醫在場，並在採取微量證物後再採，把油墨沾到屍體手指上再將手指滾印到指紋卡上，有時這個動作很容易做，如照片 6.8，但如果手指無法轉動，則可用「湯匙板」協助。

　　如果死者泡在水裡或液體（如倒臥血泊）一段時間後，死者手指皮膚可能變鬆或脫落，此時必須小心將其晾乾，取下表皮皮膚層，注意避免破壞紋線特徵，取下的表皮可以用手指模型或套在採指紋者之手套指頭上，沾上油墨印在十指指紋卡上。如果皮膚紋線黏到指紋卡上，千萬不要移開它，讓它乾了後再移除，以免破壞紋線特徵。

　　曝露在炙熱或乾燥的環境下，屍體會脫水或「木乃伊化」，若出現這種情形，死者的手指將失去水分而難以捺印。如果只是輕微乾燥，塗一些護膚乳就可以沾墨捺印。如果脫水嚴重，用組織再生膠（tissue builder）可以恢復皮肉原來模樣。組織再生膠可以朝指尖方向直接注射進入手指，注射到手指尖恢復至適當大小為止，此時手指即可沾墨捺印（建議使用湯匙板）。只有在非常特別的狀況下才可切下死者的手指捺印，如果真有必要也應有法醫在場同意才可。

皮膚上的指紋

　　被害者皮膚上的指紋通常有污染物參與其中，用上述顯現方法較難成功，因此，皮膚上潛伏指紋的顯現應是基於污染物反應的表現，通常只要仔細搜索就可輕易在被害者皮膚上找到指紋，必要時再用顯現法輔助。肉眼搜索可以用各種光源以不同角度觀察污染物的反射或反應的結果，使用刑事光源、雷射光與強力鹵素燈等都有很好的效果。

　　在身體上顯現潛伏指紋的方法主要有兩種，移轉黏取法與瞬間膠法，這兩種方法可以單獨使用也可以相連使用。在採取前，必須獲得法醫的同意，此外，採取前發現有任何微量證物都必須妥善保存或採取。

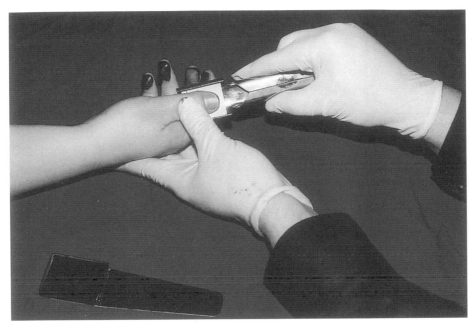

照片 6.8　使用湯匙版捺印屍體指紋（由羅賓·倫斯佛德警官提供）

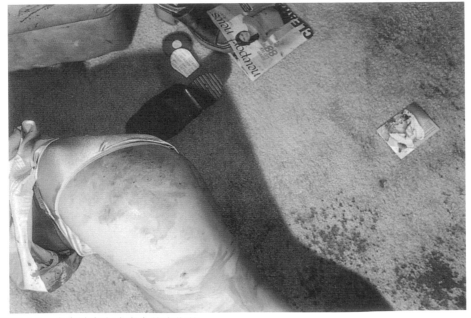

照片 6.9　命案被害者皮膚上的血指紋

移轉黏取法

1. 死亡被害者之皮膚表面的溫度通常約為華氏 72 至 80 度，而移轉的物質在黏取潛伏指紋前應加熱（以吹風機）到華氏 86 度。
2. 將一片表面光滑的轉印板（黑色塑膠板、黑色顯影過的相紙、鏡子、玻璃或金屬板）壓在可能含有潛伏指紋處約 15 至 20 秒。
3. 將轉印板取出以瞬間膠煙燻顯現指紋。
4. 若有必要也可用染料染色、雷射或刑事光源激發，或粉末法採取。
5. 表面非光滑的紙張也可以用來黏取皮膚指紋，再以 DFO、寧海得林或 PD 顯現。

瞬間膠煙燻法

1. 採指紋時屍體不需冷藏，若在顯現指紋前已經冷藏，則必須先讓冷凝水蒸乾。
2. 將屍體放入密閉的塑膠帳篷或屍袋內進行加溫加速煙燻。
3. 在袋子內放入測試指紋。
4. 煙燻屍體直到測試指紋完全顯現為止，各種瞬間膠都可以使用。
5. 以相對顏色的粉末刷掃顯現，使用螢光粉或磁粉效果較好。
6. 如果無法煙燻整個屍體，本法也可適用局部屍體的顯現。

壓痕證物

　　壓痕證物也是犯罪現場常見的一種證物，經過妥善地辨識、記錄與分析，壓痕證物在偵查與後續的重建上非常重要，它可以將被害者、嫌犯或證人連結到現場特定的位置，提供重要的偵查線索，如鞋印可以顯示鞋子大小、現場人數及遺留鞋印的人在現場行進的方向及活動等。

　　在犯罪現場常見的壓痕證物有兩種：（一）二度空間的壓痕，稱為印痕，通常出現在室內、物體上，及有時出現在戶外現場之光滑表面；（二）三度空間的壓痕，稱為凹痕，通常出現在戶外現場的軟性物體表面。犯罪現場找到的壓痕證物必須妥善記錄及採取，以便日後鑑定比對。

圖 6.4 為犯罪現場找到的壓痕證物的紀錄與採取方法，及與已知來源標準品的比對流程。採證時必須特別小心防止污染與破壞，以保持壓痕的完整性與證物監管鏈。

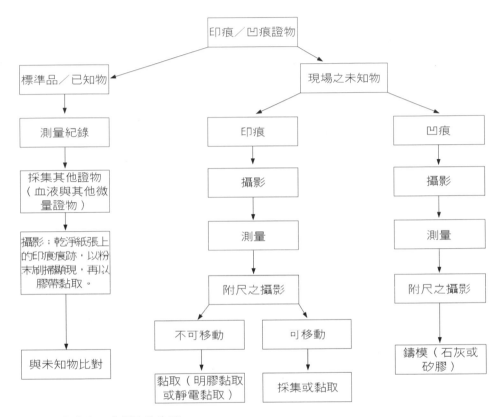

圖 6.4　印痕與凹痕採取的步驟

印痕

　　二度空間的壓痕稱為印痕，在犯罪現場形成的機制是兩個物體表面互相接觸，而沉澱物由一個表面移轉到另一個表面上，指紋、鞋印與輪胎痕都是犯罪現場常見的印痕。印痕的顯現及採取與指紋相似，如下表列述。印痕證物可以用各種光源搜索（手電筒、刑事光源與雷射光等），一旦找到就必須如第四章所提紀錄之拍照存證。印痕採取方法因物體表面性質不同而異，表 6.3 為常用方法。

表 6.3　指紋與印痕顯現與黏取方法

方法	原理	適合表面
碘燻法	與附著在表面上的化學物質（脂肪酸或油脂）反應	粗糙表面：紙張、衣服、牆壁等
寧海得林噴霧法	與附著在表面上的化學物質（蛋白質與胺基酸）反應	粗糙表面：紙張、牆壁、木頭等
血跡顯現試劑	與附著在表面上的血紅素反應	任何粗糙表面上的血跡印痕
微量金屬顯現法	與附著在表面上的金屬反應	任何含有金屬的印痕
斜光照射法	與光反應或反射的殘留物	任何表面：粗糙或光滑
紫外線或其他光源	激發出可見光或其他波長的光線	任何表面：粗糙或光滑
明膠黏紙	與殘留物產生黏著反應	任何表面：粗糙或光滑
靜電黏取法	以膠片上的靜電吸引灰塵粒子	任何表面：粗糙或光滑

非光滑表面

在非光滑表面的印痕證物不能用一般膠帶採取，而應使用明膠黏紙（gel lifter），它只會黏起印痕而不會連物體表面都一起黏上來（見照片6.10）。明膠黏紙含有三層：襯背、明膠黏膜及保護膜。襯背物質可以是彩色也可以是透明的，顏色的選擇應以印痕的對比色為主。明膠黏膜有多種不同尺寸，也可以剪成印痕大小使用。一旦黏起印痕，在還沒有蓋上護膜時就應拍照存證。明膠黏紙應放入證物袋內保存，由於明膠在華氏104度會溶解，因此必須存放在室溫或室溫以下，在黏紙背面應註明案件號碼、採證者姓名、採證日期與時間。由於採取的印痕過一段時間會褪色（依印痕上物質與保存溫度而定），因此，在採取後應馬上照相。

靜電黏取法也可以採取光滑或非光滑表面上的印痕，靜電採印器可以採取灰塵印痕（見照片6.11a至c）。這個設備包含四個部分：可充電式電源供應器、直流電充電器、金屬板與金屬黏膜。電源提供強力靜電到黏膜上，黏膜吸住印痕上的灰塵而將印痕轉印到黏膜上，再將黏膜上的印痕拍照存證或比對。靜電採印器已為商業產品，隨處都可購得。

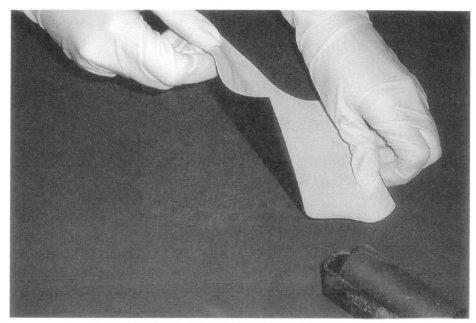

照片 6.10　以明膠黏紙在不能移動的物體表面採取灰塵印痕

光滑表面

　　明膠黏紙、靜電採印器與一般強力黏性膠帶都很適合黏取光滑表面上的印痕。印痕一經採取就必須妥善保存在塑膠袋、信封或其他容器的證物袋內，並標示如前述之紀錄事項。

凹痕

　　三度空間的壓痕證物就如同印痕的產生方式，是由兩個物體表面相互接觸，但凹痕是因一個物體表面比另一個物體表面軟而產生，較軟的表面被較硬的物體表面印下它的形狀，包含長度、寬度與深度，結果在軟性表面上複製了一個物體的壓痕特徵。

　　如前所述，凹痕證物可以用斜光照相，以產生陰影表現出凹痕上的特徵。拍過凹痕照片後應製模採卜壓痕，製模材料要依凹痕所在材料而定，若凹痕是在硬質物上，如金屬或上漆硬木，則可能含有顯微痕跡，用矽膠材料鑄模最好。若凹痕在軟質物體上，如泥土或雪上，則使用石灰材料最

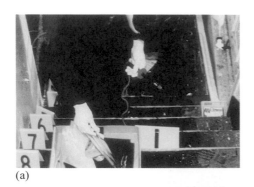
(a)

(b)

照片 6.11a-c 李昌鈺
博士利用靜電印痕採
取器採取犯罪現場的
灰塵鞋印

(c)

適合，但在鑄模前軟質物體上的凹痕應先經過處理才可。以石灰鑄模的步驟如下：

1. 移開可能掉落到凹痕上的外來物。
2. 在凹痕表面輕輕噴上髮膠或雪蠟，不要直接對著凹痕噴，而是間接噴上形成一層膜。
3. 在凹痕周圍架上圍欄，以防止石灰混合物流出。
4. 以約二比一的石灰粉與水混合成均勻稠狀。
5. 輕輕地將混合物注入凹痕，但不能破壞其結構，以藥匙輔助更安全。
6. 在注入約半英寸石灰後，應加入強化材料（如支架或鐵網）到鑄模中。
7. 繼續注入石灰混合物質到凹痕填滿為止。
8. 鑄模完成後十分鐘在模子上標上記號。
9. 在鑄模變硬後三十分鐘即可取出鑄模，模型上黏附的任何砂土都不可移去。

10. 將鑄模固定在箱子內再以紙袋包裹，並妥善標記與封緘。

表 6.4 在各種材質表面上的凹痕鑄模方法

材質	鑄模方法
潮濕的細粒泥土：可產生高品質的壓痕	1 灑上少量的鑄模材料以除去過多的水分 2 倒入鑄模液 3 可加入加速劑 4 乾燥時間：45 至 60 分鐘
泥巴：可產生高品質的壓痕	1 倒入鑄模液 2 乾燥時間依潮濕狀態而定，約 45 至 60 分鐘
乾燥泥土上有滑石粉：可產生不同品質的壓痕	1 在壓痕噴上髮膠 2 也可噴上油漆以加強或強調壓痕 3 倒入鑄模液 4 乾燥時間：20 至 30 分鐘
乾燥泥土：可產生不同品質的壓痕	1 在壓痕噴上髮膠 2 倒入鑄模液 3 乾燥時間：20 至 30 分鐘
沙子：依性質不同，可產生不同品質的壓痕	1 在壓痕噴上髮膠 2 也可噴上油漆以加強或強調壓痕 3 倒入鑄模液 4 乾燥時間：20 至 30 分鐘
在水裡的壓痕： 依水量與形成壓痕之用力大小而定	1 在壓痕周圍築牆，以控制水量或必要時除去水分 2 在壓痕上，灑上少量的鑄模材料 3 倒入鑄模液 4 可加入加速劑 5 乾燥時間：60 至 120 分鐘
壓痕中有水： 依水作用在壓痕上的力量而定	1 以滴管除去過多的水 2 在壓痕上，灑上少量的鑄模材料 3 倒入鑄模液 4 可加入加速劑 5 乾燥時間：60 至 90 分鐘，依水分含量而定
在雪中的壓痕： 依雪的性質而定，若小心處理，可獲得高品質的特徵	1 在壓痕噴上雪臘（Snow Print Wax） 2 將水與周圍雪混合以降低水的溫度 3 可加入加速劑 4 倒入鑄模液 5 乾燥時間：60 至 90 分鐘，依四周溫度而定

比對標準品

從犯罪現場採到的壓痕證物將用來與想要證明凹痕來源的已知樣品或標準品比對，因此，任何已知樣品或標準品也應採取。已知物與未知物間的比對是依其大小、形狀與磨損特徵找出分類與個化鑑定特徵。因此，採取已知樣品在時間上也很重要。

毛髮與纖維證物

毛髮證物

在犯罪現場找到的毛髮證物可以用來鑑定毛髮所屬的人種與身體部位，毛髮的顯微鑑定與已知來源比對也可以判定能否排除同一來源。若髮根上有毛囊細胞（如生長期或退化期的毛髮），以 PCR-STR DNA 鑑定法可以鑑定毛髮的可能來源，毛幹上粒線體 DNA 鑑定法也已應用在許多案例上。

因此，在犯罪現場的毛髮證物必須小心搜尋、採取與包裝，避免遺失。斜光、刑事光源與雷射光都是在犯罪現場、嫌犯或被害者身上及衣服上（如照片 6.12）尋找毛髮的好方法。一旦在現場找到毛髮，必須用鑷子夾起放入第一層容器藥包內。第一層容器再裝入第二層（外層）容器，外層容器可以是塑膠袋、信封、小試管或藥盒子，只是必須有正確的紀錄、封緘與標示。

從同一個地方採到的毛髮可以一起包裝。在犯罪現場使用真空吸塵器隨意蒐集，會導致新舊掉落的毛髮混雜在一起，因此應盡量避免。但屍體旁邊或主要現場內的小區域，必要時可以用真空採取毛髮；使用真空吸塵器時應注意使用新的濾網，採好的濾網必須裝在藥包內，放入合適的外層容器並標示清楚。在犯罪現場特定區域或小區域內也可以使用膠帶或明膠黏紙黏起毛髮（見照片 6.13）。若犯罪現場中可移動的物體上可能有毛髮證物，則應將其裝在第一層容器再放入第二層容器內（妥善封緘與標示），送往實驗室搜尋毛髮證物。同樣地，毛髮黏在證物上，如血跡或布上，則必須保持原來狀態，整個採取，包裝在第一層容器再裝入第二層容器內。

絕大多數的犯罪偵查都有需要採取被害者或嫌犯的已知或標準毛髮，

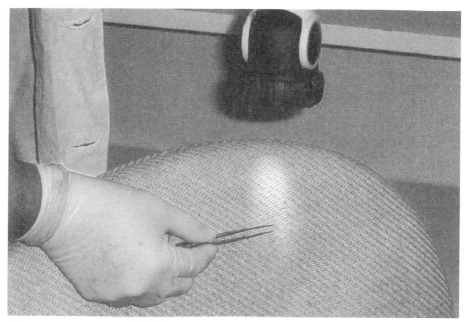

照片 6.12　以斜光搜尋毛髮證物

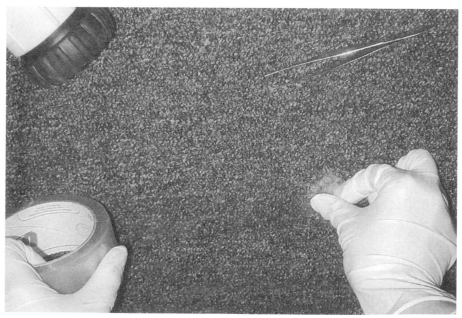

照片 6.13　以膠帶黏取微量證物（由紐海芬大學卡西卡・狄瓦卡藍提供）

這些已知毛髮不可以用剪的，必須從不同區域拔取總數約二十五至五十根毛髮，裝在藥包再放入外層容器，妥善標示採證者姓名、案件編號、日期、時間與簡要描述。採取從頭上或陰部梳下來的毛髮，並不是要用來當作已知標準品，而是作為未知或可疑毛髮。

纖維證物

實驗室的鑑定可以研判出纖維的種類及可能的來源，纖維證物的搜尋、採取及包裝與毛髮證物相同。夾起、真空吸取、膠帶黏起與刮起法都可以用來採取纖維。如果纖維證物黏在犯罪現場中可移動的物體上，則應將整個物體包起來送鑑定。現場勘察人員必須知道衣服纖維很容易被破裂的玻璃窗、破裂的紗窗邊緣與其他破損或尖銳的物品勾下。

在犯罪現場還有其他纖維證物，如布、紗、繩、線等，都必須以相同方法採取、拍照，並包裝在第一層容器再放入外層容器內，如前所述。犯罪現場找到的繩結證物，不可以解開，應完整拍照，若繩結必須帶回，則應在繩結位置外的區域剪下，保持繩結保持完整，並在繩索上做上記號。

如同毛髮證物鑑定，也要採取纖維證物可能來源的已知標準品進行比對鑑定。若可能，所有的已知來源樣品都應蒐集。若不可能，也應該蒐集具代表性的樣品，從地毯、布料或其他物質上剪下的樣品可當作可能來源的已知樣品。已知樣品也應如上所述裝在第一層容器再放入外層容器內。

其他的微量證物：玻璃、油漆與土壤

玻璃證物

犯罪現場、汽車、衣服與身體上常發現有玻璃證物，而且經常不知不覺地由一個地方移轉到另一個地方。闖空門或強盜案件的窗戶經常被打破，肇事後逃逸案件的車輛前燈碎片常掉在被害者或嫌犯身上，其他案件中也常有玻璃器皿或物品的碎片會沾到嫌犯身上。照片 6.14 a 至 c 顯示在玻璃證物採證前的保全與紀錄工作。

如同其他微量證物，如毛髮與纖維，任何可能含有玻璃證物的可移動物品，都應採取包裝在第一層容器，再放入外層容器，並妥善封緘、標記與保存。例如，沾有玻璃碎片的鞋子或衣服都應裝袋包起來。如果含有玻璃證物的物體是不可移動的，則應用前述方法，如夾起、膠帶黏起、刮起或真空吸取等採取之。大片玻璃應由兩片夾板夾著避免破裂，裝在第一層容器再放入外層容器內，每一片玻璃均應編號、封緘與標記，外層容器也必須標記，小心處理注意尖銳邊緣。

肇事後逃逸案件應特別小心，所有現場發現的玻璃碎片都要採取，這些都需要進行直接拼合比對及鏡片與玻璃物品的重建。如果玻璃噴散的範圍很廣，那麼鄰近區域的碎片可以包在一起，而不同區域的則分開包裝。

任何含有玻璃證物的可能來源也要蒐集，所有玻璃板都應妥善包裝保

(a)

(c)

(b)

照片 6.14a-c　這些照片顯示勘察時玻璃證物的紀錄

存。如果玻璃碎片可能來自外窗戶，則必須將其內外側標示清楚。玻璃裂痕的邊緣可以用來重建在玻璃上施力的破裂痕跡，破碎的玻璃也可以用直接拼合來重建窗戶。

油漆證物

刑事實驗室鑑定可疑油漆的方法是，比較油漆片上不同的油漆層及每一層所含的化學與元素成分；油漆片的油漆層是指鑑定油漆層的順序、數量與每一層的厚度，因此，必須採到完整的油漆片。油漆片應用藥包包好再裝入如藥丸盒或錢幣盒等外層容器。在犯罪現場或車輛上的特定位置常發現有油漆刮痕，必須小心記錄它的位置，特別是電線桿、路邊護欄或毀損車輛上的刮痕高度。

如同犯罪現場上的其他微量證物，也要採取油漆證物的可能來源的樣品。

土壤證物

犯罪現場的土壤證物通常是下列三種證物類型之一：壓痕證物上的土壤、衣服沾上的土壤與肇事後逃逸案中的土壤證物。在犯罪現場中屬於壓痕一部分的土壤證物，不可單獨採取而破壞壓痕並影響日後鑑定，應在壓痕照相及鑄模後才可採取。壓痕附近的土壤也應採樣，在周圍四面一至二英尺處各採一湯匙量，然後在二十五英尺處再採一次樣品。採得的土壤樣品必須裝在藥包內、再放入非密封的外層容器內讓濕氣蒸發，這個方法特別適合含有微生物的土壤。含有土壤證物的衣服在摺疊時必須墊紙再放入紙袋內。在肇事後逃逸案件中，大塊泥土可用來直接與車輛進行拼合比對。車輛輪胎凹處的土壤必須採取，裝在藥包放入非密封的外層容器內。

槍彈與工具痕跡

在槍擊現場中常見的槍彈證物包含武器、彈頭、彈殼與零件，這些證物在實驗室將進行多項鑑定。槍枝應採指紋、生物體液及其他微量證物，必須試射以確定性能，試射彈頭殼必須與現場發現的彈頭殼進行顯微比對。現場射擊過的彈殼與彈頭可以檢驗來復線特徵，鑑定出槍枝口徑、子彈種類，及槍枝廠牌與型式。

犯罪現場工具痕跡的處理與壓痕相同，必須拍照採證，若在可移動物體上則應整個採取，標示清楚。若在不可移動之物體上，則以矽膠鑄模採取當作證物，實驗室將比對現場工具痕跡與可疑工具所形成的工具痕跡是否相同。

槍枝證物

犯罪現場常發現有槍枝、射擊過之彈殼與彈頭，槍枝的現場紀錄包括如前所述之現場描述、攝影、錄影與測繪。在犯罪偵查中，搜索槍枝是很平常的事。在採取、包裝與保存槍枝證物時，還必須進行一些重要紀錄，包括槍枝的廠牌、型式與槍號，此外還包括槍枝的位置、子彈裝填狀態、發現時間及槍枝上的物證。移動槍枝時，必須小心處理以免破壞槍枝上任何可能的潛伏指紋或血液噴濺痕。可夾住花紋握把拿起槍枝，以免破壞指紋。千萬不要從槍管插入東西移動槍枝，這會破壞槍管來復線。

永遠不要將槍枝在裝有子彈的狀態下採取並包裝，若是轉輪手槍，在退彈前應圖示轉輪裝填狀態（如照片 6.15 與圖 6.5）；若是半自動手槍，則要記錄槍機狀態與槍膛子彈，如照片 6.16。射擊過的彈殼與彈頭也應圖示出它們的位置，任何未發射過的子彈都必須採取、包裝、標記並註明其位置是在槍枝內或槍枝附近。

槍枝必須包裝固定在第一層容器內再裝入紙袋、大信封或槍枝用大紙箱內，但不可清潔槍枝、槍機或轉輪。在送進實驗室前絕不可拆解槍枝，槍枝內的子彈也要包起來送鑑定，但要裝在不同的盒子內。實驗室可以使用送鑑子彈試射當標準品，在現場所有子彈或子彈盒都應採取並與槍枝一起送鑑定。

彈頭

犯罪現場發現的彈頭不可在上面註記或刻劃任何標記，必須分別包在

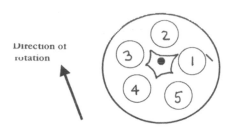

Investigator's Mark	Location in Cylinder	Description	Manufacturer And Type
M1	1	Fired	R-P, JHP
M2	2	Live	Federal, lead RN
M3	3	Live	R-P, JHP
M4	4	Live	R-P, JHP
M5	5	Live	Federal, lead RN

圖 6.5　轉輪手槍的轉輪圖示

照片 6.15　轉輪手槍

照片 6.16　半自動手槍與彈匣、子彈

柔軟的紙張裡，並裝入第二層容器內。所有的彈頭證物都必須送鑑定，不可嘗試清潔彈頭，如果彈頭上沾有血液或體液，必須晾乾，再以紙張包裹裝在盒子內。

彈殼

現場彈殼也必須以柔軟的紙張分別包裹再裝入外層容器內（如照片6.17），所有擊發過的金屬彈殼都不可做記號，擊發過的霰彈彈殼則可以在塑膠殼上做記號，在現場發現的所有彈殼都必須送實驗室鑑定。

工具痕跡

犯罪現場發現的工具痕跡也是壓痕的一種，這些痕跡有些是靜態凹痕，有些則是動態凹痕，稱為刮痕。有關採取、包裝與保存已如前述。通常，工具痕跡將與可疑工具的痕跡進行比對，工具痕跡的鑑定重點，是在工具因使用產生磨損而形成特徵的比對，因此，必須小心包裝可疑的工具，任何可疑或已知工具都應固定在箱子或盒子內以保護工具的特徵。事實上，絕不可能有可疑的工具與現場痕跡完全相符的情形。

槍擊殘跡

在犯罪現場發現的槍擊殘跡（gunshot residue, GSR）是很脆弱且容易消失的，因此，在槍擊後必須盡快採取。在活人身上採 GSR 應使用實驗室提供的採取盒，目前兩種最常用的 GSR 採取方法為：SEM（掃瞄式電子顯微鏡）用圓盤黏取法與 AA（原子吸收光譜儀）用棉棒擦拭法（如照片 6.18），勘察人員必須與實驗室連繫採用何種方法為宜。在活人身上的 GSR 必須在六個小時內採取，且在沒有洗手及連續接觸其他表面而使 GSR 消失的情況下較可能採到。若屍體需要採 GSR，則應在移動屍體前採取，若無法在現場採取，則應將屍體之手以紙包住。

衣服上的 GSR 常可用來研判射擊距離，衣服必須仔細包裝不讓 GSR 移位，最好的包裝方法是在衣服的每一摺層都墊上紙張，衣服應裝在盒子

照片 6.17　在犯罪現場採取的發射過彈殼

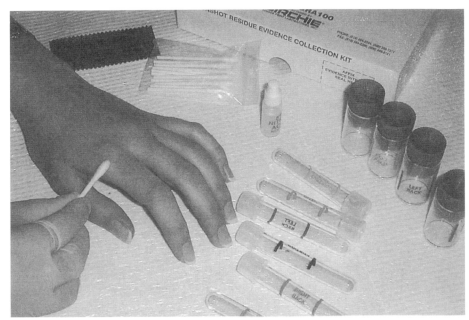

照片 6.18　槍擊殘跡的採取，擦拭可疑槍手的手（由卜西卡‧狄瓦卡監提供）

內盡量避免摺疊。由 GSR 的形狀可以研判射擊距離，因此，槍枝與子彈應一併送實驗室鑑定（如照片 6.19）。

生物跡證：血液、體液與組織

血液

一般注意事項

在犯罪現場的血液證物的採取、包裝與保存，要在血跡型態已經記錄完成後才能進行。血跡證物與其型態對犯罪現場重建非常重要，血跡型態的重建將在第十章討論。例如噴到嫌犯臥室牆上或血液滴落的血跡型態，可以給勘察人員命案發生時事件發生的順序訊息（如照片 6.20）。因此，

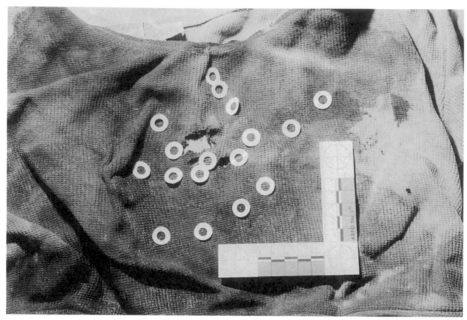

照片 6.19　在被害者衣服上找到槍擊殘跡顆粒，顆粒的分布與試槍結果的比較可以顯示射
　　　　　擊距離

記錄血跡型態非常重要，必須在採樣之前進行。

　　最近 DNA 鑑定技術的進步已可以分析各種新舊血跡，在犯罪現場採到再小的血跡對偵查都有重大的幫助。例如在嫌犯衣服或鞋子上找到被害者的小血跡，就可以把這兩個人連結起來。DNA 在犯罪偵查上的新研究，已出現微晶片 DNA 在現場分析的可能性。配合人工智慧的發展，如 CODIS，現場勘察人員可以在現場進行 DNA 資料庫的搜尋，找到血跡的主人。

　　但是如果沒有遵守正確的血液證物的採取、包裝與保存步驟，還是無法將血跡證物的鑑定與個化結果，成功地應用在犯罪偵查或法庭作證上。

　　在犯罪現場血跡證物記錄完成後，即可開始採證，通常最容易失去的血液必須先採，例如擁擠道路上的血跡、門口上的血跡、走廊或路邊的血跡以及戶外現場的血跡等。若血跡在可以移動的物體上，可將之暫時移到安全地區予以保護，直到採取為止。

　　在犯罪現場，只要是體液都必須小心謹慎，如第三章所述，一定要穿戴實驗衣、手套、口罩與眼罩、使用多層手套並經常更換以防止生化毒害與避免現場血跡相互污染。

　　在犯罪現場的血可能是乾燥的血跡，也可能是液態的血液。通常現場的血如果是液態的，應予晾乾；如果沾血的物體可以移動，則應整個採取。血液與沾血物體的包裝應遵守本章所敘述各種物證包裝的原則，將血液與沾血物體裝在第一層容器（藥包或血液棉棒盒），再放入外層容器（信封或紙袋），如照片 6.21 與 6.22 所示。血液與血跡證物絕不可放在密封的容器內。

　　第二層容器應貼上證物膠帶封緘與正確標記，存放在安全區域。血跡證物常會有其他微量證物，如果血跡上沾著不牢固的微量證物，則應採取此微量證物（以前述方法）。然而，如果血跡牢牢地黏著微量證物，則不可分別採取此微量證物，當包裹血跡證物時必須小心保護此類證物。血跡證物應分開包裝以避免交互污染，在現場封緘後才可以送鑑定。

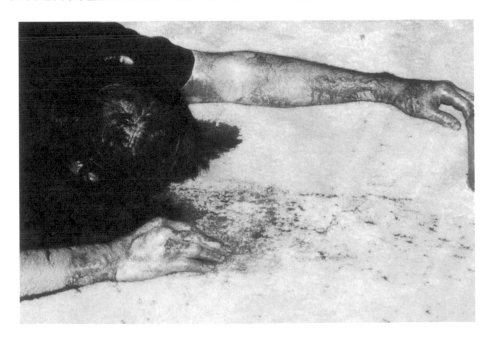

照片 6.20　犯罪現場中的血跡型態可以提供事件發生順序的訊息

液態血液樣品

　　如果液態血液量少，應以無菌棉棒採取再晾乾，或以乾淨的 3×5 英寸標示卡摺成反 V 字蓋住血跡或棉棒讓其乾燥，乾燥的血跡再以下列所述乾燥血跡採取步驟採取之。

　　如果液態血液量多，則可以下列步驟採取：

1. 以無菌棉棒吸取液態血液再將棉棒晾乾，棉棒應即放入棉棒盒，貼上證物膠帶。此外，也可以將棉棒一端插上 3×5 英寸標示卡，把卡片摺成 V 字，倒放卡片讓棉棒晾乾，乾燥後在卡片上標記並放入信封或紙袋內。

2. 以無菌滴管或針筒吸取液態血液注入紫色真空血液試管內，血液試管為玻璃製，應防止破裂，在試管上標記，放入有襯墊或泡棉的塑膠袋內，封緘與標記，放入冷藏但不可冷凍。如果液態血液已經開始凝固，則採取的樣品應包含液體與凝固部分（如照片 6.23）。

3. 如果大量液態血液是在可移動的物體上，如衣服或床單，則應等待血液乾燥後，再小心採取，在衣服摺層中放紙以避免血液型態移轉

照片 6.21　血跡證物應在晾乾後放入紙袋中

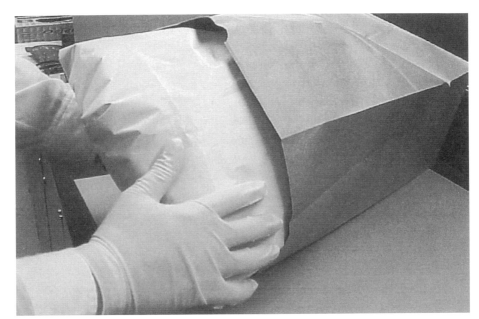

照片 6.22　第一層容器（紙包衣服）放入第二層容器或外層容器（紙袋）內

或改變。在再次乾燥時，應在安全地點把衣物攤開以自然晾乾（如照片 6.24a 與 b），再包裝時應盡可能以原來方式包裝，若需以新的方式包裝，則原來包裝物應留下來當證物。血跡證物應在包裝前小心拍攝有量尺與無量尺的證物照片。有時必須自現場剪下時沾血跡的衣服，切勿剪到血跡區域。

乾燥血跡

如前所述，如果沾血物體是體積小且可移動者，應整件採取包裝在非密封的第一層容器再裝入第二層容器中。無論何時，這都是最好的採證方法，但血跡卻常沾在大體積而不能整件採取的物體上，因此應遵守下列採證方法：

1. 擦拭法：依據 DNA 鑑定小組的指導原則（DNA Analysis Board guidelines），可以把乾燥血跡吸附到無菌棉棒或棉紗上。以生理食鹽水或蒸餾水將棉棒潤濕，輕輕擦拭血跡，將血跡盡量擦拭在一

照片 6.23　在犯罪現場以拋棄式滴管採取液體血液

個小區域內，將棉棒放入棉棒乾燥盒晾乾，在盒子上標記與封緘，圖 6.6 是採證盒的一種。

2. 剪取法：若血跡沾在可以剪開的物體表面上，則沿著血跡把它剪下；若表面物質是易碎的，則應妥善保護剪下的部分，防止樣品破損。使用材質為消毒藥包或棉棒的第一層容器較為方便（如照片 6.26）。

3. 刮取法：以無菌尖銳器具（刀片）將血跡刮入藥包內，再將包好證物放入信封內（如照片 6.27）。本法也可以用明膠黏紙或指紋膠帶黏取，利用靜電也可以促使刮取物黏到明膠黏紙與膠帶上，以增強採證效果，本法對微小血跡或有風的天氣下較難應用。此外，應先與實驗室確認使用的膠帶是否會影響 DNA 鑑定。

4. 黏取法：血跡可以用明膠黏紙或指紋膠帶黏取（這種膠帶不會影響 DNA 鑑定），千萬不要碰到膠帶的黏貼面，將膠帶黏貼面蓋住血跡及非血跡部分，輕輕地壓擦再撕開。將黏貼面蓋上保護膜，裝入

(a)

(b)

照片 6.24a-b　在戶外找到的血衣處於不利保存的環境下，這些證物在包裝前應先晾乾

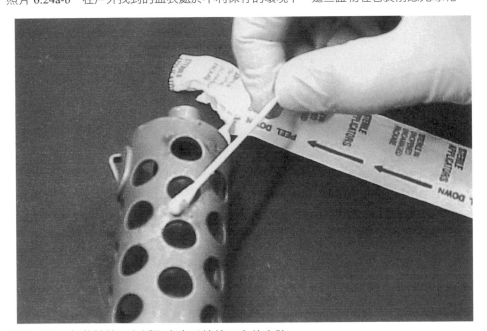

照片 6.25　無菌棉棒正在採取命案凶槍槍口上的血跡

C.D.S. SWAB SAFE®

Collect Dry Store

FORENSIC EVIDENCE COLLECTION KIT

INSTRUCTIONS

1. Open a package of sterile cotton-tipped swabs. Do not touch or handle the cotton at the end of the swabs.

2. Transfer the evidence onto a dry cotton swab or onto a cotton swab lightly moistened with sterile water (use sterile water dispensers provided).

3. Place one or two swabs into perforations #1 and #2 of the foldable drying racks in the CDS SWAB SAFE® box as indicated. Swabs taken from different locations must always be placed into separate boxes.

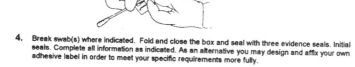

4. Break swab(s) where indicated. Fold and close the box and seal with three evidence seals. Initial seals. Complete all information as indicated. As an alternative you may design and affix your own adhesive label in order to meet your specific requirements more fully.

5. Place the sealed box in a secure, dry storage area at room temperature. Sealed box(es) can be stored in paper bags (do not use plastic bags).

Orders: Institute of Legal Medicine, University of Bern, Switzerland
Buehlstrasse 20, CH-3012
Tel.: (0041) 31 631 84 12
Fax: (0041) 31 631 84 15
E-mail: dna@irm.unibe.ch   www.cx.unibe.ch/irm/
®,©, Pat.pend.

圖 6.6　保存棉棒擦拭的刑事證物採取盒（伯恩大學法醫所曼福烈德‧霍克梅斯特博士提供）

第一層容器再放入第二層容器內，有些表面的血跡不易被黏起，因此，可以先測試表面黏取情形，如照片 6.28。

已知血液樣品

被害者與嫌犯的全血樣品應採取供比對，刑事實驗室為了要確定犯罪現場採到的未知血跡，將會進行遺傳標記的比對。對所有人而言，最好的已知或標準血液樣品是全血，可以由護士或醫事人員將血液採取到真空試管內，通常已知血液樣品可以裝在紫色蓋子（含 EDTA 抗凝劑）與紅色蓋了（無菌，不含添加物）的真空試管，抽血後應馬上標記血液來源姓名、採血日期、時間、採血人姓名等，試管要放在有襯墊的信封或盒子內，如前述的標記與保存方法。

此外，已知血液樣品也可以用于指刺血法採取，讓血液滴在一般濾紙上即可。

空白樣品是作為 DNA 鑑定之研判參考，雖然所有 DNA 實驗室所鑑

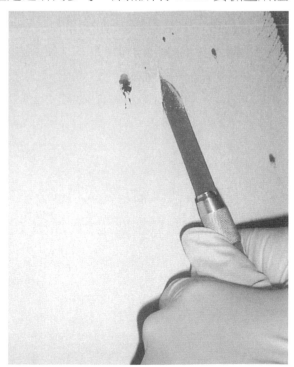

照片 6.26　在不能移動的物體表面採取乾燥的血跡（由紐海芬大學荷莉・丁芝能提供）

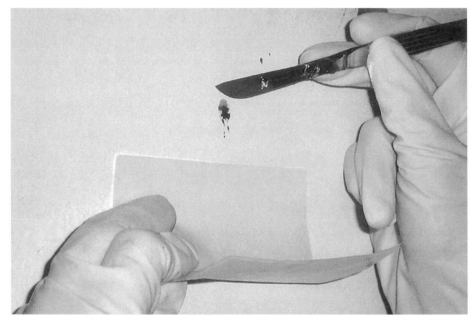

照片 6.27　使用乾淨的解剖刀從牆上刮下乾燥的血跡，放入藥包內，藥包再放入信封內

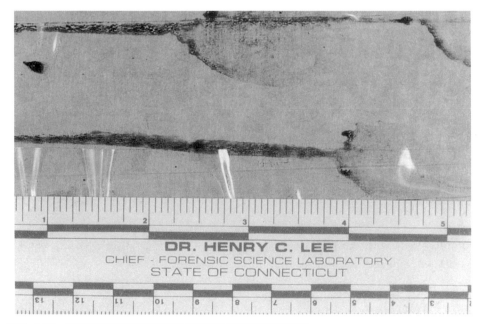

照片 6.28　在不能移動的物體表面以膠帶採取乾燥的血跡

定的 DNA 基因都屬於人類的，但勘察人員還是應與刑事實驗室確認是否需採取空白樣品。

精液斑

　　犯罪現場勘察的精液斑通常出現在性犯罪現場、沾有精液的物體或性侵害的醫院檢體等，現場精液斑的採取、包裝與保存方法與前述血跡相同。

　　在性侵害的犯罪現場勘察中，採取的證物應包含在醫院採取的被害人證物。被害者應盡速送到醫院檢查，由負責醫師在護士協助下進行檢驗與採證。使用性侵害證物採取盒，採取盒內裝有棉棒、載玻片及採取被害者身上證物的各種試管（照片 6.30）。

　　現場乾燥的精液斑可能存在於可移動與不能移動物體的表面，利用紫外光或刑事光源可順利搜尋到精液斑，一旦找到可疑的斑痕，就可以記錄與採取，採取的方法與採血跡的方法相同，但由於精液斑的特性（照片

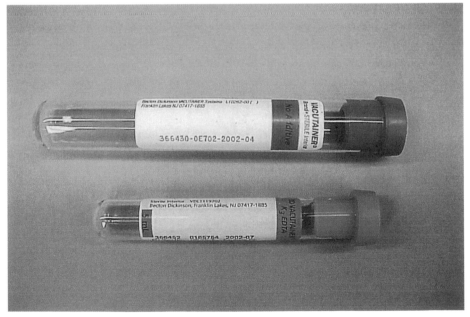

照片 6.29　採取全血標準品的真空試管，上面（紅頭）試管無添加劑，下面試管（紫頭）含 EDTA

6.31），使得處理精液斑的方法實在有限。採到的證物應放在第一層容器（棉棒或藥包），再放入非密封的第二層容器內。貼上證物膠帶、標記清楚並保存在冰箱冷藏，或短時間保存在室溫下，但應盡速送實驗室鑑定。

唾液、尿液與汗液斑

　　這些體液斑的採取、包裝與保存的方法及步驟與血跡、精液斑相同，液態唾液樣品應以無菌棉棒採取，唾液斑或咬痕則以潤濕之棉棒採取，以棉棒擦拭可疑區域時，應限制在棉棒之一小區域內。唾液標準品的採取是令當事人把唾液吐在濾紙畫圈區域，或以棉棒採取，俟其乾燥後，將標準品裝在第一層容器再放入第二層容器內，並標記清楚。唾液標準品最好在送實驗室前保存在冰箱冷凍或冷藏，若短時間亦可保存於室溫中。

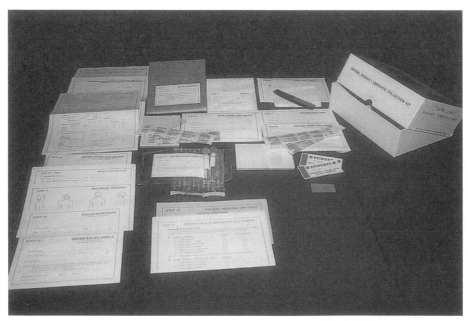

照片 6.30　性侵害證物採取盒（由愛西維爾警局羅賓・倫斯佛德警官提供）

照片 6.31　性侵害命案被害者之全景，在被害者右肩上有數個咬痕，在其身上與現場也找到許多血斑與精液證物

縱火劑與易燃液體

在火警現場的可疑縱火劑或易燃液體應盡速採取、包裝與保存。然而，在採取之前應注意火災現場的安全與保全。在火災現場的易燃液體有許多種，可能吸附在各種材料中，也可能以液體狀態存在。採取的方法依其存在狀態而異，例如吸附或液態，但不論何種狀態，縱火劑都具揮發性，若未妥善裝在密閉容器內將會揮發掉，見照片 6.33。

液體樣品

在現場與水混合或在容器（如汽油桶、塑膠罐等）內的可疑液體縱火劑，應裝在密閉容器內。新的空金屬、油漆罐最適合裝這類樣品，如果沒有油漆罐，玻璃罐是最後的選擇，但必須盡速換裝。此外，也可以用布或紙巾吸附液體，再立刻放入密封的容器內，如油漆罐或 KAPAK 袋，並在蓋子上貼上證物膠帶妥善標記。由於縱火案的特性，在可疑縱火劑的標籤上應詳細記載證物發現的地點。

縱火劑吸附樣品

在火警現場燒毀或未燒毀的地毯、墊子、家具、床鋪、地板、木頭與牆壁都可能吸附用來引發火災的縱火劑。刑事實驗室可以將這些縱火劑從火災現場殘渣與水中分離出來，因此這些可疑的縱火劑吸附物體應與液態縱火劑一樣裝在密閉的容器內，但吸附物體的大小與地點可能無法完整採取，如果可以，應將整個保持原樣裝入油漆罐或 KAPAK 袋。如果物體太大或難以移動，則應採取含有縱火劑的代表性樣品，如上述裝在油漆罐

照片 6.32a-c　李昌鈺博士與火場勘察人員在勘察縱火現場（由康州警局消防局喬‧蘇鐸巡佐提供）

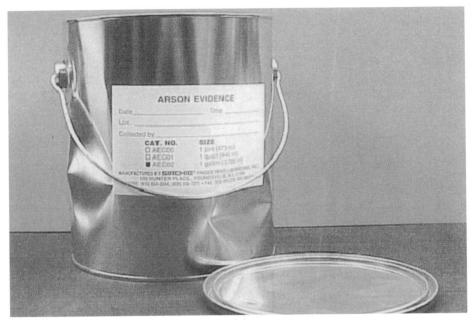

照片 6.33　縱火證物採取時使用的密封罐上的紀錄標籤

內。火災現場殘渣與縱火劑應裝罐三分之一滿即可，切勿整罐裝滿。

爆炸物

　　炸彈爆炸現場包含大量毀滅性與危險性情況，使得現場搜索非常困難，詳如前述。同樣地，在物證的採取、包裝與保存上也是困難重重。炸彈爆炸現場通常含有的物證有炸藥、輻射塵、定時器、引信與炸彈零件，這些有的已成碎片，在搜索採證過程中很容易被忽略。大部分爆炸現場的採證要領都建議所有可疑物都要採取，刑事實驗室則需從現場殘渣鑑定火藥殘留物，引爆裝置或其他與爆炸相關的物質。

可疑文書

　　可疑文書是指來源或真實性不知或不確定的文件，在犯罪現場屬於這一類的文書資料都必須採取（見照片 6.35）。可疑文書不可以在上面以任何形式註記、摺疊或弄髒，盡量少接觸它，處理時應戴手套使用鑷子，如照片 6.34，可疑文書應裝入乾淨的塑膠袋或一面透明的信封內。

標準字跡

　　這類案件偵查常需蒐集各種標準字跡供比對，可疑文書鑑定的標準品有兩種：庭書字跡與平日字跡。

　　庭書字跡是指書寫條件與可疑文書完全相同的文件，如相同的墨水、筆、紙及書寫內容等，庭書字跡應書寫至少十至二十遍，可疑文書絕不可供書寫者閱覽。

　　平日字跡是指疑似書寫者以平常書寫方式所製作的文件，如作廢的支票、日記、信件等，日常生活中的一般文書都屬平日字跡，照片 6.35 是在房子內樓梯上找到的三頁勒索信，信上文字包含一些老式寫法。

　　機器標準文書是指由打字、印刷或影印機所產生的文件，各式印表機也包含在內。

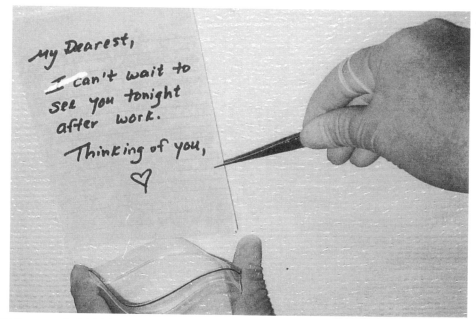

照片 6.34　文書鑑定證物的採取與包裝（由紐海芬大學荷莉‧丁芝能提供）

Mr. Ramsey,

Listen carefully! We are a group of individuals that represent a small foreign faction. We ~~do~~ respect your bussiness but not the country that it serves. At this time we have your daughter in our posession. She is safe and unharmed and if you want her to see 1997. you must follow our instructions to the letter.

You will withdraw $118,000.00 from your account. $100,000 will be in $100 bills and the remaining $18,000 in $20 bills. Make sure that you bring an adequate size attache to the bank. When you get home you will put the money in a brown paper bag. I will call you between 8 and 10 am tomorrow to instruct you on delivery. The delivery will be exhausting so I advise you to be rested. If we monitor you getting the money early, we might call you early to arrange an earlier delivery of the

money and hence a earlier ~~delivery~~ pick-up of your daughter. Any deviation of my instructions will result in the immediate execution of your daughter. You will also be denied her remains for proper burial. The two gentlemen watching over your daughter do particularly like you so I advise you not to provoke them. Speaking to anyone about your situation, such as Police, F.B.I., etc., will result in your daughter being beheaded. If we catch you talking to a stray dog, she dies. If you alert bank authorities, she dies. If the money is in any way marked or ~~tampered~~ with, she dies. You will be scanned for electronic devices and if any are found, she dies. You can try to deceive us but be warned that we are familiar with Law enforcement countermeasures and tactics. You stand a 99% chance of killing your daughter if you try to out smart us. follow our instructions

and you stand a 100% chance of getting her back. You and your family are under constant scrutiny as well as the authorities. Don't try to grow a brain John. You are not the only fat cat around so don't think that killing will be difficult. Don't underestimate us John. Use that good southern common sense of yours. It is up to you now John!

Victory!

S.B.T.C

照片 6.35　在楊・班奈・藍西命案偵查中的勒贖紙條

　　可疑文書的製作機器也應採取，如果無法採取，應採取由這些機器所印出的樣品供比對。當鑑定打字或電腦列印之文書時，打字機色帶或印表機也必須採取送鑑定。

藥毒品證物

　　藥毒品證物的採取、包裝與保存應遵守一般犯罪現場勘察的規定，目前犯罪偵查常會涉有藥毒品證物，這些證物可能直接或間接與犯罪偵查有關，例如，命案偵查中可能會間接地涉及偵查被害者或嫌犯違法使用藥毒品。因此，在現場可能找到藥毒品證物，必須妥善採取、包裝與保存。可疑的藥毒品證物可分為兩類：非法的管制藥品與處方藥品，這兩類證物都必須依一般物證採取、包裝與保存方法處理。

管制藥品

　　所有可疑的管制藥品都必須完整地採取，包裝在封緘的容器內送往實驗室鑑定。若屬生物類管制藥品，應裝在非密閉容器內，如大麻、迷幻蘑菇與鴉片罌粟植物等，應裝在紙袋或用紙包起來，千萬不要將活的植物包在密閉容器內。所有的藥片與膠囊都必須詳細描述，在採取或包裝前應計算或秤重，刑事實驗室將從中取樣鑑定。

　　在犯罪現場往往可以找到全套吸毒用具，如照片 6.36，這些東西可能都沾有毒品的殘渣與微量毒品，因此都要採取保存。當必須從這些器具上採下毒品殘渣時，剩下或洗下的殘渣必須與器具分別包裝。如果警局規定禁止勘察人員在送實驗室前採取殘渣，則必須遵守。刑事實驗室必須瞭解毒品殘渣是在這些器具上面，絕不要在還沒有採毒品殘渣前就先採指紋。

處方藥品

　　若勘察時發現處方藥藥罐，其上的標籤對偵查幫助很大，它可以提供使用者姓名、配藥者姓名、藥量等資訊。若是配好的藥，則可以採到指紋，藥罐內的藥品一定要與標籤比對是否一致。藥罐與內容物應以本章前

照片 6.36　在犯罪現場搜索到的毒品與吸毒用具

述方法完整採取、包裝與保存。

咬痕證物

　　在犯罪現場找到的咬痕證物應立即保存，拍攝加量尺與不加量尺的照片，如照片 6.37，犯罪現場勘察人員應盡速尋求刑事牙醫協助。咬痕上若有微量唾液痕跡，應使用上述所提擦拭法採取與保存。

昆蟲證物

　　刑事昆蟲學是研究昆蟲在屍體內生長繁衍與分解屍體的學科，昆蟲的生長幾乎在被害者死亡後即開始，如照片 6.38，這類證物的採取與分析，如同其他犯罪現場證物一樣，必須遵守一定的正確程序。採取昆蟲證物的兩個步驟是，蒐集犯罪現場資訊與採取昆蟲證物。犯罪現場資訊包含現場環境、屍體與昆蟲相的描述。為了要精確研判屍體曝露在這個地區的時間，在犯罪現場蒐集精確資料格外重要。這些資訊應包含棲地、地形、植物相、土壤種類與最近的天氣形態（如下所列）。

現場環境描述

1. 棲息環境：任何建設或人為入侵開發，沼澤、水域、曠野或樹林分布。
2. 地形：平原、山坡、高度、漥地及地圖上精確位置。
3. 植物相：屍體附近的所有植物，樹木、樹叢、草及其高度。
4. 土壤種類：沙、石、黏土、泥濘。
5. 最近天氣：包括屍體被棄時的前五天，每天的高低溫、降雨類型與降雨量。須知屍體地點就像一個微氣候區，它會影響昆蟲侵襲的速率與形式。

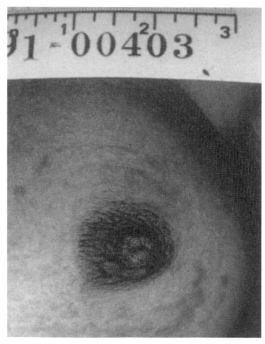

照片 6.37　在命案被害者胸部的咬痕特寫（由卡拉主拉斯博士提供）

照片 6.38a　腐屍上的昆蟲檢體，分析這些檢體可以協助研判死亡時間。

照片 6.38b　腐屍上的昆蟲檢體，分析這些檢體可以協助研判死亡時間。

　　屍體的描述應包含性別、年齡、體重、身高、衣著、地點、可能死因
及腐敗程度。昆蟲相的描述包含種類，每一種類的數目、每一種類在屍體
上、屍體旁或屍體底下的位置（如圖 6.7）。

昆蟲證物的採取

　　昆蟲證物的採取方法依有無屍體及昆蟲種類而定，如飛的或爬的（見
圖 6.7），若可能，在屍體移動前就應進行昆蟲採樣。

屍體在時

　　在發現屍體時就應盡速採取飛行的昆蟲，任何標準昆蟲都可以使用網
子網取，此外，使用捕蠅紙也可以被動地抓住這些昆蟲。

　　對爬行的昆蟲，包含所有不同種類昆蟲的幼蟲，不論在屍體上、內或
下都應戴手套採取。使用鑷子可能會在昆蟲身體產生痕跡或凹痕，導致未
來的鑑定困難，卵與混和的幼蟲（數百隻）都應採取。

屍體移除後

　　許多蒼蠅與甲蟲幼蟲的生長最後階段會從屍體鑽入屍體下方或附近地
下，為了採取這些昆蟲，應採取屍體下方區域的落葉（好幾把）與土壤
（好幾杯）。

保存毒死的標本

1. 飛蟲：將網子的末端放入泡有乙酸乙酯（ethyl acetate）的棉球，數
   分鐘內即可將其殺死，再移轉到含 75% 酒精的罐子內保存，有些
   昆蟲可以用針固定乾燥保存。
2. 幼蟲：所有昆蟲的幼蟲都應予殺死與保存在如上述成蟲條件中
   （75% 酒精）。

每個罐子都應標上採取的日期、時間及地點等。

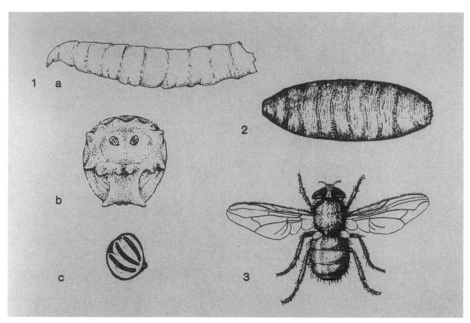

圖 6.7　腐屍上昆蟲檢體的圖示（由 FBI 韋恩・羅德博士提供）

培養幼蟲生長到成蟲

　　從犯罪現場所採取的所有幼蟲與卵都應培養到成蟲，若要培養則應放在內裝濕陶土混合物的紙板盒子，容器內應保持與屍體相似的環境，直到送到昆蟲實驗室繼續培養。

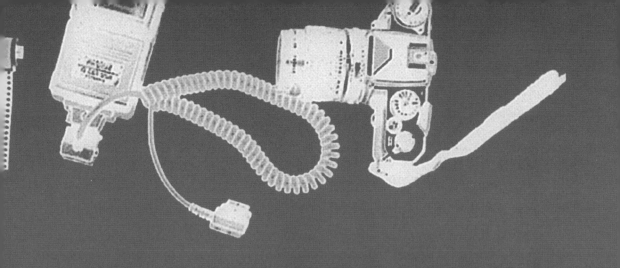

第七章

邏輯樹

概念

在任何犯罪現場採取有條不紊的勘察步驟是邁向偵查成功的關鍵，這些步驟依犯罪性質不同而異，但卻有共同的特徵與原則，這些重點依犯罪分類可以圖示為不同的「邏輯樹」。找到相對應的邏輯樹，在偵查或勘察期間就可以避免許多發生在犯罪偵查上的重大錯誤。然而必須強調的是，邏輯樹是特定偵查的基礎，而不是全面行動的細節，仍應保持客觀開闊的偵查態度。

共同特徵

辨識

辨識一個物品或型態是否可能成為證物或具有意義，是現場勘察最重要的一步，無法辨識出這些重要證物將無法建立嫌犯、被害者、犯罪現場與物證間的連結（四向連結論），而對偵查一點幫助都沒有。成功的辨識端賴勘察人員是否具有不僅知道要找甚麼證物，也知道要到哪裡去找證物的能力。更深一層的辨識則是要具備從許許多多的物品中理出哪些是有價值的，哪些是沒有價值的，事實上，只要經過訓練與累積經驗就可以精通此道。

鑑定

對各類證物的鑑定是第二個邏輯步驟，事實上，鑑定是一種分類的程序，我們日常生活中都不斷地在進行分類的工作。分類是把特徵相似的物品歸類在一起，相同的特徵愈多就愈難區分開來。在鑑識科學中，物品的鑑定是比較未知物與已知物的分類特徵，例如，一束纖維在經過顯微觀察後發現鱗片與髓質型態後將被歸類為毛髮，如果在未知物與已知物的分類特徵完全相同，則未知物即可與已知物歸為同一類。再者，這兩個樣品可能來自相同的來源，應繼續分析下去。然而，如果在分類特徵上有重大的差異時，則未知物可以排除與已知物具有相同的來源，且不是該類的一員。

個化

在鑑定後，鑑定人員將會繼續分析以確定特定樣品是否為獨一無二，或為同一分類上的其他成員，這個過程稱為個化。雖然並不是所有的證物都有足夠的方法可以分析到獨一無二的個化，但實驗室將盡可能達到這個最終目標。如果後續的檢驗鑑定出已知與可疑樣品的特徵並不相同，則這兩個樣品就可以排除其具有相同來源的可能性。鑑定結論往往會是比對樣品間的所有特徵都相同，但還是無法肯定來自同一個來源，此時，以統計分析表現共同特徵的獨特性將有利說明，如 DNA 鑑定的比對通常就是以統計結果呈現，統計的研判是以資料庫為基礎的推論。

重建

重建是邏輯樹觀念的最後一個階段，需依賴正確的證物辨識、鑑定與個化才能成功。重建需要偵查資訊、勘察訊息及物證鑑定結果，重建所能提供的訊息受限於這些因素，因此，這些數據愈多，重建愈精確，對偵查則愈有價值。重建工作是一種演繹與歸納的邏輯實現，連結各類物證、各種型態性證物、分析結果、偵查資訊及其他文件與供詞證據，成為一個完整的具體情節。有關重建的其他資訊詳見第十章。

邏輯樹的應用

對邏輯樹最好的說明就是直接以實例推理，以下所列是針對最常見的犯罪所擬的邏輯樹，在圖例中，請注意邏輯樹中所列項目是否遺漏，並確認所有證物都已被辨識、鑑定及個化提供現場重建。

命案現場（見邏輯樹一）

一具裸裎的年輕女屍陳屍在一排公寓附近的樹林裡，從現場勘察所得，可以幫助命案的偵查，並瞭解到底發生了甚麼事。這是第一現場還是棄屍的第二現場？由陳屍的位置、遺失或破損的衣服、外傷的型態及其他特徵，可能可以區別這是主動或被動的現場，是有組織或無組織的現場，現場是自然的還是偽裝的，這些問題在分辨嫌犯種類上幫助很大。

屍體本身就是一個現場，屍體鑑定是重要的第一步，盡快鑑定可以減少破案時間，而起點就是被害者。如果被害者的隨身物品、衣服或疤痕無法提供身分鑑定，則必須用其他方法。基本的人類學特徵可以提供分類特徵，有時也可作為個化特徵。牙齒鑑定非常可靠，但需有牙醫紀錄，如果屍體還沒開始腐敗，指紋鑑定是好的選擇，但還是要有已知的指紋供比對，在本案家人已可以由屍體外觀證明她的身分。

不幸的是，她是裸身的，因此，現場沒有證物可以與衣服連結，若有衣服，應檢驗有無損壞及微量證物。而屍體則應仔細檢驗型態證物，如鞋印、指紋、咬痕、或可能的武器傷痕，刑事光源可以協助檢。接著屍體應以帳篷圍起來，進行瞬間膠煙燻採指紋。如果屍體已經開始腐敗，則有蛆與昆蟲的活動，應採取昆蟲證物；昆蟲證物可以用來協助鑑定死亡時間、是否為第二現場、宿主（屍體）是否含有麻醉品或毒品等。

法醫應盡速提供在現場以及解剖檢驗時的結果，傷痕與傷勢以及造成這種傷害的武器都應予以記錄，屍體僵直與屍斑可以協助鑑定死亡時間及死後屍體移動情形，而屍體溫度也是研判死亡時間的重要數據，但記得考慮環境溫度的因素，最後，法醫檢驗可以決定死亡原因與方式。

另一項要調查的是，屍體是完整的，還是被分屍及有無遺失等。若為骨骸則應找出全幅骨骸，刑事人類學家是此項工作最佳人選。如果屍體分散或遺失，是肢解的結果還是死後動物所為？哪些傷害或傷口是生前或死後造成的？如果屍體是被肢解的，保留刀切傷口，在後續鑑定時，可以提供造成這種傷害的武器或工具的分類或個化特徵。現場勘察應持續到所有屍塊找出，或確定有些屍塊已被帶離現場為止。

現場勘察應包含屍體附近的搜索，走近或離開屍體的路徑，及附近區

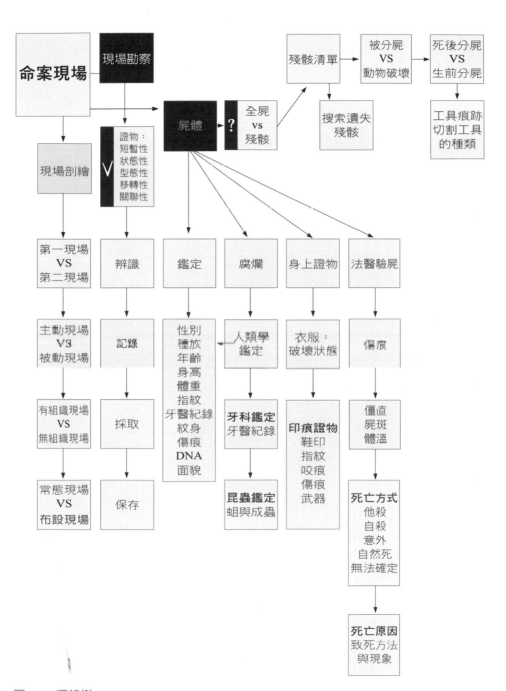

圖 7.1　邏輯樹一

域（範圍大小應視現場種類，如主動或被動，或是否有沒找到的證物或屍塊等而定）。如果相關證物在他處找到，則應考慮搜索相連區域或任何可能從第一現場運過來的交通工具或器具，當找到嫌犯或可能車輛時，搜索範圍應擴大。本案初步勘察顯示女性死者是命案被害者，且極可能遭受性侵害。因此，應同時參考性侵害的邏輯樹，可能有的證物包含短暫性（氣味：香菸味）、狀態性（屍體受雨淋）、型態性（血跡噴濺、衣服破損）、移轉性（精液、毛髮與纖維）或關聯性（公寓內的工具、屋主在屍體附近）證物。不管證物的種類為何，都必須正確記錄、採取與保存，此外，也必須採取已知控制樣品，如從附近到屍體處的土壤。

性侵害案件（見邏輯樹二）

當警察獲知性侵害發生時，被害者可能還活著，也可能已死亡。在被害者尚存活的性侵害偵查中，訪談被害者可以獲得最有利的偵查訊息。有效的訪談不僅提供偵查線索，也可以幫助採證，然而，不小心喝到「約會強暴」藥（如 GHB）而失去意識的被害者，則無法提供有價值的證詞。

一位婦女整晚在一家餐廳酒吧喝酒，她回想起與幾個陌生人簡短交談後，模糊地記得打算離去，因為第二天早上還要工作，但接著她能記得的就是醒來時發現她是在距離餐廳幾條街外的巷子地上，衣衫不整，絲襪破損並被拉下，受傷嚴重，獨自找電話報警，整個事件的經過沒有一個人看到。

被害者馬上被送到醫院治療，除了提供醫療外，適時採取與性侵害相關的證物也很重要。此外，絕大部分的約會強暴藥分解快速，且不易在血液或尿液檢出。如果疑似使用約會強暴藥，則應採血採尿並盡速送認證實驗室分析。

性侵害的採樣應包含被害者的陰道、肛門、口腔與鼻腔的棉棒擦拭，如果這些地方有精液遺留，將對偵查有極大的幫助。如果鑑定出完整的精蟲，表示是最近射精的，可以鑑定出侵犯者的 DNA 型。如果鑑定出嫌犯 DNA，則可直接與血液樣品鑑定結果比對或與性侵害者資料庫（CODIS）比對，以尋找嫌犯。如果嫌犯在 CODIS 比對上，則應向法院

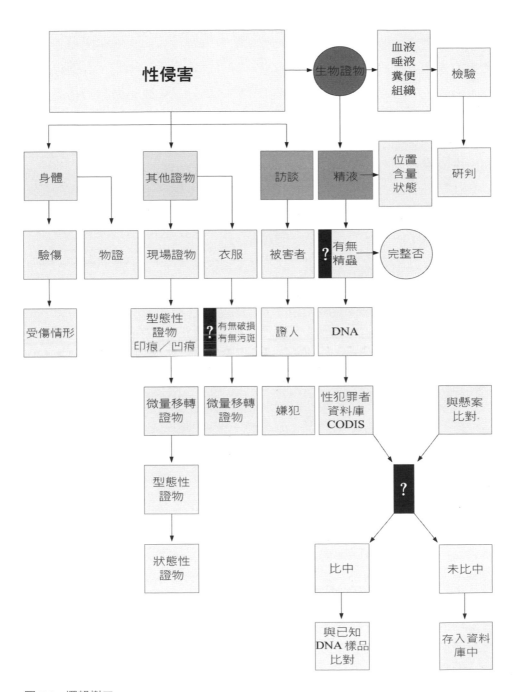

圖 7.2　邏輯樹二

申請搜索票，重新向嫌犯採血確認 DNA 結果。

　　其他體液如唾液、血液、尿液與糞便也可能在性侵害案中出現，這些體液的鑑定可以提供個人的遺傳訊息，可以排除或連結嫌犯。其他種類的微量證物也不可忽視，這類案件中毛髮與纖維是最常見的微量證物，微量證物可以提供嫌犯、被害者與犯罪現場間的關聯性。除了微量證物，各類型態性證物也很常見，如指紋、鞋印、血跡移轉痕、陰道分泌物、精液噴濺痕與咬痕等。

　　在被害者的衣服上，不僅要找微量與生物證物，也要檢驗任何破損或撕裂痕跡。被暴力拉扯的衣服可能會被拉破、拉鬆或鈕扣拉鍊脫落等，這些現象都顯示使用暴力而非默許的行為。

　　性侵害發生的地點應為第一現場，必須徹底搜索、記錄與嚴密勘察。本案被害者無法想起確實的地點，因此，幾個可能發生性侵害的地點都應去搜索證物。紫外光與刑事光源都可以協助尋找精液斑痕與其他微量或移轉性證物。

槍擊現場（見邏輯樹三）

　　槍擊現場可能與許多案件相關，最常見的是暴力攻擊、命案與搶劫，槍擊案的勘察包括槍擊殘跡與型態分析、彈道重建、彈頭與彈殼的顯微鑑定與比對、槍彈證物的資料庫搜尋與武器登記檔案的查詢等。

　　警察趕到位在大馬路旁服務站的搶劫報案現場，抵達現場的警官指稱，前門玻璃被放在門旁的金屬垃圾筒撞破。在室內，警察找到手臂受槍傷的夜班店員，店員稱在打烊後一位蒙面持槍歹徒打破玻璃進入室內持槍對著他，經過一陣言語衝突後，歹徒開了數槍，從收銀機拿走現金，開著深色小客車逃逸。醫療檢驗與 X 光片確定一顆疑似彈頭的物體射入並留在店員的上臂。

　　除了槍擊相關證物外，槍擊現場也應搜索其他微量與型態性證物，勘察人員應在停車場的邊緣沙地找尋輪胎痕，該處是店員指稱歹徒停車的位置，這些輪胎痕經拍照與測繪記錄。此外，也鑄了模以保有輪胎痕，後續實驗室鑑定照片及鑄模發現這種輪胎痕與固特異牌輪胎痕相同。金屬垃圾

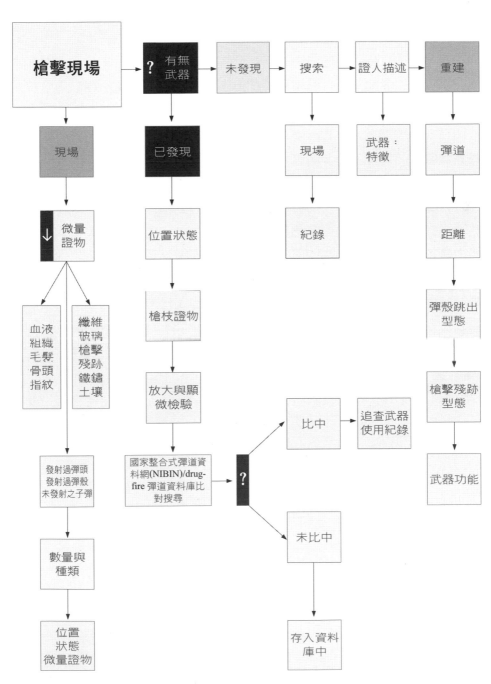

圖 7.3 邏輯樹三

筒、玻璃門與收銀機都以粉末法採取潛伏指紋，結果採到兩枚，經照相後以指紋膠帶黏起保存，這些指紋可以送入指紋自動鑑定系統比對。

現場搜索找到兩個彈孔，一個在收銀台正後方的牆壁，另一個在收銀機與旁邊牆壁的架子上，將彩色的彈道探針穿入彈孔，再從探針後端拉一條彩色彈道線出來，每一個子彈都拉一條彈道，嵌有彈頭的牆壁和木頭都被切下來送實驗室。在實驗室，彈頭被小心翼翼地取下而沒有破壞到來復線與彈頭上的微量證物。儘管經徹底搜索，但還是沒有找到彈殼。

在犯罪現場搜索時發現有錄影機監視，影帶上錄到實際搶案與持槍歹徒，依據影帶上歹徒的衣著與特徵，偵查人員到附近地區調查時找到了嫌犯，在取得嫌犯家的搜索與扣押票後，警察在嫌犯家搜到一把槍號已磨滅的轉輪手槍。從試槍的彈頭與從店內找到的兩顆彈頭比對，確定都是由同一把槍發射的，即嫌犯的點三五七麥格農手槍，接著實驗室的分析重現了磨滅的槍號，武器註冊檔案查詢到隔壁城市的居民，他的轉輪槍已在一年前報案失竊。最後，嫌犯承認開槍搶劫及在某一次竊盜中偷走轉輪槍。

爆炸與火災現場（見邏輯樹四）

火災與爆炸現場對採證而言是一種挑戰，因為火災與爆炸本質上就是破壞。然而，如果能夠採取徹底而有條不紊的步驟，那麼在這些現場還是可以採到有價值的證物。這類案件的邏輯樹可以提醒勘察人員，哪些重點能夠導引出成功的火災與爆炸現場勘察。

元月的某一個午夜，洛杉磯消防局趕往一家大型工廠的火災現場，火焰已經吞噬了廠房的整個北區，濃密的黑煙伴隨熊熊的烈火不斷地竄起。依據標準作業程序，火災現場勘察人員馬上馳赴現場，抵達現場後，進行火勢蔓延與煙霧的攝影紀錄。勘察人員發現一個朝北端建築物走進與走出的雪中足跡，由足跡路徑的方向研判來自工廠附近的社區。拍攝足跡照片後，噴上雪印固定蠟並用石灰鑄模，現場足跡顯示係大號工作靴（約十二至十四英寸）的鞋印。

在火勢撲滅後，勘察人員在靠近足跡終點的建築物北端外找到玻璃碎片，並發現一個靠著磚牆的莫洛托夫雞尾酒瓶（裝著易燃物的玻璃瓶外綁

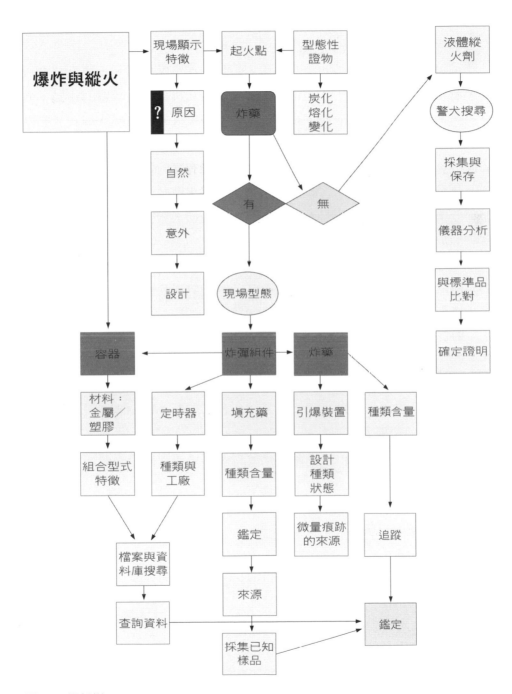

圖 7.4　邏輯樹四

布條）。建築物外側因火災而炭化嚴重，內部搜索在建築物北端同一地區的破碎窗戶開口附近地板上，找到另一批玻璃碎片。

火災與爆炸現場勘察的重點為決定爆炸或起火點與原因，原因包含天然、意外與故意（縱火），通常，排除天然與意外後就是故意的行為，而且，如果找到一些證物或偵查訊息則更能支持縱火的推論。

起火點的鑑定主要是依據燃燒痕跡，本案建築物燃燒最嚴重的區域是在找到莫洛托夫雞尾酒瓶與玻璃碎片處。訓練有素的警犬也加入尋找縱火劑殘跡，警犬示警（表示警犬的嗅覺偵測到縱火殘跡）的地點是建築物內部碎玻璃處及建築物外側附近的碎玻璃，這些警犬示警的玻璃碎片與燒燬殘跡都被採取放入密封的油漆罐內。

這些物品被送往實驗室進行分析，經氣相色層質譜儀分析結果顯示，是一種低級到中級與中級到高級的石油蒸餾物的混合物，與汽油及煤油的混合物相同。

對任何爆炸物的分析，如莫洛托夫雞尾酒瓶，包含三個組成要件：容器、爆炸組件與爆炸原料。容器與玻璃瓶應採取指紋與微量證物，採到的玻璃碎片應予組合並顯現潛伏指紋。以瞬間膠煙燻，再以螢光粉採取，採到兩枚指紋，經送入指紋自動鑑定系統比對到一名嫌犯。他是附近社區的一名房客，前科累累，包括曾犯過失引火案。爆炸組件包含棉蕊或棉布條，可提供偵查線索，縱火劑混合物分析顯示與在嫌犯公寓搜索到的燈油相符。

藥物與中毒（見邏輯樹五）

除非勘察人員想到所有可能的因素與進行系統化的勘察，而獲得有價值的偵查訊息，否則使用藥物與中毒引起的死亡會被當成生病案件而被忽略或草率勘察。

莫利斯城警官與急救人員因一通求救電話趕往一間私人住宅，被害者的丈夫稱當他醒來時發現太太昏倒在浴室地板上，浴缸與浴室地板有嘔吐物，經送至醫院幾個小時穩定下來後接受簡短的詢問。

她只提到感覺不舒服，而且幾個月來斷斷續續覺得噁心，在醫院進行

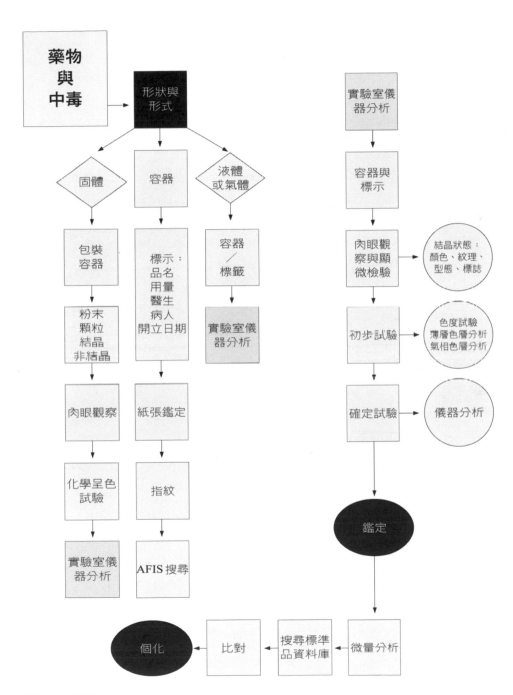

圖 7.5　邏輯樹五

的血中毒物分析顯示酒精含量為 0.03%，醋酸與一般毒品化驗都呈陰性反應。

勘察人員獲得丈夫的同意在房內搜索並在浴室櫃子內找到四瓶藥，一瓶是開給丈夫的血壓處方藥，一瓶是被害者的抗憂鬱處方藥，一瓶是過敏藥，還有一瓶是感冒藥水，這些瓶子與藥物都被送到實驗室分析。經過全面毒物分析後顯示在感冒藥水中含有微量砷，在毒物學家的建議下，勘察人員自被害者取得頭髮樣本，經分析後顯示有砷的分布，此與長期低劑量的砷中毒相符。

勘察人員調查這些藥物的來源，發現砷是捕鼠藥的成分之一，從丈夫的信用卡紀錄發現他在十一個月前透過網路花園批發商購買捕鼠藥。在獲得搜索票後，勘察人員在丈夫家的地下室搜到一些捕鼠藥，經儀器分析證實捕鼠藥與感冒藥水中的微量化學物質完全相同。

壓痕（見邏輯樹六）

壓痕證物是在幾乎所有的犯罪現場都可以找得到的重要證物，壓痕的辨識與紀錄非常重要，正確地瞭解它的分類特徵與個化特徵，以及與現場重建的關係，但不要過分強調它的重要性。現場可能含有的壓痕必須謹慎處理，不可忽略或破壞。

某個星期一的早晨，銀行職員一上班就發現 ATM（自動櫃員機）在週末從銀行磚牆被拉開，警探與現場勘察人員奉命趕赴現場。

在 ATM 原始位置附近的柏油路上找到輪胎痕，這種輪胎痕為輪胎空轉滑行的痕跡，顯示這部車是用來把 ATM 從銀行牆壁拉出來。這些輪胎痕經過照相與測量，測量前後軸距與左右輪距，由於輪胎痕沿曲線行走，因此每一個輪胎痕都看得見，其中有一個輪胎與其他的不同。

在銀行內部遺失 ATM 的地板上積了一層灰，勘察人員以斜光檢驗地板發現一些鞋印，再用刑事光源又顯現出一些平面的鞋印，一共找到三個完全不同型式的鞋印。利用靜電採印器採取鞋印，警探獲知銀行職員在報警前曾走進此區，因此採取他們的標準鞋印，很明顯地，其中一個灰塵鞋印與銀行職員的鞋印相同。

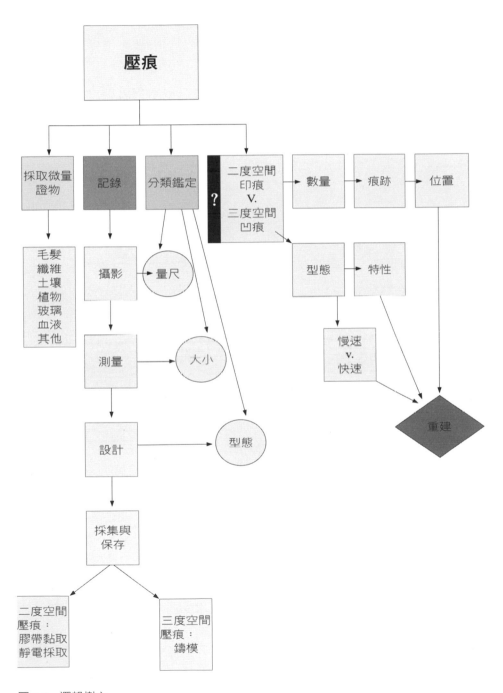

圖 7.6　邏輯樹六

　　檢驗固定 ATM 的遺留鋼架，找到一些滑行的撬痕及與大鐵鎚的圓頭相同形狀的幾個圓形凹痕。這些痕跡經照相後，以矽膠製模採取，又從附近未受損的鋼架採取油漆的已知標準品。

　　十天以後，距離銀行五英里處的樹林內有一個踏青者發現這個丟棄的 ATM，在地上也找到輪胎痕，這些輪胎痕與在銀行現場發現的輪胎痕具有相同的分類特徵，滑行的撬痕與很多圓形凹痕也出現在 ATM 的正面與邊緣，這些痕跡與在銀行的鋼架上的工具痕跡非常相似，ATM 被送往實驗室進一步分析。

　　以瞬間膠與螢光指紋粉採取潛伏指紋，所有採得的指紋都送入指紋自動鑑定系統比對，其中一枚指紋與一位具有許多竊盜前科的州民相同，拿到搜索票後就去搜索嫌犯的家與其登記的車子。一九九七年福特野馬，這部車有三個標準配備輪胎，一個不同牌子的輪胎，檢驗這些輪胎顯示與在銀行發現的輪胎痕具有相同的分類與個化特徵，也與在丟棄 ATM 現場的輪胎痕相同，同時在野馬車後段發現一支大型螺絲起子與鐵鎚，工具痕跡鑑定結果顯示這些工具與在 ATM 與鋼架上的痕跡相符。此外，在螺絲起子與鐵鎚上採到微量油漆，這些移轉的油漆經儀器分析證實與銀行鋼架上的已知油漆樣本具有相同的化學與顯微特徵。

　　本案壓痕證物不僅提供偵查線索，也提供逮捕與審判上必要的可靠證據。

顯現方法（見邏輯樹七）

　　型態性證物是一種很有價值的證物，但它的重要性卻常被忽略或低估。此外，即使是勘察人員辛苦地搜索型態性證物，他們在暴力犯罪現場還是只能找到有限的型態性證物。即使現場到處是血，能否找到足以產生個化特徵的高品質型態性證物仍是一項挑戰。然而，利用有條理的搜索步驟與使用顯現試劑，將可從犯罪現場採到質量並重的型態性證物。

　　感恩節的早晨，七十二歲的女士被她的外甥發現俯臥在廚房地板上，胸口被刺了二十七刀後氣絕身亡。弔詭的是，勘察人員發現廚房地上竟然沒有血跡，在這麼多的刺創傷下一定是血流遍布，勘察人員懷疑大部分的

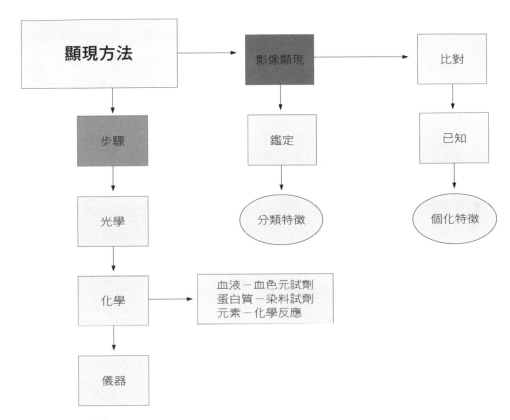

圖 7.7　邏輯樹七

血跡都已被清掉了，因此，決定利用血跡顯現試劑尋找地板上殘留的微量血液。使用四甲基聯苯胺噴劑找到了七個印痕，其中兩個可以辨識，一個是有平行線的鞋印，另一個是球鞋印，這些鞋印都以加量尺與不加量尺方式拍照存證，並在實驗室將印痕送入鞋印資料庫比對。球鞋印與彪馬牌十二號的球鞋相符，另一個鞋印則與好幾種廠牌的十號靴子相符。

　　警察決定搜索附近所有的垃圾筒，結果在距犯罪現場兩英里外的一個二十四小時便利商店後面的垃圾筒內找到一雙彪馬牌十二號的球鞋，在球鞋鞋尖發現有幾個血液噴點，在鞋底有紅棕色的移轉抹痕。實驗室後續檢驗找到一根黑人體毛，在彪馬球鞋上血液的 STR DNA 鑑定與被害者已知血液的 DNA 鑑定結果相吻合。

　　在這強盜殺人的案子裡,凶手偷了被害者的皮包、信用卡、珠寶與錄放影機,在詢問被害者的女兒時,指出被偷的錄放影機在一星期前已經故障了。警察讓被害者的信用卡繼續有效,想追蹤帳戶的來往情形。兩天以後,在隔壁州的電器行接到一個使用被害者信用卡訂購新的錄放影機的電話,警察安排一個錄放影機特別送貨服務。在送貨後警察取得搜索票搜索嫌犯公寓。被害者的好幾張信用卡全部找到了,一雙十號工作靴子也被查扣,實驗室鑑定顯示工作靴上的微量血液與被害者血液的 STR DNA 型相符。

　　本案所揭示的是,顯現試劑可以幫助勘察人員找到重要的遺失證物,除了血跡印痕顯現試劑外,還有蛋白質、潛伏紋痕殘跡與槍擊殘跡顯現試劑等(如圖 7.7)。

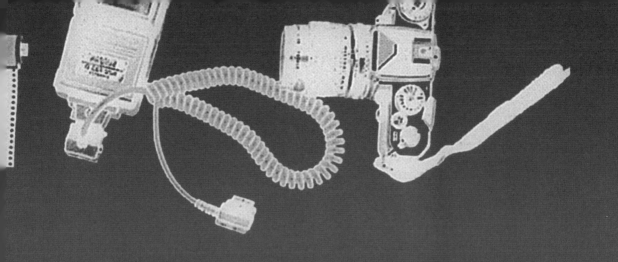

第八章
現場檢驗與顯現試劑

前言

　　現場檢驗與顯現試劑對犯罪現場勘察與實驗室分析幫助很大，這些現場檢驗與顯現試劑是專為下列應用而設計：

1. 協助辨識與鑑定證物。
2. 顯現在犯罪現場、證物、衣服或屍體上的型態性證物。
3. 協助犯罪事件的研判與重建。
4. 檢驗應採取送鑑的樣品。
5. 在犯罪現場過濾不需送實驗室鑑定的證物與物品。
6. 及時提供勘察人員初步結果，如是否有可疑血跡、是否有管制藥品等。
7. 提供有無化學、物理或生物物質的訊息。
8. 提供偵查線索。

　　通常現場檢驗是用來偵測生物或化學物質，為了有效地在現場發揮，這些檢驗方法與試劑應在非實驗室環境下即可應用自如，不需特別設備，愈靈敏愈專一愈好。現場檢驗應快速有效，容易判讀，很多現場檢驗與實驗室所進行的初步試驗具有相同的鑑定價值。

　　這些檢驗與試劑對勘察人員與鑑識科學家非常重要，因此，有一些特別注意事項必須遵守。現場檢驗是以過濾篩檢為目的，不可以用來取代實驗室的確認試驗。一般的原則是，如果樣品量非常稀少，不足以提供全套試驗時，最好是省下現場檢驗僅供實驗室分析用。

　　訓練犯罪現場勘察人員使用這些試劑並不難，大部分的檢驗只要遵守循序漸進的步驟使用試劑就可以進行，檢驗結果的判讀非常直接且簡單，例如觀察顏色變化或產生顏色或螢光等。但有些結果需要有較多經驗的人才能判讀，而使用這些檢驗的新手並不知道他們看到的是偽陽性或有問題的結果，而做了錯誤的判斷。減少這類錯誤的方法是，讓他們在應用這些方法至實際案件前，接受正規的使用這些試劑與檢驗步驟的訓練，這些訓練包括實際演練與結果判讀。理論上，只有經過訓練的人才可以進行現場檢驗與使用顯現試劑，縱使步驟很簡單，但瞭解檢驗背後的化學反應機制對檢驗工作幫助很大。

雖然簡單，但這類檢驗卻不能大意，因為現場檢驗的結果可能提供重要的線索。例如，在偵查一名失蹤太太的案子裡，偵查人員查到嫌犯在他太太失蹤的那段期間，曾經在河邊操作一輛大型碎木機的訊息。此外，在太太失蹤後，他密集清洗床單、丟棄地毯與家具。將發光胺與四甲基聯苯胺試劑噴在洗過的床單、毛巾、浴缸與地板，發現大量樣品有陽性反應。不久，嫌犯租借的碎木機被查扣並分解開來，沒有明顯的血跡、組織或可疑的微量物質，但找到片段的毛髮與纖維證物。在機體零件與刀面上，以血液初步試驗發現有陽性反應，雖然經過清洗後的殘留量已不足以進行確認試驗，但它的確提供了重要的偵查線索，照片 8.1a 至 e 顯示勘察人員與科學家在一起搜尋物證。

此外，從河底取出的解體鏈鋸上找到一些組織與血塊，同時，在河岸上也發現不少物證，有六十六個骨頭碎片、一顆牙齒、一個帶有指甲的手指碎片及 2,660 根毛髮，這些證物的分析結果被用來起訴被害者的丈夫涉及謀殺。

顯現試劑是用來加強或表現型態性證物，如指紋、足跡、鞋印及其他物理痕跡的影像對比。有時顯現試劑具有雙重目的：生物物質的初步試驗與物理痕跡的顯現。

例如某一個春天，一名女性裸屍被發現俯臥在她公寓的廚房地上，她的前任男友發現後立即報案。他告訴警方，只碰到她的手臂，查看是否還活著，並沒有破壞現場。被害者的喉嚨被利器割斷，血跡顯現試劑噴在她背後顯現出三個部分鞋印，這些印痕都含圓點鞋底印痕，為彪馬牌球鞋的特徵。勘察人員在檢驗其男友的鞋子時，發現具有相同的鞋印。此外，在鞋底溝紋內找到微量血跡，這表示該男友並未說實話，且很有可能是他踩著被害人的背，割下她的喉嚨。不久，這些證據使得該男友承認謀殺。

(a) 犯罪現場勘察主管站在由嫌犯
租來、被認為是絞碎其妻屍體的
碎木機旁

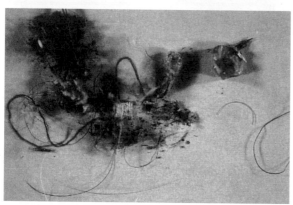

(b) 從被認為是嫌犯在夜間操作碎
木機的河岸找到的纖維、毛髮、
木片與組織碎片之特寫

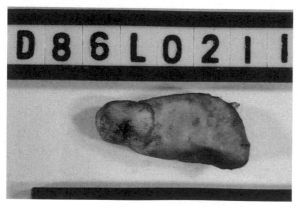

(c) 在河岸找到最大的一塊組織，
為人類手指的根部

照片 8.1a-e　理查‧克拉夫茲「碎木機」謀殺案的照片

(d) 李昌鈺博士、法醫與偵查人員進行碎木機實驗，研判肉片與骨頭的分布情形（將死豬放入碎木機內），以取得已知碎片，進行骨頭上的顯微工具痕跡分析，研判是否與此碎木機相同

(e) 指甲與指甲油的特寫，指甲油樣本與被害者家中的指甲油也進行儀器分析比對

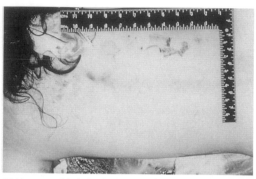

照片8.2b　被害者的背部特寫，顯示有微弱的痕跡

照片 8.2a　李昌鈺博士在發現女性被害者的地板上尋找型態與微量證物

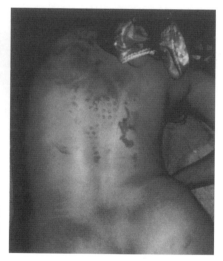

照片 8.2c　在以血跡印痕顯現試劑（TMB）處理後的被害者背部特寫（注意顯現出鞋印痕跡）

現場檢驗試劑

目前已有很多現場檢驗試劑，其中最常用的方法可歸類如下：

1. 證明血液存在的試驗方法

(1)酚酞法（Phenolphthalin, Kastle-Meyer）

(2)無色孔雀綠法（Leucomalachite green, LMG）

(3)聯鄰－甲苯胺法（Ortho-tolidine）

(4)發光胺法（luminol）

(5)四甲基聯苯胺法（tetra-mehtybenzidine, TMB）

(6)螢光素（fluorescin）

2. 證明體液存在的試驗方法

   (1)精液：酸性磷酸酶法（acid phosphatase）

   (2)唾液：澱粉酶法（amylase）

   (3)尿液：肌酸法、尿酸法（creatinine, urea）

   (4)排泄物：尿膽色素原法（urobilinogen）

   (5)胃內容物：胃酸法（gastric acid）

3. 槍擊殘渣與炸藥的試驗方法

4. 管制藥品與毒物的試驗方法

證明血液存在的試驗方法

    血液初步試驗是用來偵測微量的血色元或血色元物質，血色元是紅血球主要成分，血紅素中的含鐵分子，血紅素負責運送氧到全身。亞鐵離子通常是處於還原狀態，血液初步試驗是經由氧化還原反應來偵測亞鐵離子，將無色的試劑轉成有色的副產品。在發光胺試驗裡，陽性反應將產生螢光而非形成可見的顏色，由血色元所催化的氧化還原反應可以下列反應式表現：

$$AH_2 + H_2O_2 \xrightarrow{\text{Heme}} A + 2H_2O$$

也可寫成

可以氧化的化學物質＋過氧化氫水溶液 $\xrightarrow{\text{血色元（過氧化酶）}}$ 被氧化的物質
（無色） （顏色反應）

    陽性反應產生有顏色的物質只是表示可能有血液的存在，事實上，很多物質都會催化相同的反應，如植物的過氧化酶或許多強氧化物等，因此，這些初步試驗並不能確定是否真的有血液的存在，因為偽陽性或偽陰性都有可能發生。陽性反應也不能提供任何有關種屬或個化的訊息。然而，若檢驗試劑在已知標準血液試驗正確下，由未知斑痕測得陰性反應，則可判定檢體不含血液。

偽陽性反應是指與血液具有相同結果的陽性反應，產生的原因很多，在這反應裡血色元為催化劑，因此會快速催化完成氧化還原的反應，通常在加入試劑後數秒鐘之內就有反應。

由於這些試驗的目的是使氧化還原反應產生有色的複合物，強氧化劑不需要血色元也可以快速完成這個反應而產生冒牌的陽性反應，如許多家用清潔劑都含有強氧化劑，植物的過氧化酶也會產生偽陽性反應，許多常見的水果、蔬菜都含有足夠的過氧化酶，會產生偽陽性反應，如蘋果、山葵、花椰菜等。許多偽陽性反應在初步試驗過程中只要依照步驟，小心觀察任何變化與變化出現的階段，及以實驗室標準品驗證，並瞭解血跡陽性反應的正確現象，就可以分辨出來。

偽陰性比較不常出現，但問題比較大，因為很有可能會讓現場的真正血跡樣品遭到忽略。最常見的情形是，現場有強還原劑造成氧化反應明顯受到延後或抑制顏色表現，最好的解決方法是只要是陰性反應就另外採樣送實驗室確認，但也不要期待現場一定會有血跡證物。

由於初步試驗具有偽陽性與偽陰性的可能，因此，都必須進行確認試驗。確認試驗是在實驗室進行，一般而言，包含顯微結晶法與免疫分析法兩種。顯微結晶法有高山氏（Takayam）及泰克曼氏（Teichman）法，這類化學試劑只與血液中的血色元反應，並產生獨特的結晶。免疫分析法使用抗人血紅素血清與人類血紅素結合形成白色沉澱物，這個方法可以同時確認是否屬於人類的血液。

證明血液初步試驗的共同步驟

儘管檢驗試劑的種類很多，但都使用下列共同的步驟：

1. 以生理食鹽水潤濕的乾淨棉棒，擦拭少量的可疑斑痕做成棉棒擦拭。
2. 在相同表面尚未沾有可疑斑痕處，以相同方法採取控制樣品的棉棒擦拭。

3. 滴上兩滴試劑，如酚酞試劑，到每一根棉棒上。

4. 靜置三十秒，若此時有顏色反應，表示是強氧化劑或強過氧化酶的偽陽性反應。

5. 滴兩滴過氧化氫（3%）到每一根棉棒上。

6. 依不同的試劑而定，通常在短時間內會產生有色產物，大都是立即到十五秒內產生呈色反應。

附註：顏色反應必須在預定時間內出現，因為即使是沒有血色元催化物，在反應最後也會呈現相同的顏色反應。照片 8.3 顯示以酚酞試劑產生的陽性反應。

陰性反應通常表示在可疑樣品中沒有血跡，但也有可能是化學藥品干擾的結果。

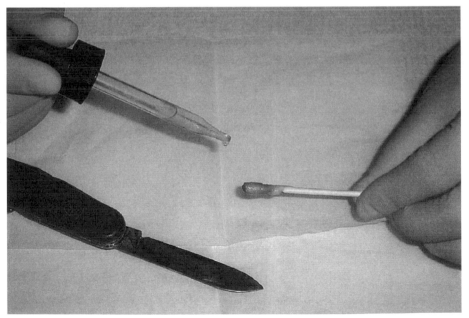

照片 8.3　對照片中顯示形成粉紅色，這是以酚酞試劑檢驗血跡存在的陽性結果，紅棕色斑痕樣本是從刀片擦拭而來

品質管制試驗必須針對每一批新配的試劑進行已知血跡樣品檢驗，並且定期測試以保證品質。許多試劑過期會變質，有些會變色顯示變質應予丟棄，例如鄰聯—甲苯胺新鮮時是淺褐色，過期則變成深棕色。

常用的初步試驗試劑

自從一八五七年發現血液的類過氧化酶活性後，許多化學藥品就被陸續發現可以用來當作催化呈色反應中的可氧化物質。過去，在這些化學藥品中，有聯苯胺與鄰聯—甲苯胺兩種藥品，在催化劑如血色元催化下的氧化態都呈深藍色反應。由於靈敏度高與呈色明顯，這兩種試劑被廣泛使用，然而，聯苯胺是一種極易致癌的物質，一九七四年美國職業安全與健康部（Occupational Safty and Health Administration, OSHA）已經禁止其在美國生產與使用。鄰聯—甲苯胺有報告稱會產生贅瘤，也被認為有具有致癌的危險，OSHA 已限制每八小時不可曝露在超過 5 ppm 的含量及每毫升二十二毫克蒸氣的環境中。

不同的化學藥品對酸或鹼的條件有不同的靈敏度與反應，及不同的顏色變化。以下是常用的血液初步試驗方法：

1. 酚酞法

靈敏度：1: 100,000

引進年分：1901

陽性反應：十五秒內在棉棒擦拭上呈現粉紅至紅色反應。

試劑配製：

儲備液：

酚酞　　　　2 克

氫氧化鉀　20 克

蒸餾水　　100 毫升

以 20 克的鋅粉回收蒸餾儲備液兩小時，直到溶液成無色，再裝入深色瓶內與鋅粉共同冷藏保存。

工作液：

儲備溶液　　20 毫升

　　　　乙醇　　　　80 毫升

2. 無色孔雀綠

　　靈敏度：1: 20,000

　　引進年分：1904

　　陽性反應：幾乎在接觸到棉棒擦拭上的血跡就立即呈現藍綠色反

　　應。

　　試劑配製：

　　　　無色孔雀綠　0.1 克

　　　　過硼酸鈉　　3.2 克

　　　　冰醋酸　　　66 毫升

　　　　蒸餾水　　　33 毫升

3. 鄰聯—甲苯胺

　　靈敏度：1: 100,000

　　引進年分：1912

　　陽性反應：深藍色反應。

　　試劑配製：

　　　　鄰聯—甲苯胺　1.6 克

　　　　乙醇　　　　　40 毫升

　　　　冰醋酸　　　　30 毫升

　　　　蒸餾水　　　　33 毫升

4. 發光胺

　　靈敏度：1: 5,000,000

　　引進年分：1937

　　陽性反應：本試劑噴在可疑斑痕上，在全暗下觀察，陽性反應者在

　　五秒內會有冷光出現。本法適合現場已被清理過，血跡含量極微下

　　的試驗。

試劑配製：

溶液一：

3-胺基肽酸環醯肼（發光胺）　　　0.1 克

蒸餾水　　　　　　　　　　　　　50 毫升

乙醇　　　　　　　　　　　　　　20 毫升

溶液二：

碳酸鈉　　0.5 克

過硼酸鈉　0.7 克

蒸餾水　　30 毫升

使用前將溶液一與二混合。

5. 四甲基聯苯胺

靈敏度：1: 1,000,000

引進年分：1974

陽性反應：藍綠色，本試劑可以與火棉膠混合，作為血跡印痕顯現的試劑，適用在水平與垂直表面上。

試劑配製：

醋酸緩衝液：

醋酸鈉　　5 克

冰醋酸　　43 毫升

蒸餾水　　50 毫升

四甲基聯苯胺溶液：

四甲基聯苯胺　　0.4 克

醋酸緩衝液　　　20 毫升

將 0.2 克四甲基聯苯胺溶於 10 毫升醋酸緩衝液中，完全混合五分鐘後，過濾除去未溶解的殘渣，溶液裝入棕色瓶內，保存在冰箱不得超過六個月。

泡成火棉膠混合物的使用方法見下一章血跡印痕的顯現試劑。

6. 螢光素

　靈敏度：1：500,000

　引進年分：1979

　陽性反應：深綠色螢光。

　試劑配製：以螢光素配製螢光素試劑的方法，與從酚酞配成酚酞試劑相同。

血液初步試驗對後續血清與DNA鑑定的影響

　　雖然初步試驗對血液證物的篩選與搜索是非常重要的工具，但卻不能取代後續更嚴謹的確認或 DNA 試驗。

　　不幸的是，任何需要加入化學藥品或外來物質的試驗都會干擾後續的鑑定工作，這些初步試驗的試劑會不利於種屬鑑定、ABII 抗原鑑定、多型酵素鑑定或 RFLP DNA 鑑定。可能的話，這些會引起負面作用的試劑最好不要直接加在乾燥血跡證物上。

　　對證物所提供的證據價值應仔細評估，例如血指紋或血鞋印證物，型態的比對常與血液鑑定具有相同或更高的證據價值，因此，可以優先使用血跡顯現試劑以協助型態鑑定。然而，有時對組成型態的血跡進行血清與 DNA 鑑定也很重要，特別是有多名嫌犯或被害者的案件，或有可能是混合血液的現場。

　　這個問題可以在進行初步試驗或顯現試驗前採取小塊斑痕而解決，但必須注意採取的樣本不可以影響型態的判斷。此外，由於 STR DNA 鑑定技術的進步，在正常狀況下，大多數初步試驗的試劑並不會對後續的 STR DNA 鑑定帶來負面的影響。

證明體液存在的試驗方法

　　在許多犯罪現場如竊盜、性侵害、暴力與謀殺現場，也經常發現血液外之其他體液，如精液、唾液、尿液、陰道分泌物、汗液、胃內容物、排泄物與鼻涕等，都可能出現在犯罪現場或與犯罪偵查相關的證物上，這些體液的辨識與鑑定非常重要。初步試驗的試劑在現場或實驗室篩檢上都很重要，如果初步試驗顯示有體液存在，就應該採取與保存供實驗室鑑定，實驗室可以進行 ABO 血型鑑定、多型酵素鑑定與 DNA 鑑定。最近，在具有極高鑑別能力的 DNA 鑑定上的進步，可以將體液個化鑑定以排除可能的體液提供者或積極證明可能為某一個體液提供者。

精液

精液是含有體液與細胞成分的混合液體，多數的液體成分都可以用初步試驗的試劑檢查出來，例如精液組成中的酸性磷酸酶、精胺與膽素。雖然這些成分在精液中的濃度相當高，但檢驗出這些物質仍然不能當成是肯定的鑑定方法。精液斑也可以因具有微白色硬質外觀及在紫外燈與刑事光源照射下產生螢光的特性而被搜尋辨識出來。

酸性磷酸酶

反應溶液：

萘磷酸鈣　　　　200 毫克

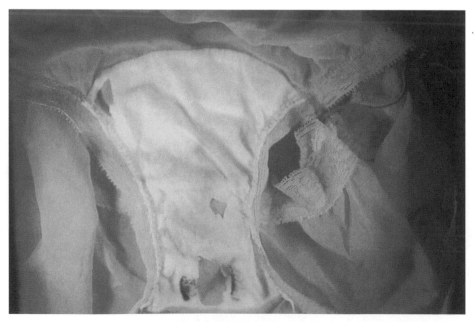

照片 8.4　性侵害被害者的內褲以紫外光搜尋精液斑，在胯部可以發現螢光的精液斑

或 α 萘磷酸鈉	187 毫克
醋酸鈉	2 克
冰醋酸	1 毫升
蒸餾水加至	100 毫升

呈色試劑：

Fast Blue B Salt	2 克
蒸餾水	100 毫升

　　將 Fast Blue B Salt 溶在蒸餾水後過濾。

　　這些試劑應在使用前配製，其儲存壽命有限。

　檢驗步驟：

1. 以生理食鹽水潤濕的棉棒在可疑斑痕上擦拭，或剪下、刮下一小塊
   樣品放在拋棄式反應盤上。
2. 加一滴反應溶液。
3. 靜置十秒鐘。
4. 加一滴呈色試劑。
5. 在十至十五秒鐘內呈現粉紅至鮮紫色，表示有酸性磷酸酶活性。

唾液

　　很多情況下會出現唾液，例如吃到一半的食物、菸蒂、咬痕上及咬痕
四周，及採自被性侵害者之棉棒擦拭，衣服、面罩、枕頭等。唾液含有澱
粉酶，可分解澱粉，鑑定出高濃度的澱粉酶通常顯示含有唾液。

　　澱粉酶不僅存在唾液中，在其他體液也有，因此，如同其他的初步試
驗一樣，唾液初步試驗的結果也不能肯定確有唾液存在，有時以紫外燈或
刑事光源照射下，可疑唾液斑痕也會有螢光反應。

尿液

　　尿液的鑑定是取其特殊的顏色與味道，以及特別的化學成分如肌酸與
尿素。

　　肌酸：傑夫試驗法（Jaffe test）

　　苦味酸溶液：
　　　　取 2 至 3 克苦味酸飽和溶於 100 毫升水中。
　　　10% 氫氧化鈉溶液
　　試驗步驟：
1. 以蒸餾水潤濕的棉棒在可疑斑痕上擦拭。
2. 加一滴苦味酸溶液至樣品上。
3. 加一滴 10% 氫氧化鈉溶液。
　　橙色至深紅色表示陽性反應，陰性反應則為苦味酸的鮮黃色，判斷
　　時必須有陽性與陰控制樣品。

排泄物

　　排泄物通常有特殊的顏色與味道，檢驗尿膽色素原的化學試驗可以用
來研判是否為排泄物。目前，排泄物的鑑定方法並不容易在現場使用。

胃內容物

　　胃內容物的鑑定方式是偵測樣品中是否含有胃蛋白酶，一種消化性酵
素，同時，胃內容物的特定物質如食物或飲料的種類與含量也可以用肉
眼、顯微鏡或化學方法確定。此外，胃內特定食物的消化程度也可以用來
幫助研判死亡時間，或嘔吐前的進食時間，目前，胃內容物的鑑定方法也
不容易在現場使用。

槍擊殘跡初步試驗

　　槍枝擊發時會產生氣體、煙渣與燃燒過或部分燃燒過的火藥，這些物
質被稱為槍擊殘跡。槍擊殘跡來自底火、火藥、潤滑油與發射物，這些物
質朝目標向前推送，同時也向後噴在射擊者之手上與衣服上，射擊殘跡在
還沒有被洗掉之前，可以在這些地方採取到。偵測槍擊殘跡可以協助找出
射擊者或最近摸過剛射擊過槍枝之人。此外，在犯罪現場篩檢可疑表面上
的槍擊殘跡，可以協助找出其他應採取的物品，並進一步進行槍擊殘跡之
確認分析，照片 8.5 與 8.6 顯示槍擊殘跡以掃描式電子顯微鏡的分析結果

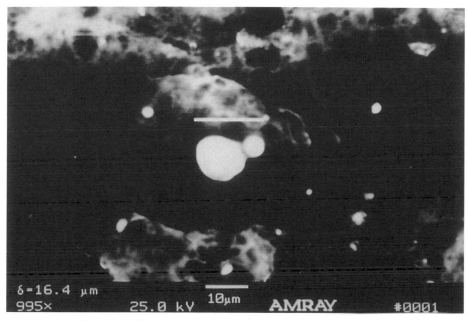

照片 8.5　在嫌犯右手採到之槍擊殘跡顆粒的掃描式電子顯微鏡影像

照片 8.6　主任鑑定師羅伯‧歐布來恩以改良式的葛里斯試驗在被害者的襯衫上顯現槍擊殘跡的跡痕型態

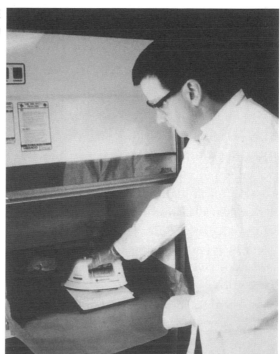

與化學檢驗情形。

　　槍擊殘跡的成分可以分類如下：

1. 底火殘跡
    (1)起爆藥，含史蒂芬酸鉛或收斂酸鉛（lead styphnate）、疊氮化鉛（lead azide）、重氮二硝基酚（diazodinitrophenol）。
    (2)氧化劑，含硝酸鋇（barium nitrate）、過氧化鈣（calcium peroxide）、過氧化鎂（magnesium peroxide）與二氧化鎂（megnesinm dioxide）。
    (3)燃料，含硫化銻（antimony sulfide）、矽化鈣（calcium silicide）、鋁、鈦、鋯與硫氰酸鉛。
    (4)感動劑，含硫化銻（tetracene）、鋅玻璃、鈦與矽化鈣。
2. 發射火藥
    (1)無煙火藥（目前常見子彈）：硝化纖維─單基，硝化纖維與硝化甘油─雙基。
    (2)黑色火藥（槍口裝填式槍枝）：75% 硝酸鉀、15% 硫磺、10% 木炭。
3. 潤滑油：用來促進彈頭與彈殼分合的物質、抗磨擦劑使彈頭順利通過槍管、槍油與清潔殘渣、發射藥成形的添加物。
4. 發射物的成分：來自槍管、彈頭或彈殼的金屬物質，如：鉛、銅、鋅、銻、砷、鉍與鉻都可能被偵測到。

槍擊殘跡初步試驗

　　槍擊殘跡的檢驗有兩個主要目的，一是研判某人是否開過槍或最近是否摸過剛射擊過的槍枝，或某一個物體表面是否靠近射擊時的槍枝，檢驗汽車內部表面可以研判是否曾在車內開槍；第二個主要目的是檢驗槍擊殘跡，分析其型態以研判槍口至目標的距離。射擊距離的研判在自殺或他殺的研判上扮演重要的角色，任何槍擊殘跡試驗時，都必須小心避免破壞槍擊殘跡的型態。如同其他的初步或篩檢試驗，在犯罪現場使用的槍擊殘跡呈色試驗也必須經由精密的實驗室分析確認，如原子吸收光譜分析、感應耦合電漿光譜分析或掃描式電子顯微鏡配合元素分析等。

槍擊殘跡初步試驗試劑

　　這些試劑會與槍擊殘跡中的硝酸或亞硝酸反應產生顏色變化，棉棒擦拭的反應顯示是否有槍擊殘跡，直接噴在物體表面可以觀察槍擊殘跡分布的型態，這種型態可以用來研判射擊距離。常見的香菸煙霧、尿與肥料有時也會與這些試劑反應。

二苯胺（diphenylamine, DPA）

　　試驗步驟：

1. 以蒸餾水潤濕的棉棒在測試區域擦拭。
2. 加一滴二苯胺硫酸溶液。
3. 立即呈現的深藍色反應顯示有硝酸或亞硝酸存在。

改良式的葛里斯試驗（modified Griess test）

1. 以含 50% α-萘酚與 50% 磺胺酸的混合溶液塗在去感光的相紙藥膜面上，並晾乾。
2. 將證物可疑面朝下蓋在相紙藥膜面上。
3. 以棉布浸濕 15% 冰醋酸溶液蓋在證物上，以熱熨斗熨燙。
4. 在相紙上呈現的橙色結果是亞硝酸殘跡的特異性反應（如照片 8.7a）。

逆向改良式的葛里斯試驗（reverse modified Griess test）

　　針對厚重或光滑面物質無法讓醋酸蒸氣穿透者使用。

1. 在去感光與試劑處理過的相紙背面用膠帶貼上一層濾紙。
2. 將相紙藥膜面準備朝下蓋在可疑物面上。
3. 以棉布浸濕 15% 冰醋酸溶液塗在相紙藥膜面物上。
4. 立刻將此相紙藥膜面朝下蓋在可疑物面上。
5. 以熱熨斗在相紙背面熨燙。

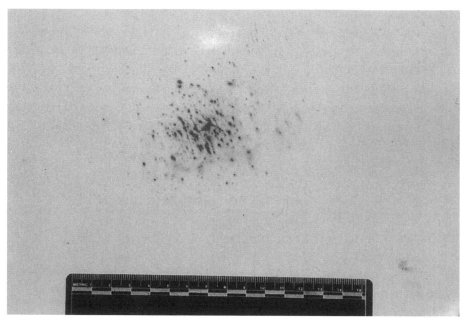

照片 8.7a　以改良式的葛里斯試驗顯現的槍擊殘跡痕跡型態之特寫

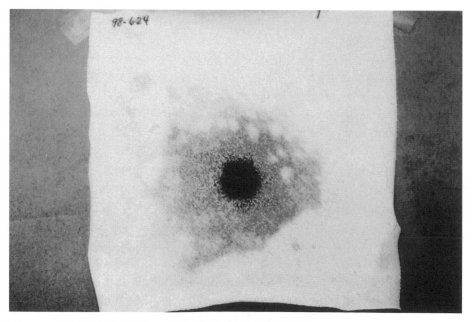

照片 8.7b　以羅帝若鈉試驗顯現的槍擊殘跡痕跡型態之特寫

6. 將相紙與可疑物分開。

7. 在相紙上呈現的橙色結果是亞硝酸殘跡的特異性反應。

羅帝若鈉（Sodium rhodizonate）試驗

本試驗是檢驗槍擊殘跡中鉛的呈色反應。

1. 將羅帝若鈉的飽和水溶液噴在可疑表面上。

2. 在同一區域噴上酒石酸、酒石酸氫鈉緩衝液。

3. 在同一區域噴上 5% 鹽酸溶液。

4. 原先的粉紅色將逐漸褪去，代之而起的藍紫色為鉛之陽性反應，必須快速記錄，因顏色會逐漸褪去（如照片 8.7b）。

附註：本法的改良版，巴斯金斯基移轉法（Baskinsky transfer technique），可以用來偵測深色物體上的鉛殘跡。

炸藥殘跡的檢驗

炸藥殘跡在許多類型的現場都可能出現，炸藥殘跡可能出現在生產的地點、儲存的倉庫、汽車或裝運的容器內，也可能在嫌犯的手上或衣服上，在爆炸後的現場則可能有未爆或爆炸後的產物。

炸藥是化學物質，在原始形式下通常是不穩定的，若經加熱、震動或撞擊就可能引起快速分解，產生大量熱能與氣體的爆炸反應。炸藥可以分成下述三類：

1. 低爆藥：在一般狀態下穩定，但若限制在小空間內引爆則會產生劇烈爆炸，有黑色火藥、無煙槍用火藥等。

2. 一級高爆藥：這類炸藥對熱與震動非常敏感，被用來引爆二級高爆藥的爆炸，有雷管、導火索與硝化甘油等。

3. 二級高爆藥：這類炸藥對熱、震動或磨擦均不敏感，被用來當主炸藥，有 TNT、RDX、代拿邁（dynamite）、硝酸銨、硝酸甲胺等。

炸藥殘跡的初步試驗

手提式的碳氫或離子偵測器可以偵測物體或人身上的炸藥殘跡，許多

司法單位在訓練警犬用來偵測微量炸藥成分上已有重大成果。此外，亦有
許多試劑在測試可疑樣品時，可以呈現特異的顏色反應。

如同其他初步試驗，炸藥殘跡的試驗也有偽陰性與偽陽性的可能，
因此，實驗室的確認分析相當重要。表 8.1 為一些常見的呈色試驗與反應
物。

表 8.1 　呈色反應試劑與爆炸物的反應結果

炸藥成分	呈色反應			
	葛里斯試劑	二苯胺	J 酸	氫氧化鉀酒精溶液
氯酸根	無色	藍	橙至棕	無色
亞硝酸根	粉紅至紅	藍	橙至棕	無色
硝化纖維	粉紅	藍至黑	橙至棕	無色
硝化甘油	粉紅至紅	藍至黑	橙至棕	無色
膨梯兒（PETN）	粉紅至紅	藍	橙至棕至紅	無色
海掃更（RDX）	粉紅至紅	藍	橙至棕	無色
特出兒（Tetryl）	粉紅至紅	藍	黃至橙	紅
梯恩梯或黃色炸藥（TNT）	無色	無色	無色	紫紅

管制藥品與毒品的初步試驗

警察、緝毒與鑑識科學家，必須辨識各種形形色色的管制藥品與毒
品。在實驗室的鑑定方法，如氣相色層質譜分析儀，靈敏度高與鑑別力
強，但常需要快速或在現場檢驗疑似管制藥品或毒品。尤其許多情況是，
現場的檢驗是作為進行逮捕販賣或持有管制藥品的依據。

呈色試驗常用在毒品分析的初步篩檢上，特定的毒品會與特定的化學
試劑產生特異的顏色反應或沉澱物，含有這類試劑的特異試驗之試劑組合
已有市售檢驗盒供使用。表 8.2 為常用的毒品初步試驗試劑與反應結果。

型態性痕跡顯現試劑

在犯罪現場用來顯現壓痕的試劑有很多種，下列試劑只是一部分：

1. 血跡印痕顯現試劑

表 8.2　常見的毒品呈色試驗

試劑	應用與預期結果
馬奎斯（Marquis）	嗎啡（Morphine）：紫 海洛英（Heroin）：紫 PCP：無色至淡粉紅 安非他命（Amphetamine）：橙至棕 麥角醯乙二胺（LSD）：橙至棕至紫 滅斯卡林（Mescaline）：橙 賽洛西賓（Psilocybin）：橙
尋德林（Mandelin）	嗎啡：藍至灰 海洛英：藍至灰 安非他命：綠 LSD：橙至綠至灰 賽洛西賓：綠
硝酸	嗎啡：橙至紅 海洛英：黃至綠
埃耳利希（Ehrlich）	LSD：紫
杜昆諾斯（Duquenoid）	大麻：灰至藍 四氫大麻酚（TIIC）：灰至藍
硫氰酸鈷	古柯鹼：藍色沈澱 Procaine：藍色沈澱 美沙冬（Methadone）：藍色沈澱
底里-可巴尼（Dille-Koppanyi）	巴比妥：紅至紫

2. 蛋白質顯現試劑
   (1)寧海得林（ninhydrin）
   (2)醯胺黑（amido black）
   (3)可瑪士藍（Coomassie blue）
   (4)結晶紫（crystal violet）
3. 脂肪酸、元素與化合物顯現試劑
   (1)碘燻
   (2)微粒試劑
   (3)瞬間膠（氰丙烯酸酯）煙燻

血跡印痕顯現試劑

　　有時可能無法把沾有痕跡的證物取下泡在浸泡溶液中顯現，而這些浸泡方法也不適合在犯罪現場使用，尤其有些痕跡可能位在垂直的表面上，在這些狀況下，如果把染色液噴在垂直的表面上，這些染色液很有可能會滴落下來，而破壞或改變原來的痕跡型態。照片 8.8a 至 d 顯示血腳印的顯現結果，這是利用含有膠棉（collodion）的試劑在犯罪現場各種表面應用的情形，當然包含垂直的表面。

　　膠棉試劑：

　　乙酸緩衝液：

　　　　乙酸鈉　　　　10 克

　　　　蒸餾水　　　　100 毫升

　　　　冰醋酸　　　　86 毫升

　　　　（冷藏可使用到六個月以上）

　　　　聯鄰—甲苯胺 0.12 克

　　　　過硼酸鈉　　　0.20 克

　　膠棉溶液：

　　　　乙醇　　6 毫升

　　　　膠棉　　15 毫升

　　　　乙醚　　60 毫升

　　　　在加入乙醚前先將乙醇與膠棉混合以避免沉澱。

　　　　注意：乙醚是高度易燃物，也可用其他溶劑代替。

　　配製方法：

1. 聯鄰—甲苯胺與過硼酸鈉放入含有 4 毫升乙酸緩衝液的試管，劇烈搖動四分鐘後即為聯鄰—甲苯胺溶液。

2. 取 60 毫升的聯鄰—甲苯胺溶液加入膠棉溶液中混合。

　　試驗步驟：

1. 顯現前先將含有血跡印痕攝影存證。

2. 在物體表面上輕輕噴灑二至三次（切勿噴灑過量）。

3. 拍攝任何顯現的印痕。

(c) 鞋印的特寫，注意可以讀出廠牌「New Balance」

(d) 腳印的特寫，由於嫌犯穿著襪子，因此無法顯現腳掌紋，注意腳底右側的突出與嫌犯先天缺陷的印痕相符

(a) 以 BPER 處理前的浴室全景

(b) 以 BPER 處理後的相同浴室地板全景，可以看到鞋印與腳印

照片 8.8a-d　一對夫妻在家被毆打致死：在樓下有大量血跡，但在屍體旁卻難以獲得清楚的鞋印，在以 BPER 處理後，二樓浴室採到非常好的鞋印與腳印

4. 有些經過顯現的印痕可以用一般指紋膠帶採取。

蛋白質顯現試劑

　　犯罪現場有很多含蛋白質的物質，蛋白質是許多身體組織與體液組成的成分，包含但不限定在皮膚、組織、血液與人奶，此外，其他動物產品或食品也含有蛋白質，胺基酸則是蛋白質的組成元素。嫌犯或被害者在犯罪現場可能留下大量或微量的這些物質，有時即使是輕微的接觸也是如此。遺留在犯罪現場的蛋白質來源大都與體液，如汗液、淚液、血液、尿液、精液或唾液的接觸或直接遺留有關。寧海得林試劑是常被用來檢驗蛋白質是否存在的初步試驗試劑。

　　潛伏指紋、掌紋、腳印、唇印與耳朵印可以使用偵測胺基酸的試劑，如寧海得林、醯胺黑、可瑪士藍、結晶紫與血跡印痕顯現試劑找出來。雖然這些試劑在靈敏度、使用限制與應用上都有些微差異，但在尋找或顯現含有蛋白質或胺基酸的型態性痕跡證物上都很有效。下列所述為常見用來顯現蛋白質證物的化學蛋白質試劑。

寧海得林

　　寧海得林可以偵測身體分泌物上的微量胺基酸，這些胺基酸被手指、手掌或腳掌的汗孔所排出的汗液帶出來，這些胺基酸很容易被具有吸附性或部分吸附性表面如紙張、未拋光的木板、紙板、皮件等所吸收。被吸收的胺基酸根相當穩定，在特殊情況下，寧海得林法可以顯現數十年之久的指紋。

　　溶液：

　　　水合茚三酮　　　25 克
　　　丙酮　　　　　　 4 公升
　　將寧海得林結晶與丙酮混合攪拌均勻，裝在深色瓶內使用。

　　試驗步驟：

1. 將溶液裝入噴瓶內。
2. 在距表面六英寸處均勻噴灑。

3. 讓溶劑揮發，必要時可再重複噴灑步驟。

4. 在噴灑後為加速顯現，可以用熨斗加溫，但不可過熱，此外，也可以靜置室溫等待潛伏指紋全部顯現。

醯胺黑

醯胺黑是顯現血指紋的有效方法，醯胺黑是一種蛋白質染料，它會與血中蛋白質反應，呈現藍黑色結果。

醯胺黑試劑（水溶液配方）：

檸檬酸儲備液：

檸檬酸　　　38 克

蒸餾水　　　2 公升

兩者混合後攪拌直到檸檬酸完全溶解。

顯現溶液：

檸檬酸儲備液　　　　　　2 公升

醯胺黑（Naphthalene 12B）　2 克

柯達 Photo Flo 600 溶液

將檸檬酸儲備液倒入燒杯內攪伴，逐漸加入醯胺黑後攪拌三十分鐘，再加入 Photo Flo 溶液。

醯胺黑試劑（有機溶劑配方）：

步驟二之工作液：

醯胺黑　　　2 克

冰醋酸　　　100 毫升

甲醇　　　　900 毫升

混合後攪拌直到完全溶解。

步驟三之漂洗液：

冰醋酸　　　100 毫升

甲醇　　　　900 毫升

步驟四之漂洗液：

冰醋酸　　　50 毫升

蒸餾水　　　950 毫升

試驗步驟：

步驟一：將血液固定在證物表面

將證物浸泡在甲醇內一小時（若血跡印痕是在油漆表面或其他會被甲醇破壞的物質上時，應使用水溶液配方之試劑）。

步驟二：使用工作液

將證物浸泡在工作液中二至三分鐘或直到潛伏指紋表現出藍黑色為止。

步驟三：第一次漂洗

1. 將證物浸泡在漂洗液盤內輕微搖動。

2. 當印痕背景上的過多染料除去後，取出漂洗中的證物。

步驟四：第二次漂洗

照片 8.9　在命案現場以醯胺黑顯現的血腳印（由撒拉索塔警局辛蒂·貝羅斯提供）

1. 將證物浸泡在漂洗液盤內輕微搖動三十秒。
2. 取出證物在室溫下晾乾。

可瑪士藍

可瑪士藍（Coomassie Brilliant Blue, R250）是一般蛋白質的染料，對血跡染色的效果很好。可瑪士藍比結晶紫的靈敏度高，為更普及的蛋白質染料，它還有一個結晶紫所沒有的優點，即可以用去染色液除去背景。

可瑪士藍試劑：

可瑪士藍染色液：

可瑪士藍　　0.44 克

冰醋酸　　　40 毫升

甲醇　　　　200 毫升

蒸餾水　　　200 毫升

可瑪士藍去染色液

冰醋酸　　40 毫升

甲醇　　　200 毫升

蒸餾水　　200 毫升

另一種新發展的染法不須使用甲醇以避免染液流出者，稱為可洛利雙重染色法。

可洛利試劑：

可洛利染色液：

可洛辛紅（Crrrocein scarlet 7B）　　2.5 克

可瑪士藍　　　　　　　　　　　　150 毫升

冰醋酸　　　　　　　　　　　　　50 毫升

三氯乙酸　　　　　　　　　　　　30 克

以去離子水稀釋到一公升

可洛利去染色溶液：

冰醋酸　　3 毫升

去離子水　1 公升

試驗步驟：

　　1. 血跡證物浸泡在染色液中至少 30 秒。

　　2. 搖動染色。

　　3. 將血跡證物取出，浸泡在去染色溶液中搖動 1 分鐘。

若需要更清楚的痕跡可重複染色步驟。

結晶紫或龍膽紫（gentian violet）

　　結晶紫對黏性表面如膠帶特別有效，一旦潛伏印痕被發現後就可以照相存證比對分析。

　　結晶紫試劑：

　　A 配方染色溶液：

　　　儲備液：

　　　　龍膽紫　　1.5 克

　　　　乙醇　　　100 毫升

　　　工作液：

　　　　儲備液　　2 毫升

　　　　水　　　　100 毫升

　　B 配方染色溶液：

　　　儲備液：

　　　　龍膽紫　　5 克

　　　　乙醇　　　50 毫升

　　　　酚酞　　　10 克

　　　工作液：

　　　　儲備液　　1 毫升

　　　　水　　　　100 毫升

　　試驗步驟：

1. 將膠帶從物體表面撕開，以液態氮將膠帶冷凍後可以把膠帶相互黏著部分分開。

2. 將膠帶完全浸泡在染色工作液中。

3. 浸泡數分鐘並緩緩搖動。
4. 取出膠帶。
5. 以冷自來水清洗膠帶。

脂肪酸、元素與化合物之顯現試劑

偵測脂肪酸的試劑可以偵測到印痕，也可以顯現印痕的型態，碘燻法與鉬溶液「微粒試劑」，適合犯罪現場以及實驗室使用。

碘燻法

碘燻法適合各種具吸收性的平滑表面，如紙張與皮膚，從碘晶體加溫昇華出來的氣體會溶在潛伏印痕上的皮膚油脂中。顯現的印痕應馬上照相，否則很快會消失，但這類印痕可以重複煙燻顯現。雖然也可以用澱粉或化學溶液將顯現印痕予以固定，但盡可能還是以照相記錄或送實驗室顯現。

碘燻法是相當好的篩檢方法，它不僅是非破壞性，對其他顯現方法如寧海得林或瞬間膠法也不會有干擾。

方法：
碘燻槍：
1. 碘燻槍可以自行組裝或購得。
2. 將碘燻槍加溫並經由連接管緩慢送風。
3. 吹出的碘蒸氣應先均勻吹在整個表面上，直到有潛伏印痕出現。
4. 當潛伏印痕出現，則對此區域繼續吹氣，直到獲得最佳印痕濃度。
5. 拍照存證。
6. 若需要，可以澱粉溶液或苯黃酮（7,8-benzoflavone）固定。
　碘燻箱：
1. 在透明密封的箱子內放入 1 克碘結晶，在現場可使用夾鏈袋。
2. 放在室溫或將碘加溫到 50℃。
3. 印痕將在數分鐘到一小時內顯現。
4. 拍照，或有需要時可以澱粉或化學溶液固定。

鉬溶液「微粒試劑」

微粒試劑是用來偵測光滑表面，包括潮濕表面上的脂肪酸或脂質，微粒試劑可以用來顯現汽車表面上經雨水沖刷後的潛伏印痕，槍枝以及其他從水中取出物體上的潛伏印痕。微粒試劑甚至可以應用在可疑表面仍屬潮濕的狀態。

溶液：

二硫化鉬	30 克
蒸餾水	1 公升
Photo Flo 2000	3 滴

試驗步驟：

1. 將染色液裝在盤子內，若要顯現大面積表面時，也可將溶液裝在噴瓶內。
2. 將物體完全浸泡在染色液中。
3. 緩緩搖動反應盤。
4. 大約兩分鐘內潛伏印痕將會顯現。
5. 取出物體讓溶液滴乾。
6. 以乾淨的水漂洗直到除去所有微粒為止。
7. 在室溫晾乾。

瞬間膠煙燻法

瞬間膠是氰丙烯酸酯聚合物，由丙烯酸酯樹脂（acrylate resin）與氰丙烯酸脂（cyanoacrylate）組成，雖然大多數的膠需要加溫蒸發才能使用，但液態的瞬間膠只要與微量的濕氣接觸就會形成固態聚合物。事實上，物體表面上一點點的濕氣就足以啟動瞬間膠的聚合反應，瞬間膠與潛伏印痕的煙燻反應就是基於這個原理。瞬間膠的氣體會與水、脂質、脂肪酸、胺基酸及蛋白質反應，並在印痕上形成不可逆的氰丙烯酸酯聚合物。

煙燻出的印痕是白色永不消退的印痕，這些印痕還可以再用磁粉或一般指紋粉顯現，或以刑事光源或雷射光觀察。

瞬間膠可以應用的表面很多，如塑膠袋、金屬物品、皮件甚至是人的

照片 8.10　以裝著性侵害命案被害者裸屍的攜帶性帳篷當作瞬間膠煙燻室，帳篷關好後即可加入瞬間膠以顯現皮膚上的潛伏指紋

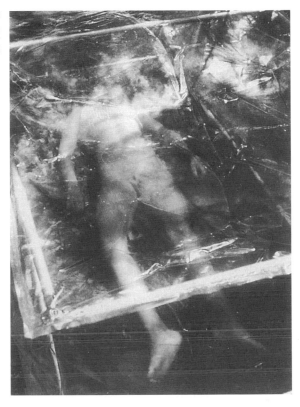

皮膚等。瞬間膠煙燻的方法也很多，大件物品或整個屍體都可以。可以設計一個密閉的大帳篷或箱子，進行瞬間膠煙燻，若是在室內或車內，只要把門窗關好即可進行煙燻。瞬間膠也可以用煙燻槍、加溫或加化學溶劑加速反應使用。

　　瞬間膠煙燻法的使用必須注意以下事項：工作場所必須有良好的通風，應避免皮膚接觸到瞬間膠，切忌過度顯現潛伏印痕等，因過度顯現將使印痕紋線特徵變得不清晰。

法律與科學之限制

　　雖然司法單位各有不同，但它們對訴訟中現場檢驗所得結果的證據能力有相當一致的法律限制。重要的法律限制之一是，初步試驗結果的證據

力可能會被過度強調，因此法律上必須有所限制。例如，由於初步試驗有偽陽性的可能性，致使一些司法單位排除初步試驗結果作為證據的能力，除非經確認試驗證明其確實存在。

在「莫迪」（State v. Moody）案中，康州法院認為有關被告鞋底上一個微小斑痕的血液初步試驗陽性反應的供詞不能作為證據。在這個案子裡，可疑斑痕因太小而無法進行確認或其他試驗，因此法院判決這項血液初步試驗的結果不具證據能力。試驗結果並不能建立被告鞋底上有人血的可能性，因此，法院認為試驗結果與此毫不相干，而不能作為此案的證據。

其他法律的限制問題則與試驗樣品的取得有關，這些問題屬於憲法層次，特別是保護個人免受非法搜索；這在美國憲法第四修正案及州憲法都有類似規定。這個問題常因在現場想要對他人進行採樣並當場檢驗，或在路上檢驗可疑的管制藥品而起。

例如，在抗議生產與販賣皮革大衣的失控二十五人示威活動中，灌滿血液的氣球被丟向皮革公司的職員身上，警察當場留置了五名在附近灌血球的示威者，現場勘察小組對這些嫌犯的手採取棉棒擦拭，並進行血液初步試驗。對個人手上進行擦拭的行為，應遵守第四修正案的保護規定，在獲得法院的搜索票、取得當事人同意或明顯的緊急情況下，才能合法執行搜索。在這種情況下，許多美國法院可能都會接受免搜索票的緊急情況之例外許可，這些規定的用意是在緊急情況下辨識犯罪者的身分，以避免可能的破壞或湮滅證物，本案則為犯罪者手上的微量血跡。

這些規定是為了提醒勘察人員，現場檢驗在某些狀況下被視為搜索，應符合憲法的保護原則。

在科學發展上，未來很可能會發展出一個對生物樣品進行初步試驗的多功能試劑，而且能夠在現場或實驗室使用。這種可能的試劑應具備下列特性：首先必須簡單到能夠在犯罪現場使用，再者結果判讀必須容易且客觀。例如發光胺是很好的血色元之檢驗試劑，但需要在黑暗環境下觀察，從而限制了它的應用。這種試劑在室溫存放的時間受限，而勘察人員不太可能在現場使用前配置藥水，通常在現場勘察時並沒有時間處理這些事務，反而因氣候的關係使得時間更為緊迫。多功能的試劑將會是複雜的混和物，必須確認這些藥品不會互相干擾。此外，這種試劑必須優先考慮對勘察人員的健康無害，有些初步試驗的檢驗試劑後來都被證實具有致癌性，如聯苯胺等，其他如高揮發性溶劑的試劑，在犯罪現場使用時也都具有危險性，最明顯的例子是應用在血液印痕顯現試劑上的四甲基聯苯胺試劑。然而，如果使用含乙醚的血液印痕顯現試劑，不僅具有相同的顯現品質，應用在垂直表面時也不會破壞顯現的痕跡，這種試劑的溶劑應要快速揮發，以減少在顯現區域可能的滴痕。最後，如同前述，這種研究的挑戰是，這種多功能的試劑必須可以偵測在犯罪現場或在偵查中扣押的證物上常見的生物物質。因此，這種試劑應可偵測血液、蛋白質、精液與其他體液，如唾液或尿液。

現場檢驗與顯現試劑可以提供犯罪現場勘察與實驗室分析人員重要與及時的協助，但重要的是要確實知道它的限制與可能問題。此外，初步試驗的過度解讀可能會誤導偵查人員與勘察人員，有時還可能會變成不具證據能力。最後，雖然這些試驗都很簡單，但使用者還是必須接受完整的訓練，及確知實驗步驟與試劑在已知控制品的試驗有效後，才可應用在證物的檢驗上。

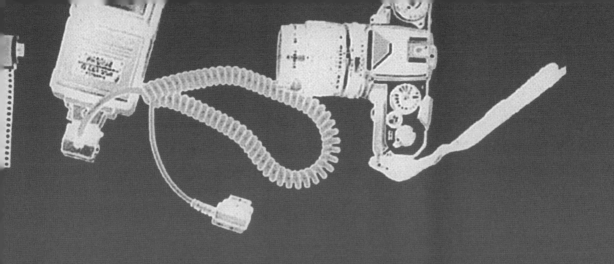

第九章
特殊現場的勘察技術

前言

　　基本上，絕不會有兩個完全相同的現場，每一個現場都有它獨特的難度與特性。雖然，嚴密的現場管理系統都能順利地對大多數的犯罪現場進行勘察工作，但還是有些特殊的現場具有一般現場罕見的難度與危險，值得一提。戶外現場可能範圍廣大難以搜索，同時也曝露在許多不利的條件下。證物也常深埋在地下或水裡，需要特殊的設備與技術去發掘。很多案例顯示，屍體就是主要現場的一部分，而與屍體相關的證物都應好好地鑑定與保存。火災與爆炸現場潛藏著風險，地下毒品工廠是一種在進入時，就必須防止其毒害的現場。最後，在有電子與數位證據的犯罪現場，常需要特殊的採證與保存方法。由於這些犯罪現場的複雜特性，使得事前的規劃與組織特別重要。通常這些特殊的現場在一開始就可以辨識出來，而不會突然出現或需要緊急反應，因此都可以經充分準備而進行犯罪現場勘察。因缺乏計畫或倉促的現場勘察而導致遺漏的證物，是不可能在後來找到的。

戶外犯罪現場

　　戶外犯罪現場呈現許多室內現場所沒有的問題，這些問題包含保全問題、搜索範圍大而複雜的問題與許多不利的條件等。

現場管制

　　戶外現場很難用物體圍住，而且很多地方也無法阻止人們進入，更麻煩的是，往往一開始時，現場的範圍都無法確定，到最後卻發現是在管制範圍外。這個問題的解決，最好是在一開始就管制比犯罪現場更大的範圍，要不然在處理現場過程中，也要知道證物有無可能在管制區外，而要彈性調整範圍。往往犯罪現場的範圍在進行有系統的搜索後，如直線或方格法搜索，會再重新設定。

如同前述幾章所提，犯罪現場應有多重管制線，最內部的管制區域應是含有證物的區域，必須嚴格限制進入人員。一旦範圍界定出來，戶外現場就要像室內現場一樣地勘察，只是下列所述一些複雜狀況應予留意。如果戶外現場無法辨識，那麼更應該好好規劃進行有系統的全面搜索。

戶外現場搜索

戶外現場搜索通常不會是緊急狀況，而是有足夠的時間規劃、分配任務。但是，如果是天候惡劣或需要馬上尋找小孩或受傷的被害者時，則應遵循既有的預訂計畫並注意下列狀況，才能避免許多問題。

雖然正確的搜索範圍無法得知，但應大略估計搜索的可能範圍與時間，以決定支援搜索的人力與物力。如果搜索的範圍很大，則可以考慮調用義警，雖然並非一定需要，但受過訓練或有經驗的義警幫助很大；此外，也可以考慮消防隊員、緊急救護人員、民防巡守員、軍人或民間團體等。

如果要利用這些人員，則應告知搜索範圍、搜索目的、偵查現況以及發現相關證物或疑問的處理方法，這些人員應予適當分組並指定負責人，建立單一指揮系統的組織結構。

支援的資源包含警犬、直昇機、飛機、越野車輛、手提無線電與水肺潛水設備等。照片 9.1a 至 c 是一些特殊搜索方法的例子。警犬可以用來尋找失蹤者、死者與殘骸，以及被失蹤者觸摸過的物品。應在搜索之初就使用警犬，因大量搜索人員出現將影響警犬追蹤對象與證物的能力。

空中搜索幫助很大，特別是對大範圍地區的搜索，使用飛機或直昇機均可。直昇機的優點是可以貼近地面後緩慢移動，以及配備紅外線前視設備（FLIR），它可偵測熱源分布，協助辨識散熱源的活人或腐敗的屍體。備配紅外線前視設備的小組也可以在夜間工作，因為即使在全暗下也可看到紅外線影像。若在廣大區域中有崎嶇的地形，則需使用越野車輛以運送裝備與補給品給地面搜索人員，並協助運送證物。

不論搜索進行得如何，良好的通訊一直都很重要，各搜索小組都應與指揮中心保持連繫，並及時傳遞重要的資訊。對大型的搜索隊而言，現有

照片 9.1a　以訓練有素的警犬偵測火災現場中的縱火劑

照片 9.1b　警局的潛水伕準備進行水底搜索尋找證物

照片 9.1c　勘察人員利用直昇機協助搜索失蹤的人，該員據報已被謀殺並丟棄在偏僻地區

的警局通訊系統可能無法應付，因為沒有足夠的手提無線電對講機，因此可以用其他的通訊設備連繫，手機的引進可以提供另一種連繫野外現場與指揮中心的通訊工作。如果搜索地區含有水域時，應有專業人員進行水底搜索。

在惡劣的天氣下，往往也需要及時的搜索行動，但如果可能，應該等到天氣好轉再搜索。但是，如果犯罪現場確定，則應快速行動以免證物遺失或被破壞（如照片 9.2 所示）。印痕與血跡及許多微量證物在雨天都會被破壞，最起碼都應該用防水帆布將現場這些區域蓋起來保護，若可能，應及時對這些證物進行紀錄、採取與保存，丁萬不要耽誤。

在冬天處理戶外證物常是一種挑戰，因為不可能等到天氣變好。物證很可能被冰凍在地上而找不到，解決方法之一是用手提式加熱器在可能有證物之地區進行融冰，在該區域架起臨時帳蓬以加速暖化。

其他不利的條件包括現場在公路上或在人口密集區域，而可能造成民眾聚集或不滿。在公路上的坍場可能會是第二現場，如棄屍現場，或第一

照片 9.2　以攜帶式加熱氣與帳蓬來融化冰雪，協助在林區尋找骨頭殘骸與證物

現場,如槍擊現場等。警察涉及的槍擊現場,是犯罪現場勘察人員所面對最麻煩與難度最高的現場。不幸的是,許多警察涉及的槍擊案件常發生在擁擠的公路上,使得現場很難管制,證物可能遺失。玻璃碎片、彈殼、空彈匣、印痕等都是在警察槍擊案中常見的重要證物,這些證物很容易被破壞或被移動,而嚴重影響犯罪現場重建的可能性。

　　為了避免發生這類問題,現場公路應盡可能封鎖,將交通疏導至他處(如照片 9.3 所示),有些公路因交通量太大且無替代道路而幾乎不可能封鎖。

　　特別是在郊區,常因犯罪現場而造成大塞車,這時民眾通常會支持警方的作法並希望趕快有結果。但有時也會有不滿的民眾,使得警方很難維持現場的完整。在這類案子裡,應快速且有效率地記錄現場,有可能的話,記錄後再把證物集中起來移到較安全的地點進行後續分析。例如,法醫可將屍體放入屍袋內送到法醫室進行特寫攝影、初步檢驗與採取微量證物。在記錄現場的過程中,應分派警力管制現場及維護勘察人員的安全。

照片 9.3　位在擁擠公路上的犯罪現場,使用警車與管制膠帶引導車輛與行人避開犯罪現場

戶外犯罪現場的處理

一旦確定戶外犯罪現場的地點，勘察工作應與其他現場一樣地處理，在現場周圍進行管制，在現場尚未被干擾前應進行現場紀錄，戶外現場的清理與勘察需要特殊的技術與工具的協助。

現場所有的繪圖都必須源自一個基點，這個點必須是永久的特徵，使這些現場圖在未來可以重建，所有採取的證物位置圖都必須測量它們與這個點的距離與方向。

此外，可以用衛星定位儀（global positioning system, GPS）標定特定位置，依其精密度，有些可以精確到數英尺之內。同時，許多 GPS 已可以結合個人電腦軟體，標定出使用者以 GPS 測出的系列位置，好的作法是用 GPS 對現場固定點與邊界定位，再用傳統測量法量出固定點間的精確距離。為了在攝影或錄影影像中標示出固定點或 GPS 定位點，可在該處以螢光漆或其他明顯記號標記，而拍攝者在拍攝時應盡量將標記參考點之一拍入影像中，以協助辨識方位。

戶外現場的特殊設備

下列所述為戶外現場勘察時或使用到的設備及其扼要功能描述。

1. 枝剪、斧頭與鋸子：清除重要搜索地區的植物，若要清除大片區域，則應租用或購買馬達動力鋸子。
2. 標記設備或指示架：標示證物位置或金屬探測器有反應需挖掘的位置。
3. 繩索或警察用警戒膠帶：標示搜索範圍及任何特定區域、出入口等，避免無心破壞證物。
4. 大小鏟子與耙子：挖掘時移開泥土。
5. 油漆刷子：清除埋藏證物上的泥土。
6. 水桶：將犯罪現場的泥土或殘渣移到其他地區進行後續處理。
7. 篩子：挖掘現場篩選過濾的泥土，尋找可能忽略的小物品。
8. 證物袋或證物盒：存放證物直到送鑑。
9. 手提式發電機：提供電力給儀器、燈光與電熱器使用。

10. 帳篷：臨時建築物，保護現場與證物。

11. 製圖設備：GPS、卷尺、量尺、羅盤、分度器，必要時可以製作三度空間的現場圖。

12. 金屬探測器：偵查埋在土裡的小片金屬物品。

13. 鑽地雷達：尋找埋在土裡的屍體或證物。

14. 通訊設備：手機與雙向無線電手機。

地面上的屍體與物證

幸運的是大部分的屍體與證物都位在地面上，而這是最快與最容易處理證物的方法。在處理這類屍體或證物時必須遵守一些注意事項，遵循這些既定的步驟可以提高發現證物的機會。

既是犯罪現場，則現場範圍必須確定，由於不容易知道確實的現場大小，因此最初的範圍必須盡量放大，其中必須畫出兩種範圍：核心區域，如緊臨屍體的區域，與延伸區域，即可能含有其他證物的鄰近區域。這些區域一旦確定，就可以決定勘察人員可以出入的路線，這個路線應避開明顯的路徑，因這些通常是犯罪者走的路線，很可能含有腳印或血跡證物。

現場紀錄必須徹底而循序漸進，當清除樹叢或殘渣時，搜索步驟必須停止，應進行現場紀錄：攝影、錄影與測繪。攝錄影時必須注意方位，如前所述，必須攝入現場中的參考點。

在核心區域，所有的植物與天然殘渣均應清除，照片 9.4 為戶外現場清除區域的例子。所有的植物都必須鋸到離地面 1/2 至 3/4 英寸，裝袋後移到指揮所搜尋證物，並保留植物樣本，這些樣本在檢驗嫌犯的鞋子、衣服或車輛時，可作為控制樣品。以最近發展的 DNA 鑑定法，特別是複製片段長度多型（amplified fragment length polymorphism, AFLP）技術，植物檢體可以個化到像人類 DNA 一樣，可用來比對不同的植物樣本，研判是否來自同源。目前這項科技還未應用在實例上，因為還要繼續驗證有效性與建立 DNA 資料庫供統計分析。

確保現場都經過徹底搜索的有效方法是把現場劃分成許多小格子，在涵蓋核心區域的周圍以繩索隔成小格子，除了搜索方便外，這種小格子也

照片 9.4　在警察與嫌犯發生槍戰的叢林地區，勘察人員清除這裡所有的植物，以進行徹底搜索

有測量作用。

　　整個區域必須以金屬探測器偵測過，所有有反應的地點都應以旗子標示，其後再以鏟子挖掘，應記錄挖到物品的深度。一旦挖到金屬物品並移走後，還要以金屬探測器再檢查一次，確定是否還有金屬殘留物。多數的金屬探測器的靈敏度都不一樣，必須進行校正，調整到適當的偵測靈敏度，例如用來尋找彈殼的金屬探測器，就應該用已知彈殼去校正探測器的靈敏度。

　　當找到證物進行現場紀錄後，就應小心包裝移走，並確定記錄了精確的位置與深度，如果生長的植物已經包圍了證物，這顯示證物存在的時間至少已有植物生長所需的時間，應保留植物樣品，請求植物學家協助。

　　在移開屍體或大件證物後，應在其下區域再挖掘約六英寸深，檢查這些泥土以確定沒有遺漏任何證物。

　　當核心區域完成證物搜索、記錄與採取後，即可處理延伸區域，其向

照片 9.5a　以金屬探測器尋找現場中的任何金屬物品，用小鏟子翻出泥土覆蓋的物品

照片 9.5b　李昌鈺博士與犯罪現場勘察人員在除掉植物的空地上，以金屬探測器找到一個
　　　　　彈殼（康州警察局犯罪現場勘察組提供）

外延伸的範圍要依案件種類、缺少的證物、進出核心區域的路徑與現場地形而定。可以利用系統化的搜索方法以提高效率及增加尋獲證物的機率。在延伸區域找到的證物應精確標示地點，記錄參考點或 GPS 的方位。

地面下的屍體與證物

採取地面下的證物具有兩種挑戰：尋找證物與挖掘證物。有許多方法可以用來辨識可能的埋藏地點，但沒有一種方法是百分之百有效，而且大多需要特殊設備與專業人員。一旦辨認出可能的埋藏地點，就必須專注在屍體或物品的挖掘，不要有任何的損傷或遺漏。這兩項挑戰可以在細心規劃、有條不紊地進行及全體參與者的瞭解下克服，若有其他專家的參與將更有幫助。

埋藏地點的標誌

墓地是埋藏屍體的主要標誌，此外，也有許多因素會形成埋藏地點的特徵，因此在搜索時就可以尋找這些標誌。墓地通常具有使屍體腐敗分解的有利條件，分解造成的味道可以被受過訓練的警犬偵測到，有些則被當地動物發覺而部分被挖出。若可能，應設法確定屍體被埋的時間與季節，以下有許多很有價值的埋藏地點的標誌可以作為參考。

許多掩埋的屍體或物品可能經過偽裝隱藏，在掩埋的地點可能蓋上樹枝或殘渣而難以偵測，因此，應把地表殘渣全部清除，有時需要重型機具如推土機，但若使用重型機具，必須小心操作，以免破壞掩埋的物體，每次只能清除薄薄的一層土；不建議用重型機具進行挖掘工作。

植物相或植物的成長都應分析，連根拔起或明顯的植物相破壞是最近的破壞或掩埋的標誌。雖然經過一段時間，植物相將蓋過掩埋區（如照片 9.6），然而還是需要幾年的時間，植物相才會蓋過掩埋區而找不到痕跡。植物學家能提供在特定氣候下，特定植物生長週期的重要訊息。

覆蓋回墓穴的土壤通常較鬆散，從而在墓穴上的地面留下凹陷，這類凹陷明顯可見，大片凹陷處會出現二次凹陷，此因腹腔快速腐敗分解而表現出來。由於鬆土的收縮使得墓穴邊緣可能出現裂痕，凹陷區域的大小顯

照片 9.6　發現被埋在草叢下的骨頭殘骸

示應該挖掘的範圍，或掩埋物體的可能大小，這些凹陷區域應標示記號以便深入檢驗、進行挖掘或以鑽地雷達分析。

　　任何可能的掩埋地點都應以鑽地雷達分析，鑽地雷達雖然是可移動的，但還是有點笨重，需要相當程度的地面清除工作。鑽地雷達可以在格子區內一格一格地緩慢移動，偵測地面下土壤組成的差異。所有未破壞的土壤都是層層堆砌的，而受破壞土壤的這種層次會消失，雷達會顯示土壤成分與層次的改變，以及在某一深度的異常現象，這些訊息足以提供研判是否應進行開挖工作。

　　分析土壤狀況與地形可以協助研判是否有可能埋藏屍體或大件物體，例如，靠近水邊或水面下土壤區不可能深埋屍體，硬黏土或岩石層地區難以挖掘，不太可能是埋屍地。

　　一旦辨識出埋藏地點，就應進行系統化步驟挖掘殘骸與證物。如前所述，挖掘殘骸並不是緊急狀況，而需要充裕的時間準備，取得人力與設備，刑事考古學家或人類學家能提供挖掘上的幫助。大部分的挖掘工具與傳統上考古學家使用的工具類似，大多數工具每次只能挖掘少數土壤，因此可以保全易碎證物的完整。

埋屍地與其他犯罪現場一樣，應盡可能減少人員進入，直到整個區域採證完成。埋屍地與戶外現場的不同點是在三度空間上，記錄第三度空間證物的深度以精確標出其位置。

必須確立勘察的核心區域，在地面清理乾淨後才可開挖，每次只能移走一小格子內的薄層土壤，並需經過篩孔為四分之一英寸的濾網篩檢過，以尋找挖出的小型物品。

在初期人規模開挖後，挖掘步驟應以小型手工具薄薄地刮取土壤，而非以鏟子挖掘，一次只能挖一層約二至四英寸厚的土壤，土壤移走之前應以金屬探測器檢查，若有反應，應加上標示。

挖到屍體或殘骸時，通常最先被發覺的部位是頭骨或恥骨。當找到屍體的任何殘骸時，必須擺在一起顯示屍體原來的狀態，只能用刷子或最小的木頭工具清理屍體，除去任何殘屑。

清理乾淨後，應照相、測繪並畫出所有證物的位置圖，在記錄完成後，再以一般犯罪現場勘察步驟移走屍體及相關證物，進行證物處理。若屍體仍完整有肉，則應以三夾板固定或裝在屍袋內。

水底犯罪現場

在戶外搜索時，搜索區域中很有可能含有水域，這些水域可能是沼澤、湍急的河水、深泉或湖泊、湖上結冰，以及淡水或鹹水等，這些水域都有其特性，搜索方法也有些微差異。專業人員在現場勘察人員解說後才能進行水底的搜索行動，理想的作法是潛水人員要接受現場勘察的課程，瞭解正確的證物採取與紀錄等，現場勘察人員應協助保存與包裝尋獲的證物，照片 9.7a 與 b 顯示水底的搜索行動與尋獲的證物。

除了潛水員與安全設備外，還需要一些特殊設備，如防水相機、錄影機與光源設備等，以記錄證物與水底現場，有時水中的清澈度不良而無法攝影記錄，則仍應做好測繪與現場描述的工作，使用 GPS 可以幫助證物的定位與測繪。一旦找到證物，應裝在適當容器內以確保運送過程中免受

照片 9.7a　水底犯罪現場：在港口水底撈起一個裝有頭骨與各種骨頭的鏽蝕金屬桶

照片 9.7b　潛水伕撈起後金屬桶頂部與部分殘骸的特寫，證物仍保存在水中，避免在運往
　　　　　實驗室時進一步氧化或腐敗

破壞。

　　若搜索地區水淺，則可穿戴防水靴或防水褲徒步搜索，並使用金屬探測器偵測。其他種類的高科技電子設備也可以應用在水底的搜索，質磁分析儀（proton magnometer）可以偵測亞鐵金屬所引起的地球磁場差異，聲納儀可以偵測水底突出物，水底底層分析儀（sub-bottom profiler）可以產生水底與水底下掩埋物品的高解析度影像。

　　精確地定位出水底現場的證物常是最大的挑戰，如果無法知道位置，則勘察人員必須利用證人供詞、水流速度、風向風速、水深與濁度、水底探測的地形等去研判，這些訊息不僅能幫助搜索，還可以規劃最安全的潛水搜索工作。如果可以用船在水面搜索，則聲納、爪鉤或警犬等幫助很大，特別是在搜索屍體上。專家認為狗可以偵測到水深約一百五十英尺下方的人。在搜索時，發現可疑地區或物品時應予標記，或是放置浮標或以GPS定出方位，以便後續潛水搜索。水底搜索與陸地搜索一樣，必須定出範圍畫上方格，以確保搜索完全。搜索泡水的屍體則更加複雜，當屍體開始腐爛時會充氣浮起，任何水流或潮汐都可能把它帶離原始現場到任何可能的地方，因此，確定屍體所在的位置是否即為主要犯罪現場成為重要的工作。

　　一旦搜索範圍鎖定後，就可以用上述方法尋找證物或屍體，若水域範圍小則可派潛水伕進行水底搜索，潛水人員可以利用螺旋法或方格法進行搜索。水底搜索區應以錨、繩索或其他明顯標記標示出來。能見度低時，可同時派遣兩名潛水人員拉著繩子搜索同一地區，兩名潛水人員各執繩索一端，向前拖行，試圖勾住水底所有突出物；以繩索進行搜索對潛水人員的安全也較有保障。

　　當屍體或證物找到後，應進行現場紀錄，所有的小物品都應分別裝袋帶出水面，笨重的物品可用吊袋或絞繩車吊上來。

　　發現泡在水中的屍體應小心處理（如照片9.8），特別要注意屍體的位置與衣服狀況，因為這些會在移動屍體過程中改變，一旦屍體被移到水面就應立即送到法醫中心進行檢驗。除了屍體外，現場的水樣與水面、水底之溫度都應採取記錄。

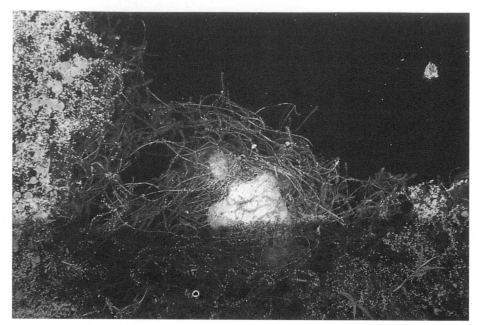

照片 9.8　被水中植物纏住的浮屍

　　在這種現場找到的證物需要特別的方法處理，因為大部分的物品在水裡比在陸地容易受到腐蝕，特別是在海水中。一旦這些物品從水裡取出後，氧化或腐蝕的速度會更加快速。通常證物會在這三種狀態其中之一找到，確認其狀態以決定該如何處理證物。

　　證物如果沒有明顯的鏽蝕，則可以在晾乾後送鑑定，特定物品如鐵器金屬物品、槍枝等，在離開水面後會快速氧化，因此，建議鐵器物品包裝時應與尋獲處所之水一起裝在容器內，盡速送實驗室鑑定。物品如果呈現中度鏽蝕，則需要以各種可能的方法保存，如電解法。若已嚴重腐蝕無可救藥，則應在當場記錄，裝入塑膠袋內保持原來狀態直到有更好的保存方法。

　　因為吸力作用，從軟泥的水底很難拉起重物。吸力的大小與物體的大小及形狀有關，也與水底狀況有關。當突然從水底拉出時，應注意不要傷害到潛水員與破壞物體，為減少這類危險，應使用舉重漂浮袋，在緩慢地將漂浮袋充氣時，可以有效地舉起大件物體到水面。

火災與爆炸現場

火災現場

　　縱火案件偵查的最重要關鍵在於從現場採到物證的品質，而最有價值的物證是在起火點或起火點附近，因此，火災現場勘察最主要的工作在於尋找起火點。

　　儘管火災現場勘察有無比的重要性，但仍有許多與火災調查相關的問題值得重視。最近由火災與縱火現場勘察技術小組提出的研究報告，指出下列幾個值得重視的問題：

1. 一場火災可能是起火點與起火原因都不明顯的複雜事件，雖然專業的火災現場勘察人員很重要，但要花很長的時間與金錢的訓練，及多年的專業奉獻才可得。

2. 火災的破壞力在一開始就會影響證物，接著消防人員的救災、滅火、搜查也會破壞證物。

3. 司法、消防、衛生與水電單位代表會在現場執行各自主要任務，如此多的人在現場增加了證物遺失、破壞或證物完整性的風險。

4. 火災調查的任務是雙向的，雖然消防局的主要任務是找出火災原因，但是當結論是蓄意縱火時，則可能涉及犯罪，必須由司法人員介入調查犯罪行為。好的作法是由消防、鑑識與偵查人員組成專案小組進行火災調查工作。

5. 警察局與消防局的火災調查任務不明確，沒有調查義務將造成資源與能力的不足。

記錄火災現場

　　勘察人員抵達現場最好的時機是當火還在燃燒時，這時才可能記錄火勢與濃煙的特徵，以及圍觀的群眾。在火警後，應拍攝現場所有景象，尤其是由消防人員所造成的破壞。

　　傳統的紀錄方法如攝影、錄影、測繪與描述都應使用。攝影與錄影在火災現場可能很困難，而應使用特殊方法確保正確曝光，因為漆黑的火警現場會吸收絕大部分的光線。記錄現場未受更動的狀態非常重要，如所有電力設施應予檢查並記錄有無引起火災的可能，現場記錄應持續到整個勘察結束。

火災現場勘察

　　火災現場勘察最重要的是勘察人員的安全，因為許多火場的建築可能都已不牢固了，再者，火災現場會有高腐蝕性或有害的物質，需要特別處理與保護人員的設備。現場勘察人員應在現場完全控制、空氣品質與結構安全確定後才可進入現場，在現場初步勘察之前，除非安全理由否則不可移動任何物品。

　　火災現場搜索的主要目的是尋找起火點，搜索由毀損較小或無毀損之處，及遠離起火點處開始，逐漸向受損最嚴重處，極可能的起火點處前進。經由毀損程度與炭化程度的燃燒路徑可以找尋到起火點，並評估下列

照片 9.9　在 2×4 木頭柱子上的燃燒痕跡，顯示燃燒方向

所提重點：

1. 外部燒毀情形：檢查建築物的外表炭化與煙燻型態可以顯示火勢移動方向，如果火災由外而起，那麼門窗應是開著的。

2. 門窗燒毀情形：如果門窗是開著的，那麼燒毀較嚴重的一側可以顯示燃燒的方向。

3. 炭化痕跡：燃燒木柱會在炭化表面留下鱷魚鱗片痕跡，燃燒的不同強度會留下不同的炭化痕跡。

證物的採取與保存

　　在火災現場可能留下許多種類的證物，有些只有火災現場才有，有些則是一般犯罪現場都會有的。縱火的火災通常都會出現縱火劑，縱火劑包含汽油、其他易燃液體、易燃固體與易燃氣體等。也有點火設備，如火柴、香菸、蠟燭、定時器或炸藥。在火災現場更常見的證物包括壓痕證物，如指紋、足跡、輪胎痕與工具痕跡等。此外，各種生物跡證如骨頭、血液、組織與牙齒也常出現在現場。

　　必須詳加鑑定任何出現在起火點上或附近之殘留物，以研判是否可能為引起火災之殘留物。氣味，特別是石油類產物，可能是縱火物的殘留物，定時器的碎片或設計用來引火的物質，也可能遺留在殘渣中。

　　引火物可以用來使火勢從一點蔓延到另一點上，如果在現場有超過一個起火點，則在這分開的兩點間應仔細檢查是否有引火物。有許多類型的容器會被縱火犯用來裝運縱火劑到現場，如瓶子、罐子或箱子等。縱火犯可能會把進入現場點火的工具遺留在現場，希望會被火災一起燒燬。在起火點附近可能會有破壞犯罪的大量紙張或書籍證物，或堆積搶救的證物。從現場採得的所有殘留物、土壤或其他證物，都應分析有無石油類或其他可能用來縱火的物品。

　　縱火樣品應小心採取與保存，為了減少縱火劑的變化，採樣時應遵守特別規定，在現場不同地點應使用乾淨的工具採證，證物應裝入乾淨、密封與安全的容器內，各種大小的金屬油漆罐是裝填火災現場殘留證物最好的容器。由於這些樣品都具有揮發性質，故應盡速送實驗室分析。

爆炸現場

爆炸後現場的處理大致上與縱火現場處理的基本步驟、工具與目的相同,因此,現場保全、現場紀錄、證物辨識、採取與保存是重要的工作。然而,爆炸物的動力學不同,使得勘察步驟上還是要注意一些差異,而且,一定要小心爆炸現場可能還有未爆物,因此,對犯罪現場勘察人員而言非常危險。

一旦現場已完全封鎖、保全與管制,即可針對各個重點進行現場初步勘察。許多案例顯示,多數爆炸現場都是大規模的災難事件,需要特殊的裝備、人力與資源進行勘察,照片 9.10 是奧克拉荷馬爆炸案現場。安全第一,勘察人員必須注意建築物的損毀情形、二級炸藥、未爆物、中斷的電力以及其他所有可能致命的物體。如果勘察人員碰到這些情況應立即撤出,待相關人員確定安全後才可再進入。證物的保存也是一大挑戰,因為在現場會有大批人員與設備協助勘察,當有大批人員與設備參與工作時,有效的指揮系統更顯重要。

照片 9.10　奧克拉荷馬市聯邦大樓被載滿炸藥停在大樓前的汽車爆炸攻擊後的外觀

　　勘察人員必須尋找起爆點，即爆炸時炸彈放置的地點，起爆點擁有最多的證物。此外，依照炸藥種類不同，有時在距離起爆點相當距離上也可找到證物與爆炸殘留物。炸藥可分為兩類：高爆藥與低爆藥。低爆藥是在容器內裝填低爆速火藥，點燃火藥後，壓縮的氣體會增加內部壓力直到爆炸。低爆藥的爆速約在每秒 3,280 英尺以下，常見的低爆藥如黑色火藥、單或雙基無煙火藥等。高爆藥必須由一級高爆藥如雷管引爆，引起快速爆炸，爆速遠超過每秒 3,280 英尺，常見的有代拿邁、C4 炸藥與 ANFO（硝酸銨與燃油混合物）等。

　　由於這些爆速與爆炸威力的重大差異，造成爆炸殘留物與碎片分布的不同。低爆藥形成的推力與震力造成碎片較大，有九十度角及多數殘留物都被燃燒殆盡的特徵。高爆藥具有震碎力，造成邊緣像刀鋒狀的小碎片嵌在物體表面上，及有些未燃燒過的炸藥殘渣。

　　在爆炸現場應採取的證物如下：

1. 可疑的爆炸物成分與碎片，別忘了也可以從被害者身上找到這些物質。
2. 應採取與炸藥相關的組件或運輸工具，如電池、膠帶、小冊子、車輛、容器等。
3. 仔細檢查起爆點並多採幾個殘留物樣品與棉棒擦拭。
4. 在面對起爆點的表面應以棉棒採取殘留物。
5. 採取適當的當地物質為控制品。
6. 如同火災現場一樣，不可忽略指紋、足跡、輪胎痕、微量證物與血跡等傳統證物。

犯罪現場的爆炸裝置

　　現場人員應隨時注意可疑包裹與物品，因現場可能被裝上詭雷陷阱或定時炸彈以傷害不受歡迎的侵入者，只要發現可疑處就必須立刻處理，所有人員都必須撤離到安全區域，直到現場經炸彈拆除專家搜索找出危險物品並解除危險為止。詭雷陷阱常出現在地下毒品工廠、組織犯罪的處所或其他犯罪現場。

　　詭雷陷阱的種類很多，如燈源開關被連接到燃油容器內，當不小心按下開關就馬上引爆；冰箱的門可能連線到炸藥，以細繩連接到炸彈或霰彈槍等；有些案例則是將錄影帶改裝成可以引爆錄影機內炸藥的裝置，當錄影帶送入放影時立即爆炸。

　　有些注意事項可以提醒人員，減低淪為詭雷陷阱被害者的機會。應隨時提高警覺，如在觸碰任何物品前先觀察清楚，使用沙發或其他器具前先檢查清楚，在可疑地區切勿使用燈源開關或電器設備，禁止吸菸，在現場不要飲食，因可能有由空氣或接觸引起的化學毒害。

　　在康乃狄克州郊區，警察前往處理一件鄰居抱怨的小事，被警察盤問的當事人不分青紅皂白地拔槍射殺警察。在槍戰中，三名警察受重傷，經初步調查附近環境、車輛與建築物後找到許多武器與炸藥，炸彈專家搜索後發現二十餘個詭雷陷阱，用來傷害或謀殺路過他家的人，如照片 9.11a 與 b。若無法早期發現、警告並進行炸彈搜索與拆解，將會造成警方嚴重的人力傷亡。

地下毒品工廠

　　地下毒品工廠運作的方式差異極大，不大可能全部提出討論。地下毒品工廠可以生產出種類繁多的非法或管制藥品，同一地點內可能有各式的工廠或不同的製程。過去十年內在美國取締到的地下工廠有百分之八十以上與生產甲基安非他命有關，有些則專門從植物萃取非法物質，如從鴉片萃取嗎啡，其他則利用原料或化學材料合成違法物質。此外，也有罕見的將藥物轉換成較常用的藥品，但卻是違法或管制藥品。

　　儘管執法單位每年努力地取締大量的地下毒品工廠，但並未顯示有遏止的趨勢，在美國各州取締的數量幾乎都在增加，雖然法令與檢查系統已改進，但合成所需的化學材料仍然唾手可得，尤其非法毒品如安非他命的需求量更不斷地上升。

　　地下毒品工廠並不會遵守實驗室規範，安全非常可慮，許多化學藥品在合成時非常危險，在使用與丟棄上都不合規定。化學藥品很少有標籤，很少裝在原始罐子內，而是與其他毒品混在一起。設備的安裝都不合要

照片 9.11a　在槍殺多名警察的嫌犯家中找出的詭雷樣品

照片 9.11b　嫌犯家周圍的鋼管炸彈

求，工廠地點都故意設有危害裝置或詭雷陷阱。查緝地下毒品工廠時，應特別注意下列事項，地下毒品工廠的現場應以犯罪現場對待，仔細辨識，採取與保存證物，如指紋、文件、金錢、紀錄、電腦或設備等，對後續偵查非常重要。

1. 沒有專業的化學家提供意見之前千萬不要進入現場，應請求刑事實驗室或毒物實驗室的技術支援，除了實驗人員外，勘察小組中應有人受過處理可疑爆炸物的訓練或持有相關設備。
2. 千萬不要在地下毒品工廠或附近抽菸或飲食。
3. 千萬不要把現場任何物品倒入水中，或把水倒入其中。
4. 不要關掉任何加熱器、攪伴器或其他儀器或電子設備。
5. 封鎖地下毒品工廠及附近區域，未經許可不得進入。
6. 管制現場直到專業化學人員抵達現場關閉工廠運作為止。

在搜索地下毒品工廠或可疑建築物時，應特別注意化學藥品或化學藥品的容器，這些容器可能提供在這工廠內生產的違法藥品的線索或相關證物。表 9.1 與 9.2 列出特定毒品與一般毒品合成的試劑。大量採購這些化學藥品都應受到警方與主管單位的監管。

現場紀錄非常重要，應以現場測繪、攝影與錄影記錄現場所有的設備。記錄所有化學藥品容器與含量，這些資料在研判可能產量上很有價值，所有藥品都應採樣進行後續分析，大量的化學藥品應放置在安全的地點或合格的供應商。記得在空的容器中以棉花棒採取殘留物，以研判在這工廠曾經合成的產物。

含有生物或化學武器的現場

許多涉及核生化大規模毀滅性武器的案件，需要政府機關各種單位或私人單位間的高度合作處理，這種案件的處理小組必須來自相關各級司法單位、消防局、防爆處理單位、危險品處理單位、現場初步檢驗危險品的科學家、實驗室鑑定人員、醫生或衛生官員及軍事單位代表等。每一種專家都能提供處理小組寶貴的知識與資源，雖然在管理上必須由一個單位負

表　9.1　合成特定毒品的相關試劑

化學試劑	合成毒品
Phenylacetone	安非他命 甲基安非他命
Formamide	安非他命
Methylformamide	甲基安非他命
Cyclohexanone	Phencyclidine-PCP
Piperidine	Phencyclidine-PCP
Piperonal	Heliotropine-MDA
Nitroethane	MDA
Isosafrole	MDA
Indole	Dimethyltryptamine-DMT
Diethylamine	DMT
Olivetol	Tetrahydrocannabinol
Citral	THC
Verbenol	THC
Ergotamine	LSD
Lysergic acid	LSD
Benzoyl chloride	Cocaine
Succinaldehyde	Cocaine
Diphenylacetonitrile	Methadone
Phenylacetonitrile	Methylphenidate
2,5-Dimethoxy-4-methylbenzaldehyde	STP
3,4,5-Trimethoxybenzoic acid	Mescaline

責領導，但這並不減低其他單位的功能。

　　各階層的人員都應參與訓練課程，最先反應到大規模毀滅性武器的恐嚇案件之現場者，需要的基本訓練是如何快速有效地降低市民或勘察人員曝露的危險，這些人員需要知道盡速通報的基本作法。通常，最先反應到現場者是制服警察，此外要有高度技術訓練的炸彈與危險裝置技術員加入，負責處理這些物品，以及所有負責分析可疑物品的人員。其他所有有關人員，包括醫護人員，都需要接受如何正確使用防護衣與設備的訓練，及各種保護裝備以防護核子、化學或生物武器威脅。

表 9.2 在地下毒品工廠常見的有毒化學藥品

化學藥品	注意
Acetic acid	腐蝕
Acetone	易燃與有毒
Benzene	易燃與有毒
Boron trifluoride	與水接觸可能爆出火花
Chloroform	有毒
Ethanol	易燃
Ethyl ether	極易燃
Lithium aluminum hydride	與水接觸可能引起爆炸
Magnesium metal	易燃
Methanol	易燃與有毒
Sodium or potassium hydroxide	腐蝕

處理方法

　　處理大規模毀滅性武器案件的標準作業程序在各警局皆有差異，主要是資源配備與能力不同。然而，還是有一些基本步驟是相同的，如果遇到疑似這類案件應盡速反應，保護生命安全第一，並有完善的證物辨識、紀錄、採取、保存與分析計畫。

　　最先反應到現場者應進行封鎖與疏散步驟，無論如何不要使自己陷入險境，應提供救援移走傷患，防止污染保護自己，嘗試阻止藥劑擴散，以及初步狀況分析可以協助研判需要何種專業人員前來處理。

　　由於大約百分之七十的大規模毀滅性武器使用炸彈，因此，通常炸彈拆除專家都會被請到現場。當其他反應小組陸續抵達後，就可以進行進一步分析與規劃處理計畫，只有在情況穩定後才能進行搜索。一旦找到可疑物品，若可能，應立即進行初步試驗，以確定恐嚇是否屬實，及應採取何種方法清理該區域與處理感染的個人。採取可疑物品時，應好好包裝防止外漏或污染，包裝的要求依危險品不同而異。這些物質應立即送到實驗室分析。

　　只有在移除危險物品、清除污染及現場恢復安全後，犯罪現場勘察人員才能進行勘察工作。最後，舉辦此類重大案件的案例報告與檢討會將是提供學習寶貴經驗的機會。

表 9.3　大規模毀滅性化學與生物武器

炭疽病（Anthrax）

臘腸菌毒素（Botulism）

布氏桿菌病（Brucellosis）

昆斯蘭熱（Q fever）

蓖麻毒素（Ricin）

沙林毒氣（Sarin）

天花（Smallpox）

Soman 毒氣（Soman）

葡萄球菌腸毒素 B（Staphylococcal Enterotoxin B）

兔熱病（Tularemia）

委內瑞拉馬腦炎（Venezuelan Equine Encephalitis）

病毒性出血熱（Viral Hemorrhagic Fever）

VX 毒氣（VX）

含有電子與電腦證物的現場

前言

　　電腦與電子通訊設備對已開發國家而言並不是新奇的事物，然而，我們對它的依賴性還是呈指數成長，從每天上網人口的不斷增加上，即可知道我們在工作或休閒上對這類科技的依賴，造成的結果是電腦與其他電子設備逐漸與犯罪行為或偵查行為相關。這些物體可以是犯罪的結果、犯罪的證物、犯罪的方法、犯罪的目標、犯罪行為的工具或犯罪行為相關訊息的藏匿處所。再者，不僅是電腦本身或網路犯罪，如兒童色情或商業詐欺等，也與電腦及電子證物相關，尤其是許多犯罪行為，包含強盜、恐嚇、擄人勒贖、命案、販毒、詐欺等，也都有關。

因此，執法單位已經開始改變策略、優先順序、訓練內容等，並體認到高科技已成為犯罪溫床的事實。因此，許多警局已投入重要的設備、訓練及相關資源以對抗電腦、網路及其他形式的高科技犯罪。犯罪現場勘察也在不斷增加的犯罪現場中遇到電腦或電子證物。因此，必須加強訓練，以使勘察人員能不破壞或遺漏這些證物而完成任務。此外，應該有足夠的時間去規劃電腦或數據的搜索。

當然，有時並不會有足夠的時間申請到搜索票及獲得專家的協助，此時下列要點可以幫助保全證物。

電腦系統的搜索與扣押之注意事項

1. 透過偵查、監視或情報資料研判電腦的作業系統，以及是否為獨立系統或其連網方式，如果可能應確定電腦的位置是否在需要搜索票的保管場所（如住家）或不一定需要搜索票的地點（私人公司的職員位置）。
2. 若需扣押，則需確定是否為搜索票所列範圍。
3. 管制現場，對電腦與電源附近的人員進行清場疏導，若可能應將可能的被告帶離電腦，詢問有關保護裝置、密碼程式、電腦系統或個人檔案需要的任何特殊程式。
4. 檢查在現場有人控制的紅外線遙控或音控啟動裝置。
5. 檢查屋頂及戶外地區（網路設備）。
6. 不要讓未經核准或未受過訓練的人員碰電腦或其周邊設備（FBI 認為只有刑事鑑定專家才能碰電腦）。
7. 攝影：
   (1)電腦擺放的房間。
   (2)螢幕上的影像。
   (3)電腦、周邊設備、連接線等。

　　(4)DIP的開關設定。

　　(5)電腦周圍區域、紙張、手冊、進入密碼、個人密碼等。

8. 如果電腦是開著的，拔掉牆上的插座；如果電腦是開著的，且似乎在執行自我毀滅程式，應立即拔掉牆上的插座（切勿觸碰電腦上的電源開關）。若有不斷電設備（UPS），應拔掉電腦後面的電源線。

9. 尋找現場有無會破壞電子產品的大磁鐵。

10. 插入資料儲存媒介，並貼上證物膠帶封好。

11. 若電腦連結網路，記錄搜索時的使用狀態。

12. 打開蓋子對內部組件及設定拍照，拔掉所有電源連線。

13. 扣押與記錄：

　　(1)電腦與周邊設備。

　　(2)軟硬體手冊。

　　(3)與電腦或周邊設備相關的筆記或紀錄簿。

　　(4)所有的資料儲存媒介（如光碟片、隨身碟、外接式硬碟等）。

14. 標示所有周邊設備的連接線，貼上或標示所有未使用的插槽或連接埠，在拆開電腦系統連線前，先照相顯示其連接情形。

15. 以電腦扣押物專用的證物清單，詳列所有扣押物，注意證物監管鏈的完整。

16. 確保所有組件與資料儲存媒介在運送或儲存在證物室時，不受干擾。

　　可以在鍵盤或特定開關採指紋，以協助瞭解是誰曾使用過這部電腦。

證物處理注意事項

　　處理這類證物就像處理毒品、命案凶器或任何證物一樣，不可以在命案現場撿到可疑的凶槍，就扣板機幾下測試是否功能正常，當你在查扣電腦或資料時，不要打開電腦或觸碰任何東西，除非你真的知道怎麼做。

　　切勿檢驗原始證物，如資料儲存媒介裡的檔案，也不要在搜索時嗅聞小瓶子裡的白粉，應讓證物保存原來的狀態，並製作一份拷貝版，若可能應讓所有人簽署證明與原版無誤。

在檢驗時應再製作一份「工作版本」，使用工作版本才能打開檔案進行檢驗，別忘了在開啟檔案前先用防毒軟體掃描。圖 9.1 顯示在電腦犯罪中用來協助刑事資料檢查員的軟體程式使用情形。

何時申請第二張搜索票

在搜索票的申請書上，應盡可能列出申請人當時所獲得的所有訊息，但在執行搜索時也常常會碰到需要申請第二張搜索票的狀況，這可能是因為在第一張搜索票中未列入沒預期出現的電腦證物。然而，若在搜索票中已載明電腦系統與數據資料，則不需要為了檢查內容而申請第二張搜索票，但還是要注意不同司法單位可能有不同的規定。

例如警察獲准執行搜索並扣押錄影帶，則不需要再申請第二張搜索票以獲准用錄放影機播放檢查，每個人都會預期連錄影帶盒子也一起扣押，

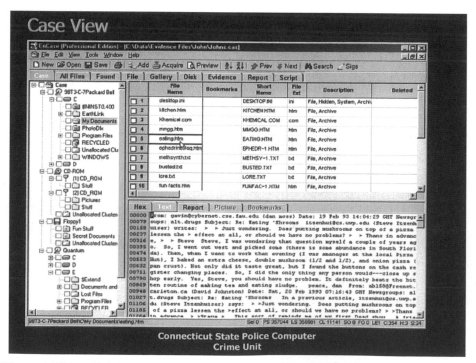

圖 9.1　電腦犯罪偵查中進行刑事數據分析的 Encase 軟體之操作畫面

因為沒有盒子，帶子將被破壞而不能使用。同樣的道理，當扣押數據資料時，也代表包括儲存它的媒介。

電子數據與柳橙汁相似，我們不能不用容器而帶走柳橙汁，必須把柳橙汁裝在玻璃或塑膠杯內帶走，否則將會一團糟，而且會失去柳橙汁。以電子形式存在的資料必須儲存在特定的容器內，就像柳橙汁一樣。如果有權扣押數據資料，就可以扣押存放它的媒介。如果有搜索票可以扣押錄影帶，就不必在搜索現場製作錄影帶的拷貝帶。

如果有搜索票可以扣押柳橙汁，就可以扣押柳橙汁與其容器，而不要把柳橙汁倒入不同的容器內，也不需要用柳橙汁的照片或錄影帶去顯示它的存在，而是要扣押柳橙汁在原始容器內的狀態。

無庸置疑地，如果有權扣押這類數據，就已暗示可以利用各種方法去觀察、感覺與讀取這些數據。當有搜索票可以扣押錄音帶時，就可以用錄音機放來聽，而不需要再去申請第二張搜索票去聽錄音帶。同理，如果有搜索票可以搜索扣押與分析資訊數據，就不需要申請第二張搜索票以檢驗儲存媒介中的數據。如果在法律上有任何疑義，應與檢察官連繫處理。

搜索票所特別指定搜索扣押的物品，如果不包含電腦硬體、軟體與檔案，很明顯地，在搜索過程中，發現電腦、電腦系統或數據是犯罪工具、違禁品或證物時，如果想扣押這些物品或儲存數據的磁碟設備時，應封鎖保全現場，並申請第二張搜索票，以獲准扣押及檢驗這些設備與數據。

網路犯罪現場

如同其他犯罪現場，透過網路的犯罪也會留下證據。但是電子證物很脆弱，若處理不當，很容易被修改或破壞，因此需要專業的偵查或勘察人員去蒐集與保存電子證物，以確保證物的完整，並能成功地提出於法庭。

網路包含許多不同功能的網域，每一個網域都有可能成為犯罪現場，網路證據包含電子通訊，在美國應遵守一九八六年電子通訊隱私法（ECPA）的規範，ECPA 限制政府當局可以取得的通訊種類及執法人員應遵守的法律程序。除了 ECPA 外，還有很多的聯邦法律，如聯邦隱私保護法、聯邦竊聽法與有線通訊政策法等規範政府如何取得網路與電子證物。同樣地,也有許多州級法律限制取得網路與電子證物,勘察人員在執行網路搜索與證物扣押時,應熟悉相關法令,如康乃狄克州有法律規範有線通訊的攔截與新聞機構的搜索。有關 ECPA 與其他規範使用網路通訊的問題並非本書重點,但勘察人員應熟悉這些法令在電子證物的搜索與扣押上的規定。

網路上最常用的四種資訊傳遞的方法是:電子郵件、新聞群組、聊天室與網站,每一個方法的證物保存與採取將在下列敘述。

電子郵件

電子郵件是電子化的通訊方式,包含書信形式的往返以及圖片或附件資料,如報表、軟體、圖片影像等。電子郵件與傳統的郵件相似,也是由一個人寄給另一個人的信件,電子郵件通常具有隱密性。由於電子郵件的傳遞是經由許多電腦伺服器,所以內容並沒有被密封,比較像明信片,對所有處理的人公開。

電子郵件通常含有標頭,記錄發信者的訊息或圖案及回信地址,有網路電子郵件地址的人,通常會註冊成為某個組織或商業團體的會員,以使用其所提供的網路,網路的提供者稱為網際網路服務提供者或 ISP。

ISP 的作業類似郵局,電子郵件送到 ISP 的使用者帳戶,而存在 ISP 伺服器內,不論何時,任何收送的信件都會在 ISP 伺服器保留一份通訊的副本一段時間,時間長短依伺服器的儲存空間與 ISP 的儲存政策而定。

電子郵件在電腦系統中的傳送、收取、處理與保留在犯罪偵查上有兩個重要的意義:一、這些資料可能是犯罪的工具、結果或證物;二、這些資料可能被用來蒐集與儲存有關犯罪的訊息。

ISP 可以提供的訊息如下:

1. 用戶資料:為了建立網際網路的進入帳號,使用者通常要提供姓名與住址以收取費用,此處「通常」一詞非常重要,因為系統提供者並不需要維護訂戶的任何資料,有些 ISP 會提供一次付費終生使用的服務,有些則不需提供信用卡與不需要住址資訊。

2. 帳戶與收費資料:帳戶資料包括訂戶如何付費、何時開戶、誰在使用等，收費資料包括誰在付費、信用卡帳號等。可以從 ISP 獲得付費資料，以及詳細的收費清單等。

3. 「通訊錄」與「我的最愛網址」：有些 ISP 可以讓訂戶建立「通訊錄」與「我的最愛網址」，通訊錄含有訂戶經常通信的其他網路使用者的電子信箱住址；最愛網址則為經常拜訪的網址，便利由一個網址快速移到另一網址而不需鍵入詳細網址資料。

4. 電子郵件與附件檔案：保留在 ISP 伺服器的電子郵件有三種類型：新進郵件、寄出郵件與閱讀過郵件。這三類郵件都在 ISP 伺服器內，直到訂戶登入伺服器帳戶內。新進郵件有新進郵件放置的時間，最長通常是一個月。寄出郵件是指訂戶寄出的郵件，寄出的郵件會保留在 ISP 伺服器內一個月。閱讀過郵件是訂戶從伺服器內收取、打開與閱讀過的郵件；閱讀過的郵件保留的時間最短，美國線上公司（America Online, AOL）只保留兩天，但許多 ISP 保留的時間較長。

值得一提的是，當事人的硬碟應該含有與 ISP 相同的資料（除了新郵件外），即使當事人刪除這些資料，往往也可能重建這些檔案與數據。

可能的話，請 ISP 保留這個帳戶，等待取得搜索票後再去蒐集，許多 ISP 會凍結這些帳戶、拒絕訂戶再使用。如果正在調查犯罪活動而不想讓對方發覺，此時凍結帳戶應不是最好的方法，但應有法院命令要求 ISP 不得洩漏調查行為，以避免引起訂戶警覺。

監管鏈

在進行搜索以前要先確定如何監管證物以及記錄以便未來索引，一定要確認擁有 ISP 數據的真實備份，如果這些數據要從警局寄出去，則只能使用掛號郵件，並附回條收據。

例如，AOL 與維吉尼亞州羅登郡警察局（即擁有 AOL 伺服器所在地管轄權的警察局）就是以下列方式處理。羅登郡警局取得訂戶電腦所在地司法單位簽發的搜索票後，警長到 AOL 進行搜索，AOL 被要求製作一個數據備份，存在磁片交給警長，警長回到辦公室再製作一份拷貝，將它郵寄（以掛號並附回條）給申請的警察。如果這些數據的真偽引起爭議，檢察單位將傳喚 AOL 代表證明這些數據是否為真實的拷貝。

次要電子郵件

人們大多會有多個網路帳號，如果系統提供者是次要電子郵件提供者，則可蒐集到的資料會是電子郵件帳號及使用日期與時間等。有了這些訊息即可申請搜索票進行司法程序（依電子通訊隱私法），以確定寄信者的身分。

郵件清單

郵件清單是私人訊息中心，只有訂戶可以讀取或發送信件。若有多人可進入時，將造成濫用，成為恐嚇、色情與詐欺犯罪的溫床。

新聞群組

新聞群組允許任何數目的網路使用者去傳達他們共同關切的事，新聞群組的命名通常依其討論的議題而定，例如，性新聞群組之成員可能會討論他們的性癖好，分享圖片或其他資料。新聞群組的名字可能會改變，但通常都會以其內容為名。當有人貼出一個新聞群組的訊息，全世界各地的讀者都可能閱讀並回覆他。與電子郵件相同，新聞群組的使用者也可以加上附件檔案，包含但不限於圖片，新聞群組允許讀者下載附件檔案或影像。有些新聞群組會過濾消息，有些則否。

在設有過濾機制的新聞群組，過濾者會檢查訊息並在張貼前更新、編輯內容。至少在理論上，烹飪的新聞群組只會有關於烹飪的內容。

新聞群組與電子布告欄（BBS）及聊天室相似，事實上，新聞群組很像公共場所如雜貨店的布告欄，任何人都可以張貼與閱讀寫在上面的訊息，主要的差異是新聞群組是經由網際網路的傳播。任何人都可以找到上萬個新聞群組的主題，而有數以百萬計的人在互動，新聞群組的使用者可以閱讀訊息也可以參與討論。

聊天室與即時傳訊

聊天室可能成為犯罪現場，它是經由網路使得任何多數人都可以「聊天」的媒介。就像新聞群組，聊天室或「頻道」也有對話的主題，有些聊天室比較溫和，因為通常有管理者緩和聊天氣氛，管理者會審查內容並過濾不合適的內容與個人。然而，大多數的聊天室都很激烈，雖然主題與聊天室的名稱可能相同，但是聊天的內容則與主題毫不相干。

經由瀏覽器軟體可以過濾使用者登入聊天，但線上服務提供者或伺服器通常不會保留實際聊天的紀錄。若線上服務提供者能保留這些資料，會對執法人員在偵查犯罪瞭解個人登錄及停留時間上的幫助很大。

即時傳訊就像聊天室，是在網際網路登錄的雙方間的即時通訊，即時傳訊的特點是通訊之初是由一方的電腦，經由 ISP 或線上服務登錄上網連到另一個個人電腦。

一旦兩個電腦連上後，ISP 或線上服務即關掉影像，而不記錄即時傳訊活動的任何訊息資料，這使得當即時傳訊成為犯罪活動的現場時，很難對它取得任何證物。如同聊天室裡的對話，即時傳訊也可以用瀏覽器軟體記錄訊息，但若無此紀錄，則這些即時傳訊資料只能從個人電腦上去取得。

任何犯罪活動都有可能透過或經由電話延伸到聊天室或即時傳訊上，在網際網路上的即時通訊通常是經由打字傳送訊息，但聊天室也可包含聲音與影像。

網路

全球資訊網（World Wide Web）簡稱 WWW，是網際網路上的服務名稱。WWW 利用超連結建立滑鼠點壓介面加強網際網路在資訊分享上的能力，WWW 所使用的網頁，實際上就是許多文件的組合。用來編寫網頁的語言能讓使用不同作業系統的電腦讀取相同的檔案，而不需轉換，這些網頁的組合稱為網站。

網站也會是犯罪現場，有人會侵入網站取得存在伺服器內的資料，顧客的資料如信用卡號碼可能被盜用。網站也可能會被駭客入侵攻擊，如服

務被拒等，駭客可能爆掉電腦伺服器以癱瘓電腦系統，使合法使用者無法
進入。網路也會被用來散布兒童色情資料與非法毒品等，這些只是列舉其
一而已。

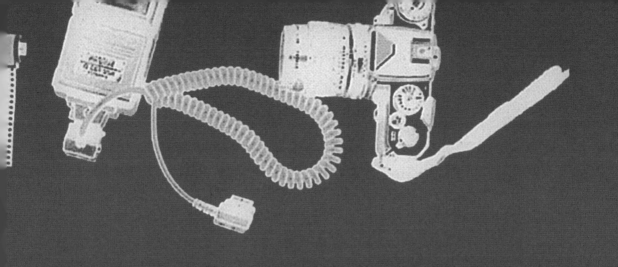

第十章
犯罪現場重建

前言

　　犯罪現場重建是依據犯罪現場痕跡型態、物證的位置與實驗室的物證鑑定結果，以研判發生在犯罪現場的所有活動。重建並不只涉及現場科學的分析，現場痕跡型態性證物的研判與物證的實驗室分析，也涉及相關資訊與邏輯理論的系統化分析。

犯罪現場重建的重要性

　　利用在犯罪現場找到的物證，以研判犯罪實際發生情形的可能性是非常有用的，保存犯罪現場完整性的主要理由就是要重建犯罪行為。重建與「再表演」（re-enaction）、「再創造」（re-creation）或「犯罪剖繪」不同。再表演是指被害者、嫌犯、證人或其他個人基於對犯罪的認知，重演產生犯罪現場或物證的事件；再創造是透過原始現場的紀錄，呈現犯罪現場的物品或行為；犯罪剖繪是犯罪現場的心理與統計分析的一種過程，它可以研判犯罪特徵，找出最有可能的犯罪嫌疑人。這些分析對犯罪偵查的某一方面都有幫助，但對破案的幫助有限。重建是以現場觀察、科學鑑定及邏輯推理為基礎的行為。

重建的性質

　　重建是一部分依賴科學實驗的結果，一部分依賴過去的經驗，但是它的步驟與過程還是嚴格地遵守基本的科學原理、理論架構與邏輯推演。它涉及物證分析與研判及所有資訊的整合。有條理地、仔細地觀察與豐富的經驗，應用在犯罪現場勘察與物證的實驗室鑑定，對正確的研判、分析及最後的犯罪現場重建幫助極大。

物證重建的基本原則

　　犯罪現場重建的基礎是建立在下列物證之刑事檢驗的基本原則之下，羅卡的移轉理論是任何刑事分析的基礎。雖然沒有發生移轉的行為會使刑事實驗室無法發揮功能，但對犯罪現場重建還是非常重要。圖 10.1 顯示物證在犯罪現場與實驗室檢驗的常見步驟。

辨識

　　任何形式的刑事分析通常是從那些看來沒有證據價值的物品中，辨識出可能的物證，如同前面各章所述，　且找到證物，必須盡一切努力與小心去記錄、採取與保存。物證的實驗室分析與比對可以鑑別出物品、物質與材料，以追溯其來源。依據可疑樣品與已知樣品的比對結果，可以嘗試個化證物與確認其來源。當犯罪現場所呈現的痕跡型態已經經過分析，物證也已鑑定完成，即可進行重建工作。

　　任何形式的重建通常都以辨識開始，除非可能的證物被辨識出來，否則無法進行重建工作，雖然宏觀現場或微觀現場的勘察不一樣，但一般的原則還是一樣的。一旦可能的證物辨識出來後，勘察人員即應確實記錄、採取與保存證物，如果有任何問題，應立即詢問專家而不要對證物進行任何處理，這點很重要，因為大多數的情況性證物與型態性證物很容易被更改或破壞。必須再次強調的是，一旦證物被更改，重建的效果將受限制。

鑑定

　　鑑定是一種比對的過程，它利用標準物品或已知物質的分類特徵，與犯罪現場採得的證物進行比較：比較物理性質、形態性質、化學性質與生物性質等。表 10.1 是在鑑定上用來比對的物理與形態性質之例子。

　　即使是對人的鑑定，也是使用相同的邏輯方法，以物理性質為鑑定之起始，如身高、體重、身材大小、種族、頭髮與眼睛顏色等，以包含或排除某人。接著再以更特異的身體測量進行個化以連結到某一特定人。身體

測量的項目與人身測量法相關，這是柏帝龍（Alphonse Bertillon）在一九
○○年代初期發展的系統。一個人要辨識他的朋友或親戚，通常會結合這
個人的分類特徵與個別特徵，再把它與心中的影像比較，這個比對步驟與

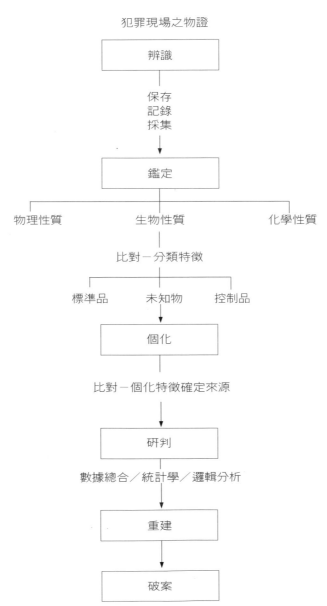

圖 10.1　物證鑑定的步驟

表 10.1　物理與形態性質的鑑定

物理性質	形態性質
大小：大、中、小	狀態：液體、氣體、固體
形狀：圓形、方形、不規則形	來源：植物、昆蟲、動物、人類
顏色：紅、藍、白……	成分來源：天然、人造
重量：重、中、輕	
長度：長、中、短	
寬度：寬、中、窄	

毛髮、武器或衣服的比對步驟是相同的。

　　當某一個證物經過鑑定但尚未能達到真正個化時，它通常具有某些相似的分類特徵。因此，應該敘明分類特徵的相似程度，分類特徵的相似程度依不同性質而異，從很容易計算的，如血型，到只能約略估計的都有。表 10.2 是用來重建的血清證物的分類特徵鑑定項目。

表 10.2　犯罪重建用的血清證物鑑定

1	種屬鑑定
2	性別鑑定
3	種族鑑定
4	年齡鑑定
5	來源鑑定
6	遺傳標記鑑定
7	族群分布
8	型態研判

個化

　　個化在鑑識科學而言是獨一無二的，它表示特定樣品，即使是屬於某一分類中，這個樣品仍是獨一無二的，它也意味著來自犯罪現場的可疑證物與相似的已知證物樣品具有共同的來源，因此除了分類特徵外，物體或物質也擁有個別特徵，可以用來區別相同種類中的各個成員，這些個體特徵的性質依證物種類不同而異，但鑑識專家們則想盡辦法利用這些特徵去個化證物。有些證物可以真正達到個化，有些則只能說是精密的鑑定，如血跡上的遺傳標記鑑定、精液證物的 DNA 鑑定或油漆片的微量痕跡鑑定等。鑑定一詞有時意指人別鑑定（人的個化鑑定），例如指紋可以用來「鑑定」一個人；很不幸地使用這個名詞，是因為實際上它具有個化效果。就像牙齒證物與牙科紀錄，可以讓刑事牙科醫生在屍體不易辨認時（如大型災難或火災與爆炸案件中）進行個化鑑定。

物證的鑑定與個化分析及其結論，在重建工作上都是重要的資料。

重建

重建是以犯罪現場勘察與實驗室分析的結果及其他不同來源的資料為基礎，以重建案件發生的經過。重建通常使用歸納與演繹推理、統計數據、犯罪現場資訊、痕跡型態分析及各種物證的實驗室分析結果；重建可能是非常複雜的工作，連結很多類型的物證、痕跡型態訊息、分析結果、偵查線索及其他文書與供詞證物，形成完整的實體。

目前正在發展的人工智慧（如 CODIS 與 AFIS）與專家系統已為重建工作開啟一個嶄新的領域，這些系統讓鑑識人員可以模擬實驗室的分析結果，布置犯罪現場、推理、比對與剖繪嫌犯，做出合理的推論。硬體與軟體的進步加入系統化解決問題的能力，電腦科技可以讓使用者與專家系統溝通，解決特定問題。重建在刑事案件中特別重要，因為大部分案件都沒有目擊證人，即使有也不可靠。重建在其他許多案件中也很重要，如汽車或飛機意外事件、火災與縱火偵查及重大災難案件等。

重建步驟

重建是科學事實蒐集的過程（見圖 10.2），由一連串的行為組成犯罪重建的步驟。下列是重建過程中常見的五個步驟。

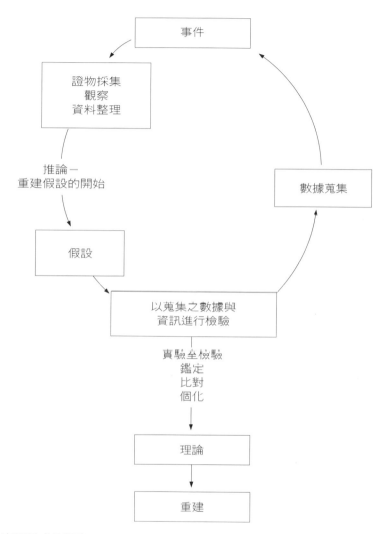

圖 10.2　真相形成的程序

1. 資料蒐集：蒐集在犯罪現場與從被害者或證人所獲得的所有資料，資料包括證物的狀態、明顯的痕跡與壓痕、被害者的狀態等，都必須經過檢驗、歸類與分析。

2. 推測：證物在仔細分析以前，可以先就涉及犯罪行為的事件進行可能的推測或解釋，在這個階段不可能只有一種解釋，而可能有許多更有可能的解釋。

3. 形成假設：物證檢驗與後續勘察將不斷累積資料，現場勘察與物證
   檢驗包括血跡、壓痕、槍擊痕跡與指紋證物的研判，以及微量證物
   的分析。這個過程會導引出對事件可能情節較有根據的推測，稱為
   假設。

4. 驗證：一旦假設形成，就必須進行驗證以確認或排除所有研判或假
   設中的某一論點。這個階段包括比對現場採得的樣品與標準品及不
   在場的樣品，可能活動的驗證或實驗以組成重建的假設。

5. 形成理論：應該加入在偵查中調查到有關被害人或嫌犯的行為、相
   關人員的活動、證人帳戶及其他與事件相關的資訊。所有查證過的
   偵查線索、物證分析與研判及實驗結果都必須用來驗證假設。當經
   過完整驗證及確認分析後，即可視為合理的理論。圖 10.2 是犯罪
   現場重建中形成理論的模式。

重建的種類

依據犯罪性質、要回答的問題、事件發生的種類及重建人員涉入程度
的不同，重建可以區分為許多類型，如下所述，有五種常見方法可以將重
建工作進行分類。

重建種類的分類

1. 特定事件的重建

   (1)意外事件的重建

   - 交通意外事件的重建：汽車、卡車或機車等。
   - 其他交通意外事件的重建：火車、飛機、船舶意外事件等。
   - 工業或施工意外事件的重建：在工作中或勞工意外事件、建築
     物倒塌、機械意外事件等。

   (2)特定犯罪的重建

   - 命案重建
   - 縱火現場重建

- 性侵害案重建
- 白領犯罪重建
- 其他特定犯罪現場重建

2. 特定性質的重建
   (1)決定順序
   (2)決定方向
   (3)決定位置
   (4)決定關係
   (5)決定狀態
   (6)決定身分

3. 特定程度的重建
   (1)整個案件的重建
   (2)部分案件的重建
   (3)限定項目的重建
   (4)特定型態的重建

4. 特定物證的重建
   (1)型態性證物
   (2)槍擊證物
   (3)血清證物

5. 特定領域的重建
   (1)犯罪剖繪：包含犯罪模式、動機與心理或研判有組織或無組織的犯罪現場。
   (2)現場剖繪：研判第一現場或第二現場等。

　　本章的目的是以在犯罪現場找到的特定物證種類，進行分類討論，重建步驟將遵循上述所提「資料蒐集」步驟以導出重建理論，形成的理論將結合前面提到的現場勘察、物證檢驗及分析的結果。物證的重建有型態性證物、槍擊證物與血液證物等。

型態性證物的重建

　　型態性證物是絕大多數犯罪現場都會出現的一種物證，往往鑑識專家並不太在意這類證物，認為「不是很科學」。然而，犯罪現場的型態性證物對犯罪活動的重建工作非常重要（見照片10.1a 至 c），它可以用來證明或排除嫌犯的不在場證明，或證人陳述在犯罪現場發生的內容，也可以連結或排除在特定事件涉入的個人或物體，或提供偵查人員新的偵查線索。

　　型態性證物通常由兩個物面（人、車輛或物體）的接觸而引起，導致印痕、凹痕或刮痕的形成，這些痕跡可能是靜態也可能是動態的接觸，形成的痕跡可能是二度空間的，也可能是三度空間的。有時，這種接觸可能會有物質從一個物面移轉到另一個物面上，從而形成斑痕的型態性證物。型態性證物也會因物體的剝裂、破裂或切割而形成，下列是在不同的犯罪現場所常見的型態性證物。

1. 血跡型態
2. 玻璃裂痕型態
3. 燃燒痕跡型態
4. 家具位置痕跡型態
5. 引火痕跡型態
6. 輪胎或剎車痕跡型態
7. 衣服破損痕跡型態
8. 犯罪模式與犯罪現場剖繪型態
9. 彈道與火藥殘跡型態
10. 傷痕型態

　　犯罪現場的型態性證物應以前述各章所述各種方法仔細記錄、處理、顯現或採取，用來進行型態性證物重建的方法與重建其他證物的方法相似；辨識→鑑定→個化→研判→重建，圖 10.3 是型態性證物重建步驟的流程圖。

(a) 卡車右邊的外觀與逃逸拖車的特徵相符，注意拖車編號 160 下方的擦痕

(b) 中尉警官的襯衫外觀，顯示康州警局的臂章

(c) 拖車擦痕被顯現拍照後的特寫，州警的臂章清晰可見

照片 10.1a-c　康州警局中尉警官在州際公路攔檢機車時被一輛拖車撞死

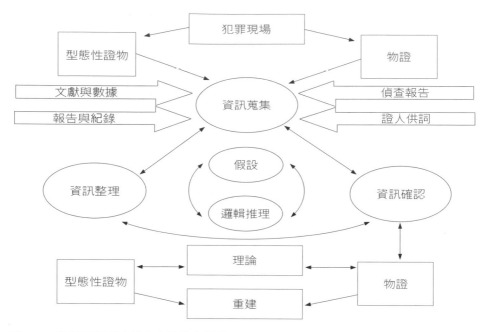

圖 10.3　犯罪現場重建基本步驟的流程圖

血跡型態的重建

　　血跡型態的重建被忽略已久，但最近則漸受重視。血跡型態的分析範圍限定在幾個方向上，即以血跡型態的物理性質去尋找事實，亦即評估遺留的血跡以研判其遺留在犯罪現場當時的行為。血跡型態往往是觀察過去行為的一扇窗戶，整個研究範圍包括血跡的大小、形狀與分布型態等。

　　有時血跡型態的分析比血清或 DNA 鑑定資訊更為重要，血跡型態在流血事件上提供的訊息不是「何人」，而是「何事」。因「何事」而流血，必須分析血跡的外觀才可能獲得解答，以下是血跡證物分析可以重建的項目：

1. 血滴行進的方向
2. 血液來源到目的表面的距離
3. 血滴撞擊的角度
4. 血滴的種類
5. 研判血滴行跡、方向與速度

6. 引起流血的力量性質
7. 引起流血的凶器種類、揮擊次數、流血位置
8. 流血事件的順序
9. 研判接觸或移轉性型態
10. 估計遺留時間與血液體積

血跡的基本型態

　　犯罪現場的血跡型態可分成三大類：滴落式血跡、噴濺式血跡與特殊血跡型態。以下簡要介紹每一類以提供血跡型態重建的基本內容，此外，要有仔細的分析、控制試驗與實務經驗才能進行正確的血跡型態研判。

滴落式血跡的型態

　　犯罪現場的滴落式血跡型態的產生是依血液的生化與物理性質而定，血滴的表面張力使得血滴呈球形，血液的黏稠性為水的四倍，在一般情況下，一滴血的平均體積約 0.05 至 0.06 毫升（每毫升約二十滴），血滴離開血液來源自由掉落時會輕微地震動，血液具有吸附特性使得少量的血液可以附著在大多數的表面上。

　　此外，自由滴落的血滴之終端速度範圍約為每秒二十至二十五英尺，血滴滴到物體表面時，有許多因素會影響血跡形成的大小與形狀，通常自由滴落的血滴撞擊到表面時，除形成圓形痕跡外，血滴距離愈高所形成的圓形痕跡直徑愈大，直到血滴達到終端速度為止（見照片 10.2）。在這個高度以上，血滴所形成的圓形直徑均相同，因此，分析血跡的直徑即可研判血跡的滴落高度。

　　滴落目標的物面材質也會影響血跡型態的大小與形狀，質地堅硬光滑的表面所產生的圓形血跡型態邊緣較平滑，而軟質粗糙的表面所產生的血液滴痕呈貝殼狀或有不平整的邊緣，照片 10.3a 至 c 顯示表面材質與血跡形狀的關係。

　　血跡的形狀隨著撞擊角度不同而異，撞擊的角度愈小，血跡的形狀愈長，橢圓形愈扁（如照片 10.4）。血跡撞擊的方向也可研判，血跡的「拖

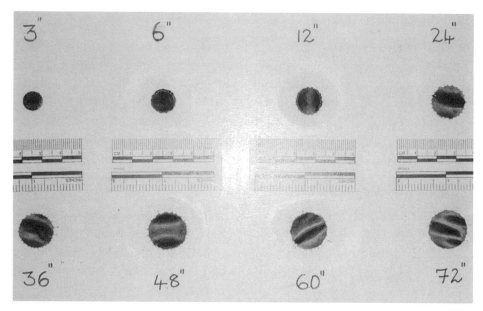

照片 10.2 血液滴落高度愈高，直徑愈大，直到 48 英寸以上，血液直徑才保持不變

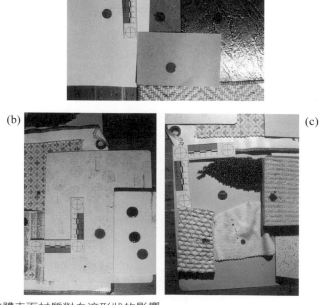

照片 10.3a-c 物體表面材質對血滴形狀的影響

尾」方向通常指向血滴行進的方向。血滴的血液來源也可以研判，沿著滴落角度行進的方向與血跡型態的方向性有關。

　　血滴的撞擊角度可以由測量血跡的長度與寬度獲得，即計算血跡的三角關係中的長軸（長）與短軸（寬）的比率：

　　撞擊角度之 $\sin\theta =$ 短軸／長軸

　　犯罪現場也常發現血液連續滴落的行進痕跡，仔細分析行進痕跡將可研判行進方向與行進速度。每一個個別的血跡都會顯示狹長的方向性特徵及明顯的血跡間距，即流血來源在水平方向移動速度愈快，血跡形狀會愈狹長，血跡間的距離愈大。

　　有一對夫妻的屍體在其住處地下室被發現，兩者都是被毆打至死，照片 10.5a 與 b 顯示犯罪現場的兩個場景，地板上到處都是血液連續滴落的痕跡、接觸的抹痕、中速度的撞擊噴濺痕，及大量積血。經由血跡型態的分析可以重建事件發生的順序。他們收養的兒子闖入屋子內先以大榔頭鎚

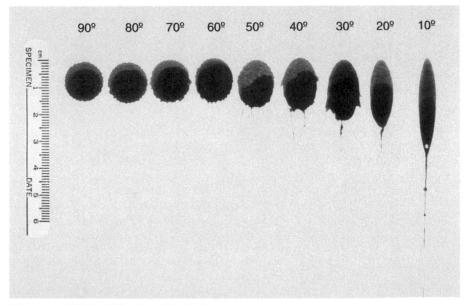

照片 10.4　撞擊角度對血滴形狀的影響

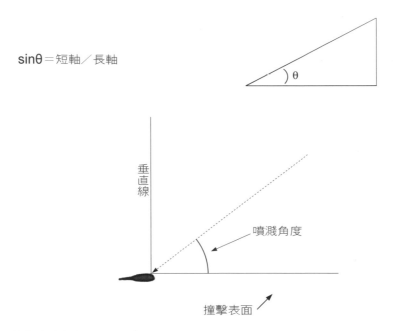

sinθ＝短軸／長軸

垂直線

噴濺角度

撞擊表面

圖 10.4　撞擊角度之標示

噴濺角度的 sin 值＝血跡之寬／血跡之長

9 mm

18 mm

Sinθ ＝寬／長＝ 9mm ／ 18mm
＝ 0.500
因此 θ ＝ 30°

圖 10.5　撞擊角度之三角函數計算

死父親，把屍體拖到地下室角落以床單蓋住，再躲起來等母親進入地下室並以槌頭將她擊斃，母親的血滴在父親的血跡拖痕上。後續血清學分析鑑定出父親的血型，可以協助重建工作。

(a)

(b)

照片 10.5a-b　一對夫妻被打死在地下室，照片顯示的血液拖痕經 DNA 鑑定，確定血液所
　　　　　　屬及犯罪現場發生的活動順序

撞擊引起的血跡噴濺痕

　　加在血滴上的力量若比重力能量更大，會使得血跡分裂成小顆粒的噴濺血液。這些微小血滴的大小與撞擊的力道大小相關，這種力量通常有兩種來源：內部與外部。內部力量來自身體內的血液循環系統，血液在動脈、靜脈與微血管都有一定的流速，所產生的血跡型態也不一樣；外部力量（能量）是來自產生流血或作用在血液上的力量，照片 10.6 顯示命案現場裡的中速度撞擊噴濺痕，血滴的方向性特徵也會表現出來，因此，由噴濺的血跡可以研判出撞擊力量的來源或血液的來源。

　　血液的撞擊原點或流血原點的研判有兩個步驟：

1. 研判血跡在平面上的匯集點
2. 研判三度空間的原點

　　匯集點是用來研判因撞擊引起的血液噴濺痕的平面原點，如圖 10.6 所示，畫出每一個血液噴濺痕的中心軸線，將此軸線向噴濺來源的方向延伸，當所有的軸線都匯集在一個小區域時，這個區域就是撞擊血液或流血來源的平面匯集點。第二個步驟是要測量匯集線上血跡的撞擊角度以研判撞擊血液或流血來源的原點，一旦量出撞擊角度，即可以細繩依分度器上

照片 10.6　血液噴濺痕的外觀

角度及軸線位置，拉出三度空間的匯集點。

　　圖 10.6a 顯示第一個步驟，畫出平面上的匯集點，圖 10.6b 為第二個步驟，決定三度空間的原點。二度空間的匯集點與相對應的撞擊角度可以用來研判撞擊的位置，有經驗的血跡分析師可以用個別的噴濺痕協助重建工作。確定撞擊點或流血點可以重建使用力量的性質、事件的順序、人的位置或撞擊點附近的物體等。

　　撞擊引起的血跡噴濺痕可以因使用不同的力量而予以分類，這些分類可以幫助研判引起流血的武器種類。在低速度撞擊所產生的血跡噴濺痕

圖 10.6a　血液噴濺痕在二度空間的匯集點

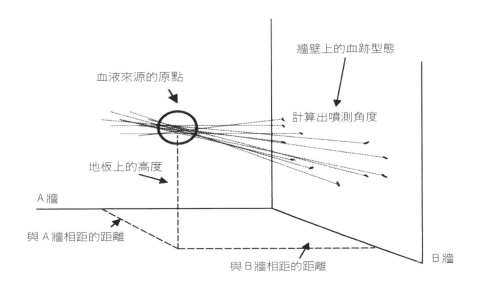

圖 10.6b　血液噴濺痕在三度空間的來源原點

照片 10.7　高速度的血液噴濺痕

中，絕大多數的血滴不會分裂成更小的血滴，大部分血滴的直徑為 4 公釐或更大。中速度撞擊所產生的噴濺痕，絕大多數的血滴會破裂成更小的血滴，直徑 2 至 4 公釐，產生這種噴濺痕的力量速度應大於每秒 25 英尺。噴濺痕的血跡直徑在 2 公釐或小於 2 公釐者，通常是由高速度撞擊所產生的結果，所需的力量速度超過每秒 100 英尺，此與高能量來源如爆炸、槍傷及高速撞擊有關。照片 10.7 顯示在被害者頭部後面牆壁上的高速度撞擊血液噴濺痕。從流血的口或鼻因呼吸而噴出的血，有時也會與高速度撞擊的血液噴濺痕混淆，在勘察時應仔細辨別。

特殊血跡型態

　　在犯罪現場還有許多其他種類的血跡型態可以用在重建工作上，這些型態包含個別血跡的分析、整體型態的分析及兩者的合併分析等。

　　在中或高速度撞擊的血液噴濺痕中，前噴與後噴都有散射效應，照片 10.8a 與 b 顯示這種噴濺痕的實驗，如果這種散射痕跡消失，則在重建現場時應找出消失的原因。在血跡型態的分析中，消失的血跡型態與出現的血跡型態是同等重要的，消失的噴濺痕往往顯示有中間物體擋住並沾上血跡噴濺痕，因此應該找出中間物。

照片 10.8a　觀察高速度撞擊的前後血液噴濺痕之槍擊試驗

照片 10.8b　距離血液來源六英寸之高速度撞擊的前後血液噴濺痕

　　噴出的血液是指含有一定力量可以使血液脫離原點投射到物體表面上者，這類特別的血跡常與重傷害的開放性傷口有關，如動脈傷口湧出大量血液噴到垂直表面上。照片 10.9 為動脈血液噴出的痕跡型態，這種血跡有尖銳、錐狀的邊緣與顯示移動的特徵，大量的血流噴到垂直的表面上，再因重力而流下產生血液的流動痕跡型態。大量血液流到水平物面上也會因地形關係向低處流動而產生血液的流動痕跡型態，如照片 10.10a 與 b。

　　血液連續滴下形成一灘血，將產生特殊的血跡型態，這種血跡型態的外觀與噴出的血跡型態不同，這類血點的邊緣並不尖銳，有時會有反彈的噴濺痕跡，重複的連續滴血血跡並無移動的特徵，此類血跡經常與噴出的血跡型態同時出現，如照片 10.11。

　　當用物體或手傷人或接觸到足夠的血液時，血液將會移轉到物體或手上，此時沾血物體的甩動將產生拋甩的血跡型態，沾到物體表面上的型態為線性型態，及重複形狀緩慢變化的個別血滴，如照片 10.12，由於撞擊

照片 10.9　動脈噴出的血液，槍擊被害者兩條動脈噴血到牆上及真空吸塵器上

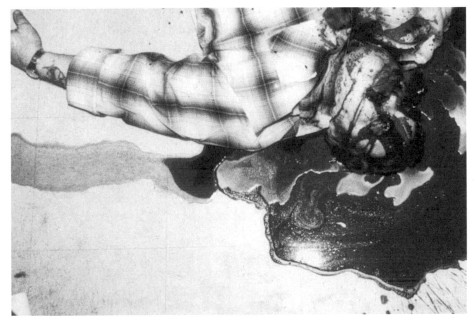

(a)

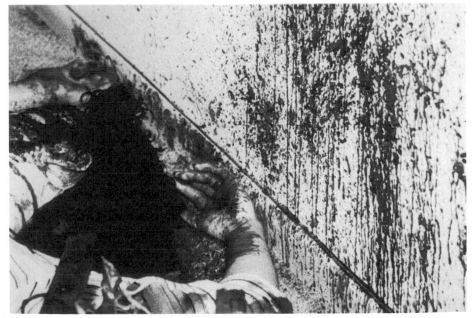

(b)

照片 10.10a-b　血流型態的圖例

照片 10.11　血液重複滴落形成積血的痕跡型態

角度的改變形成血滴形狀變化。拋甩的血跡型態也可研判對血液來源揮擊的次數，在犯罪現場的任何沾血物體進行揮擊動作，如揮動手、手臂與腳都可能產生拋甩的血跡型態，如照片 10.12 所示。天花板、牆壁、家具及受傷者的衣服上通常會沾有這類拋甩的血跡型態。

　　一旦現場發生流血事件，往往可以找到血灘，血灘可以提供血液流出的量與受傷種類的訊息，血灘可能因接觸而移轉到其他物面上。接觸移轉的血跡型態是經由直接接觸將物體或身體上的血液移轉到新的位置，如照片 10.13 所示。接觸移轉的型態在靜態的移轉時會出現物體的形狀，例如沾血的刀放在床單上會產生刀子形狀的接觸移轉痕跡型態。

　　如果接觸移轉的痕跡型態是由物體表面的折疊而起，此時將形成兩個相同的血印，呈蝴蝶翅膀或鏡像對稱的圖形。

照片 10.12　拋甩出的血斑痕跡型態

　　接觸移轉的型態也可以表現出存在不連續或中斷的型態，這種中斷的型態通常是因重複動作或表面折疊而造成，分析這類血跡型態可以研判造成流血的動作順序與方向。

　　接觸移轉的型態也常由動態行為產生，這類的移轉型態常與血液的塗抹（smear）有關。以乾淨的物體在沾血的物面上移動所形成的痕跡為塗抹痕跡，這種塗抹的痕跡型態可以表現出塗抹物體的方向。沾血的物體接觸到乾淨的表面也會產生刷掃痕跡（swipe pattern），也可研判出形成這些痕跡的動作與方向，如照片 10.14 所示。

血跡型態的紀錄

　　被用來重建的犯罪現場或物證上的血跡型態都是證物，因此都應以前

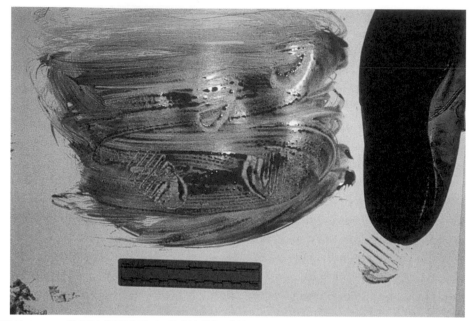

照片 10.13　鞋子接觸到血跡上形成的接觸移轉痕跡型態

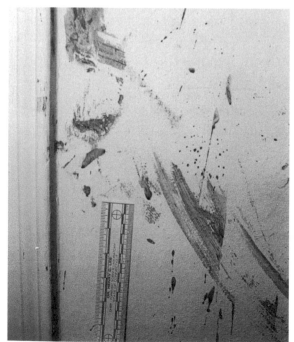

照片 10.14　在命案被害者上方牆上之血液刷痕型態

述紀錄方法確實記錄，雖然依其性質，有些特定紀錄方法對血跡型態特別有用，但依犯罪現場紀錄的目的而言，只要對後續檢驗重建或審理準備有幫助的方法都可使用。

血跡型態的攝影

　　血跡型態的攝影所應遵循的方法與一般犯罪現場之攝影相同，通常先拍全景再拍特定痕跡、特寫痕跡等。由於血跡型態的精確大小非常重要，因此拍攝時應加上量尺，即使拍攝的是全景，放上量尺也很重要，可以說明整個血跡大小及現場紀錄範圍。標籤、箭頭符號及其他前述標記在血跡型錄的攝影上特別重要，照片 10.15a 至 c 顯示攝影紀錄的血跡。

　　由於照片可以印出實際的大小，因此，量尺應放在型態的邊緣右角上；大範圍或全景者可以將量尺沿著牆壁或血跡表面邊放置，如照片 10.16 與 10.17。

　　血跡型態之特寫或實驗室檢驗用高品質照片或個別噴濺痕（如照片

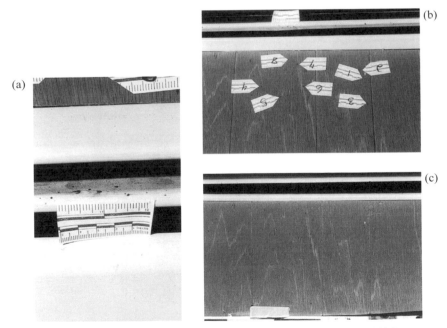

照片 10.15a-c　血跡型態之攝影：(a) 全景、(b) 辨識出的血跡、(c) 血跡的特寫

10.17 所示），應以前述所討論之打光或三腳架輔助，閃光燈應加散射片或以反射打光，避免把血跡影像泛白化。

　　血跡型態在記錄或重建前，往往需要以試劑顯現提高品質，此時可以使用現場顯現試劑如發光胺、四甲基聯苯胺、醯胺黑、無色孔雀綠或螢光素等，以顯現大面積的血跡印痕。勘察人員應遵守第八章所提方法與注意事項。

血跡型態的測繪

　　記錄血跡型態的最後一個步驟是測繪，血跡型態的測繪可以單獨製作，也可以併入一般犯罪現場測繪中。許多市售電腦軟體可以記錄與重建血跡型態，目前已有許多執法單位使用。這些電腦測繪軟體的另一個優點是可以進行三度空間測繪，對重建工作幫助很大，同時也可依比例畫出血跡證物。

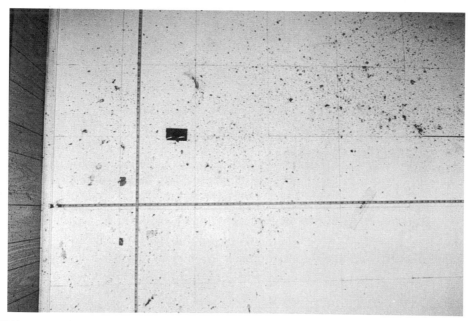

照片 10.16　血液噴濺痕附量尺之攝影紀錄

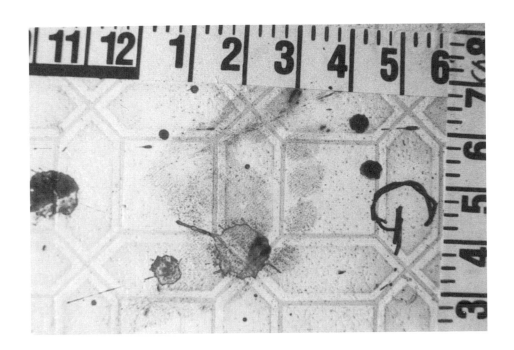

照片 10.17　血跡型態附量尺、標示與正確照明之特寫

玻璃裂痕型態

在犯罪現場的破裂玻璃，有時可以幫助現場重建，提供事件發生的資訊，協助證明或駁斥不在場證明或證人的陳述等，破裂的玻璃通常與竊盜犯罪、傷害、槍擊或火災案件有關，由玻璃裂痕可以研判的資訊有：

1. 撞擊力的方向（由內向外或由外向內）
2. 撞擊力的大小
3. 撞擊力的角度
4. 玻璃裂痕的種類
5. 槍擊順序、方向及由槍擊洞口研判槍枝種類
6. 燃燒溫度及燃燒行進方向

利用玻璃裂痕型態進行犯罪現場重建，端賴細心地對玻璃裂痕放射與同心圓痕跡的辨識、紀錄與分析，其他可以幫助重建的痕跡有肋痕、空間關係、裂痕及玻璃熔毀的狀態等。

　　即使要進行基本的玻璃裂痕型態的重建，勘察人員都應熟悉玻璃的種類及一般玻璃破裂的型態。玻璃主要是由非結晶性的二氧化矽冷凝液製成，通常可分成三類：平板、強化與安全玻璃，每種都有特定的性質，破裂的現象也不一樣。

　　平板玻璃是相當普遍的一種玻璃，用來製造窗戶與鏡子，當平板玻璃被足以破壞玻璃張力的力量撞擊時，將導致破裂，形成餅狀的玻璃破片。如果破裂的玻璃仍保留在窗戶框上，破裂型態將包含一個中心點，即力量撞擊之處，及由中心點向外擴散的放射（輻射）裂痕，此外還有與輻射裂痕垂直的同心圓裂痕。照片 10.18 顯示輻射與同心圓玻璃裂痕。仔細檢查玻璃破片上輻射裂痕的破裂邊緣，可以研判施力的方向，即玻璃受力面。勘察人員可以利用這個訊息確認屋主偽造的竊盜案，顯示窗戶玻璃是由內向外而非由外向內破壞。

　　安全玻璃是汽車上的擋風玻璃，基本上，安全玻璃是由兩片平板玻璃以透明膠膜黏合而成，雖然產生的裂痕與平板玻璃一樣，但由於有膠膜層

照片 10.18　顯示輻射與同心圓裂痕的玻璃裂痕型態

而使得破裂後的玻璃還會完整留在框上。安全玻璃的設計是用來減低乘客的傷害，避免玻璃噴進車內引起交通意外事故。研判安全玻璃的裂痕時應格外小心，因兩層玻璃各有其獨立的輻射與同心圓裂痕。

　　由於安全玻璃仍會保留在窗框上，能對槍擊案件提供重要的訊息。找出槍擊洞口可以研判槍擊方向，若有一個以上的槍擊彈孔，而其距離相近有輻射線重疊者，即可研判槍擊順序，後續彈孔因輻射線會中止在已有彈孔所產生的輻射線上而被確認。圖 10.7 說明裂痕的形成與方向，照片 10.19 顯示汽車擋風玻璃上的輻射裂痕與同心圓裂痕。

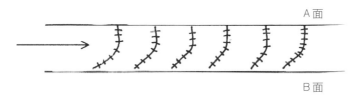

長彎曲線為肋狀痕，與肋狀痕垂直的短線為梳狀痕，上圖顯示
玻璃裂痕是由 A 面裂向 B 面及由左向右傳遞（如箭頭所示）。

圖 10.7　在破裂玻璃側面的肋狀痕與梳狀痕

　　強化玻璃是單片平板玻璃，由於經過特殊處理使其耐用且不易破裂，如果用力超過表面張力能維持的極限時，整個玻璃將破裂成上千個如小方塊般的小碎片。強化玻璃是用在汽車的側面窗戶上，大多數的小方塊碎片會掉到車內或車外地上，許多勘察人員往往不能體認這種證物的價值而未予採證，雖然組合上千個小方塊玻璃是件辛苦的工作，但這種精密的工作卻可產生重要的訊息，照片 10.20a 到 d 顯示從小方塊的玻璃碎片中重建出一個彈孔痕跡。從組合出的窗戶可以研判子彈撞擊的位置、彈頭飛行的方向、射擊的角度及是否有一個以上子彈射擊窗戶。在槍擊窗戶的案件中，這種型態的重建對槍擊案的重建幫助很大。

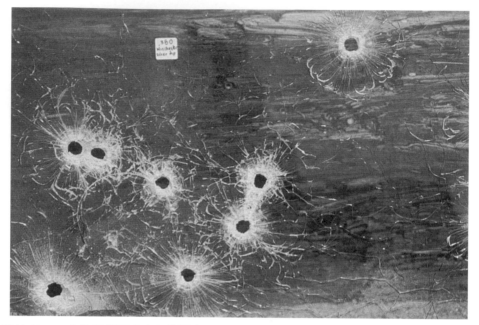

照片 10.19　在汽車擋風玻璃上的彈孔

燃燒的痕跡型態

　　常可由燃燒的痕跡型態所提供的各種訊息中找出起火原因，仔細研究燃燒型態通常也可以協助研判起火點、燃燒方向、火災毀壞程度，並可能提供縱火的偵查線索，下列是火災現場中常見的燃燒型態：

1. 倒錐形或「V」字形
2. 數個起火點的燃燒型態
3. 低度燃燒型態
4. 炭化程度的型態或鱷魚皮型態
5. 引火型態
6. 煙燻型態
7. 熔毀型態
8. 水泥剝裂型態

　　每個火場的熔毀型態主要與火災現場環境、可燃物的分布及火災的種類與強度有關，專業的火災現場勘察人員可以從研究現場燃燒型態與一般

照片 10.20a-d　從玻璃碎片重建彈孔痕跡：(a) 顯示在槍擊現場採取的所有碎玻璃，致命的
子彈貫穿駕駛車窗玻璃；(b) 整理出碎片準備重建子彈貫穿車窗玻璃的位
置；(c) 彈孔已被重建，彈孔與窗緣間玻璃也被組合出來，因此可以精確研
判彈孔位置；(d) 組合彈孔的特寫

或預期的型態差異而重建火災現場。

家具位置的痕跡型態

　　在室內犯罪現場，家具的位置與狀態常提供犯罪者與被害者在現場活
動的訊息，移動或毀損的家具顯示曾發生嚴重扭打。

照片 10.21a-d　車輛高速駛離道路時，柏油路上與積雪路肩上的輪胎痕：(a) 柏油路上的煞車痕與滑動痕之特寫；(b) 部分滑動痕跡之特寫；(c) 在車輛離開柏油路面前的煞車痕；(d) 車輛離開馬路後在積雪路肩上留下的輪胎痕

引火痕跡型態

　　引火痕跡型態有時也會在犯罪現場出現，正確的分析可以研判現場的人數、是否到處走動、如何移動（走路或跑步）、行進方向，及是否攜帶或拖移重物等，有些型態可以提供產生這種痕跡的人的分類特徵，如鞋子

大小、步伐大小、性別、體重或在行動或步伐上的任何異狀。

輪胎與剎車痕跡型態

輪胎與剎車痕跡型態常出現在戶外犯罪現場，可以提供現場勘察人員重要的重建訊息。剎車痕在車禍事故的重建價值已為大家熟知，但在犯罪現場勘察與重建上常被忽略，這些痕跡可以提供涉案車輛的數目、可能的車速、行進方向、是否踩了剎車及有無轉彎等，照片 10.21a 至 d 顯示在車禍現場的剎車痕與滑行偏斜痕。

衣物的痕跡型態

這類痕跡證物較難發現，但有時卻很明顯，仔細地觀察、測量、記錄與正確地研判在重建上有很大幫助，從這類型態獲得的訊息可以研判嫌犯是否搜過現場，證明或反駁不在場證詞，嫌犯行進的方向，人與人、人與車或車與車的接觸，現場動亂的狀況及現場可能發生的事件等訊息。照片 10.22 顯示遺留在現場的沾血纖維之血跡型態。

照片 10.22　牆壁上的沾血纖維印痕

犯罪模式與現場剖繪型態

　　這些痕跡更難發現，需要更加小心的觀察與對犯罪者充分的瞭解及其過去犯案細節的詳細情節，犯罪模式的型態在偵查階段可以把表面上不相干的案件連結起來，這些痕跡型態所包含的訊息有侵入現場的方法、喜好武器的種類、暴力的種類、語言的種類、行動的順序、取走財物的種類及留在現場物品的種類等。

　　現場剖繪所表現的訊息與第一現場或第二現場、主動現場或被動現場、有組織或無組織現場有關，這類現場種類在本書第一章有詳細介紹。

槍擊現場：勘察與重建

　　槍擊現場的重建可以研判偵查上幾個重要的疑問，如研判死亡的方式──他殺、自殺或意外──非經重建很難研判。除了提供偵查線索外，槍擊現場重建也可以幫助悲傷的家屬應付失去摯愛的人的殘酷事實。重建可以提供槍擊射手與被害者的相關位置，可以研判槍口到彈著點的距離，這是區別自殺與他殺的重要因素。彈道的重建也可提供重要訊息，往往可以證明或反駁嫌犯、被害者或證人對槍擊經過的陳述。雖然，重建在槍擊案件勘察時應是勘察人員的例行工作，但長久以來並未盡力從事過。

　　成功的槍擊案勘察應包含偵查訊息、現場處理、解剖與醫療紀錄、物證與型態性證物的實驗室檢驗及重建實驗等。與其他案件之勘察一樣，槍擊案件的重建也高度依賴犯罪現場紀錄、搜索、採證與保存的品質。槍擊案件的證物，如槍擊殘跡，若非迅速找到並保存，將受破壞或遺失。

槍擊案件勘察的初步工作

　　偵查的訊息，包含所有涉案人的供詞，不僅對整個偵查，對勘察人員也非常重要。雖然勘察人員必須保持開闊客觀的態度，但偵查的訊息也可幫助他們，例如，證人供稱現場昏暗看不到人影動作，勘察人員則應以實際燈光攝影記錄。偵查訊息也有助於瞭解案件的範圍，多少人涉案或有多少證人等，完整的現場紀錄可以證明或反駁這些人員的供述或觀察。

槍擊殘跡的分析在研判槍擊涉案人與射擊距離上非常重要，然而，槍擊殘跡若未適時採取與保存將很快消失，因此，最好盡速採取被害者與可能射手的手上擦拭，以檢驗是否有槍擊殘跡。槍擊殘跡可以用百分之五的硝酸溶液擦拭採取，或以掃描式電子顯微鏡（SEM）用採樣小圓盤採取。槍擊被害者的衣服應予保存，因由槍擊殘跡的分布型態可以研判槍擊距離；衣服應予晾乾，小心移動不可摺疊。

被害者及可能射手的衣服都應保留下來，因可能含有槍擊殘跡、血液噴濺痕、玻璃碎片、其他微量證物或移轉性證物，或撕裂、破損或土壤痕跡等，對重建工作都很有幫助。衣服上存在的微量證物或破損，可以用來證明有關槍擊時或槍擊後行為之陳述內容的真實性。

有時現場可能開了數槍或有數人開槍，因此，必須找出所有有關的槍彈證物，最好的方法是列出所有武器可能裝填的子彈數量，算出「失蹤」多少子彈，現場找到幾枚彈殼，現場有幾個彈孔（射入口、射出口），任何子彈撞擊或擦痕、傷口種類與數目及證人計算的槍聲數目等。一旦清單列出，勘察人員就應嘗試確認找到的槍擊數目與槍擊武器是否與清單相符，槍擊現場應在所有證物均尋獲後，方可解除管制。必要時，應對被害者拍攝 X 光片或進行解剖，以確實瞭解被害者中槍數目及在體內還有多少彈頭或碎片等。

彈頭上痕跡的功能

在犯罪現場找到的彈頭經由實驗室檢驗後，可以提供重建的重要訊息，刑事實驗室的槍彈鑑定可以提供的訊息為武器種類，如槍枝口徑、子彈種類及可以研判廠牌與型式的來復線特徵，彈頭上的顯微檢驗可以提供彈頭發射出去後，觸到的表面種類之訊息。

彈頭上的武器特異性痕跡

子彈經射擊後，彈頭上的痕跡有分類特徵痕跡、個化特徵痕跡，也有離開槍管後留下的痕跡。分類特徵痕跡是同廠牌、同種或同型槍枝的共同特徵痕跡，如陽線與陰線數目、旋轉方向、纏角角度及陽線與陰線的寬度等。

　　射擊後彈頭上的個化特徵痕跡是槍枝在生產過程或射擊磨損所產生的痕跡，這些痕跡包含彈頭通過槍管後刮下的細紋痕、滑行痕、刮擦痕與不均勻的磨損痕等。

出槍口後的痕跡與微量證物

　　彈頭離開槍口後才加上的痕跡在彈道重建上也很重要，這些痕跡有可能由滅音器、中途撞擊物與最終撞擊物所產生。滅音器會在彈頭上留下特殊的痕跡，彈頭撞擊到中途的撞擊物會因羅卡交換論留下接觸物的微量物質，這些微量證物應被鑑定出來並在現場找到撞擊物，如果彈頭經過中途撞擊物，則可研判可能的後續行進方向。除了中途撞擊物上的微量證物外，手上及衣服上的槍擊殘跡、轉輪的型態與槍口火焰也都是重建的訊息。彈頭最終撞擊物的表面痕跡的大小及形狀對重建工作幫助很大，由最終物面在彈頭上遺留的痕跡可以研判彈頭的最終速度。照片 10.23 a 與 b 顯示彈頭上的紅色纖維，提供彈頭與被害者重要的連結關係。

槍口到目標的射擊距離

　　射擊距離的研判在槍彈鑑定人員工作上已有超過七十五年的歷史，這些年來由於儀器更新，偵測極限提高，改善了破壞性與非破壞性方法的應用。通常，射擊距離的研判是比較犯罪現場採得的槍擊殘跡分布與實驗室測試不同距離射擊的槍擊殘跡分布型態，應仔細記錄準備、偵測與比較槍擊殘跡的每一步驟，一般基本步驟如下：

1. 現場正確的紀錄與證物處理。
2. 目視檢驗槍擊目標表面：放大與立體顯微觀察。
3. 紅外線攝影（如照片 10.24 a 與 b）。
4. 以化學方法顯現槍擊殘跡亞硝酸或鉛的分布，見第九章之槍擊殘跡顯現法。
5. 若使用霰彈槍，應鑑定與測量霰彈粒的分布型態。
6. 控制試驗：槍擊殘跡分布與消失試驗、環境與條件試驗、目標材質

照片 10.23a　彈頭尖端的特寫，疑似貫穿槍擊被害者，注意紅色纖維物質

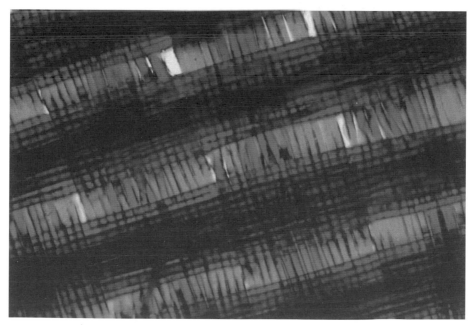

照片 10.23b　從彈頭取出之紅色物質的顯微攝影照片，經檢驗發現與被害者外套上的纖維
　　　　　　相符

試驗、射擊角度試驗等。

7. 準備測試目標物：使用正確的子彈。

8. 客觀的比對。

9. 研判射擊距離。

　　在研判槍擊殘跡型態時應格外小心，因有許多因素會影響產生的型態，如槍擊目標表面的材質會影響留住槍擊殘跡的能力，目標表面沾血或受雨淋濕都會影響槍擊殘跡的顯現，甚至完全消失。銳角射擊也會減少槍擊殘跡遺留在目標物上，彈道的重建可以協助研判射擊的角度。

研判彈道的幾何投射法

　　犯罪現場勘察人員可以用兩種幾何法研判彈道：物理投射法（探針、細棒、細繩）與光學投射法（目視瞄準與低功率雷射光），不論用甚麼方法，應仔細試驗才可能完成重建過程。

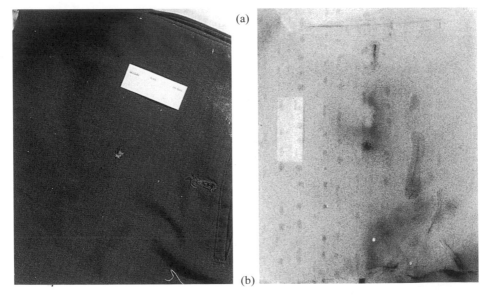

(a)

(b)

照片 10.24a-b　　(a) 在深色聚酯料長褲上彈孔的黑白攝影照片
　　　　　　　　　(b) 同一區域的紅外線攝影照片，注意在照片中央彈孔周圍的槍擊殘跡型態

物理投射法

1. 射入口的幾何型態：可以測量彈頭在目標物上產生射入口與射出口的形狀，研判射入角度，大多數的彈孔都呈橢圓形，可以利用三角函數（洞口寬與長之比值的餘弦函數值）研判射入角度。

2. 探針與細棒：如果彈孔間距離相近且沒有阻擋物時，可以用探針伸入連結彈孔形成彈道，但要注意插入時不可破壞或改變彈孔，木棒、金屬棒或中空金屬管對這類重建相當有用，使用的細棒子直徑應與彈孔相當，切不可太粗且硬擠入彈孔內。

3. 細繩：距離較遠的彈孔連線可用探針連接細繩相連，注意細繩下垂及彈孔斜面偏差的問題可能引起重大誤差。

光學投射法

1. 目視瞄準：在重建工作上，排列彈道上的彈孔中最簡單的方法之一是用目視觀察法，用這種方法去排列彈孔只能提供初步而非精確的方向，在彈道重建時應嘗試拍攝穿透一個彈孔觀察到另一彈孔的景像。

2. 低功率雷射：在目視瞄準後以雷射光投射連結彈孔非常有用，因雷射光在長距離下仍可保持直線，但在長距離重建時也必須注意受重力影響，彈道的路徑可能呈曲線，這在低速度的子彈上尤其明顯。

3. 以雷射路徑排列牆上的彈孔：彈道路徑停在牆壁內時，應設法觀察真正終點，而不能破壞入口彈孔，此時，可以在彈孔旁邊切開小洞以便觀察，或使用探針配上雷射光，將探針（中空的探針更好）插入洞口（注意切勿破壞彈孔），將雷射光沿探針射入以延伸探針的長度。

4. 記錄雷射光：以錄影或攝影記錄雷射光延伸在兩個或兩個以上彈孔間的情形，加上煙霧可以加強雷射光的顯現效果，但在戶外或有空調區域較難以煙霧配合觀察。

5. 定位架：市售雷射定位架可以協助固定雷射，雷射頭裝在多軸架上，並配有量尺可供測量與記錄。

照片 10.25a　在車庫內發現一個彈孔，從牆上內側拉出的細繩顯示彈頭飛行的路徑

照片 10.25b　目視瞄準法，木牆上的洞口在彈頭旁邊

照片 10.26a　經由切口可以看到彈道的人致方向

照片 10.26b　位在木牆上彈孔的特寫，以木質探針代表彈道

照片 10.27　用雷射光表現彈道，煙霧材料是用來協助觀察雷射光束，膠布是用來阻擋氣流

6. 雷射光的角度：彈孔與現場固定點的相關位置與角度方向的紀錄有賴量角器與量尺測量，鉛錘、斜角器與水平儀可以確保量角正確，一個彈道重建完成後才能進行下一個彈道的重建。

7. 在雷射光束上放置中間物：雷射光束可以輕易用在物體或人身上確認彈道重建工作，在含有軟質中間物的案件中（床墊、枕頭、椅墊等），使用中空探針幫助很大，但必須防止可能的曲線誤差。

8. 使用雙雷射：如上所述中空探針很適合對軟質物體上的彈孔進行彈道重建，使用相同形狀、大小、重量的替代物可以避免破壞實際證物，如果彈孔發生在屍體上，可以用兩個雷射來進行重建，第一個雷射路徑連結上後，第二個雷射則架在第一個雷射的光束上。

9. 輔助彈道排列裝置與光線問題：在戶外現場很難用雷射光進行彈道重建工作，晚上則較容易，臨時或輔助裝置、白色指示板或反光帶可以幫助白天的重建工作。

注意事項與誤差來源

　　撞擊之後的彈道在重建時很容易出錯，彈頭在擦撞、跳彈或大角度撞擊後的彈道很難預測。對所有經過中間物的彈道進行重建時應考慮到偏斜的問題。換言之，彈頭經過某個物體，將會產生某些程度的偏斜，偏斜的程度依物體的性質、形狀及彈頭與它作用的方式而定，表 10.3 是影響彈頭偏斜的因素。

　　雖然兩點就可以形成一個彈道，但因有偏斜現象使得兩點不足以重建彈道，需至少三點以上才可行。此外，還必須評估最有可能的偏斜角度以符合科學的重建，詳細規劃控制實驗，進行產生不同偏斜的試射以決定最有可能的情形。

表 10.3　影響彈頭偏斜的因素

中途目標的性質
- 硬度
- 表面特性
- 內部異質程度
- 內部異質方向
- 厚度、韌性與彈性

彈頭性質
- 硬度
- 形狀
- 質量與密度
- 切面積與密度
- 速度與飛行穩定度

飛行路徑與目標之角度
- 射入口表面
- 射出口表面

彈殼掉落的痕跡型態

　　在犯罪現場的彈殼位置也可提供重要的訊息，這些彈殼可以用來作為後續與嫌犯槍技的比對，確定是否發射這些彈殼，如果沒有查到槍枝，可以把彈殼輸入槍彈資料庫，如 Drugfire、整合式彈道資料系統（IBIS）或美國國家整合式彈道資料網（NIBIN）進行比對。由彈殼的位置可以大略研判射手可能的射擊位置，照片 10.28a 與 b 顯示彈殼掉落位置痕跡型態的實驗。雖然絕大多數的半自動或全自動槍枝的彈殼是向右掉落，但還是必須以涉案或相同廠牌與型式的槍枝進行實驗，以研判此特定槍枝的彈殼掉落型式。試槍時應注意會影響掉落型式的因素，這些因素包子彈種類、射手握槍與身體姿勢、退彈時射手的動作是靜止或移動、地面狀態、氣候狀態是下雨或起風。除了這些因素外，在下結論時還要小心可能有一兩個彈殼並不在它們實際上的位置，彈殼可能被踢開或被車子碰到移開等。

其他應注意事項

玻璃裂痕分布型態

子彈撞擊或貫穿玻璃所產生的裂痕，可以顯示的訊息有彈孔的位置、射入角度與方向、射擊順序等。除了這些破裂痕跡外，玻璃殘跡的分布對槍擊案的重建也有幫助，玻璃殘跡分布的起點與終點及分布的範圍，可以提供車輛窗戶最初被射的車輛位置及窗戶破掉後車輛移動的情形。

血跡噴濺痕跡型態

血跡噴濺痕的分析對槍擊案重建也很重要，高速撞擊噴濺痕與高能量武器產生的傷害有關，如槍傷等。有關血跡噴濺痕的分析請參閱前面的討論。找出高速血跡噴濺痕可以協助研判被害者的位置，並證實確實發生槍擊案件。子彈撞擊血液時，會同時出現向前與向後的血跡噴濺痕，這可由在自殺者的手掌背面發現高速度的血跡噴濺痕獲得證實，如照片 10.29a 與 b 所示。

車禍重建：車輛動力學

槍擊案中若涉有車輛，則在重建過程中應考量車輛動力學，最好是尋求車禍重建專家協助，檢驗剎車痕跡與損壞情形，研判在槍擊前、中、後可能的行車速度與方向。但只進行車禍重建也無法回答所有相關的問題，

(a)

(b)

照片 10.28a-b　彈殼掉落的跡痕型態試驗，照片中不同的分布型態是因射手姿勢的改變

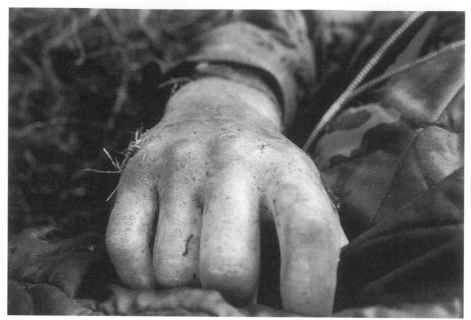

照片 10.29a　自殺被害者沾血的手，注意手背上血跡間的小血滴

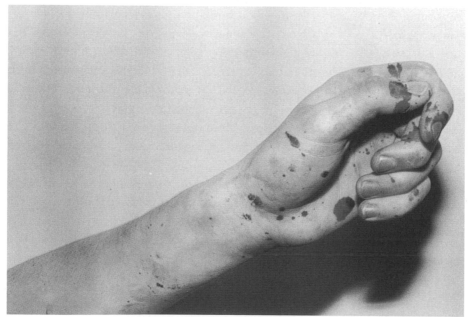

照片 10.29b　在命案被害者手掌上的高速度血跡噴濺痕，當被害者頭部被槍擊時，手正好在頭部附近

它只是槍擊案件重建中許多重要步驟之一。

警察涉入槍擊案件的特別注意事項

　　雖然槍擊案件不管有無警察涉入，其犯罪現場紀錄與處理的正確性與基本要求都是一樣的，但有警察涉入者還要遵守一些特別注意事項。這類案件若未徹底而正確地調查，則警察個人、警局與整個司法系統都會受到質疑、失去公信力並受到大眾的譴責，因此，應提高調查層級，保證獨立超然。而這類案件的困難與複雜亦非一般槍擊案件可比擬，甚至也無目擊證人可提供線索。

　　警察槍擊案件的確會引起媒體注意與公共議論，通常最初幾個小時的調查與反應會給予大眾最深的印象，必須快速與正確地透過媒體系統向大眾報告實情，若不能對媒體的簡要問題提出回應，將予人隱匿實情的感覺，但還是要小心不要過早下結論或評論。在調查期間或結束後，除了要與涉案的警察及被害者家屬及律師連繫外，應隨時與民意代表、團體及媒體保持連繫。

　　查明真相是警察首長一定要做到的，整個調查應盡可能由外部單位負責，檢察單位是最終負責調查用槍是否合法的單位，警察單位與實驗室則是負責現場勘察，若外部單位沒有足夠資源可以協助，則至少應指派高階人員參與並確保參與人員與涉案警察並無親近關係。由於案件敏感，應盡可能動員可用資源與專家參與，在現場勘察之初就應由現場勘察小組與刑事鑑定專家參與勘察及重建工作。

　　警察槍擊案件有一些共同的特點足以挑戰偵查工作，即通常缺少證人，至少在偵查的初期很難有證人出現，在現場的人可能已死亡或重傷而無法訊問。

　　涉案的警察往往行使憲法保護權利，避免未來不利的調查，使得犯罪現場勘察可能是在一個完全沒有任何背景資料下進行的工作。

現場解除管制後才要求進行重建工作的注意事項

　　必須徹底地研究所有的犯罪現場照片、解剖報告照片、現場錄影帶、現場測量、現場描述、現場報告與物證的檢驗報告，盡可能在案發後盡速勘察現場、完整記錄現場、當場檢驗物證以觀察任何可能的損壞、斑痕與狀態，提供後續重建工作最好的機會。雖然完整的重建不太可能，但部分重建（重建出某些事實或現象、而非全部）對案件偵查可能非常重要。經由重建獲得的訊息往往可以導致案件的突破。勘察人員與實驗室人員（及命案中的法醫人員）必須一起合作，進行徹底與無私的勘察，分享重建所需的所有資訊，團隊合作在犯罪現場勘察與重建應永遠存在。

撰寫重建報告

一般性原則

1. 應有兩位勘察人員審閱與簽名。
2. 詳列撰寫重建報告所依據的資料。
3. 應完全符合在審閱與重建過程中所做的紀錄。
4. 利用標示清楚的照片協助表現你的觀察與評論。
5. 切勿引用或依據不夠具體的訊息。
6. 清楚載明任何相關的事實。
7. 如果數據不夠無法研判也應載明。
8. 不要過度自信或提供太偏狹的意見或觀察。
    (1)使用語詞可為：與……一致、與……相似、很有可能、與現有數據或事實不一致、就現有資訊仍無法確定等。
    (2)保持開闊、客觀的心胸。
9. 直到有結論才可對外發表。
10. 客觀評估，容許不同的結論或意見。

11. 一般而言，許多基本細節可以保留為口頭證詞，記住，任何文字敘述都必須經其他專家看過。

12. 保持客觀，忠於事實真相。

　　任何重建都只能做到現有資訊所能說明的程度，這些資訊可能來自犯罪現場、物證、紀錄、供詞、證人帳戶及其他已知資料等。這些資訊的蒐集過程與其在重建的應用上，將顯示出犯罪現場重建的科學本質及帶給偵查人員成功的犯罪偵查。

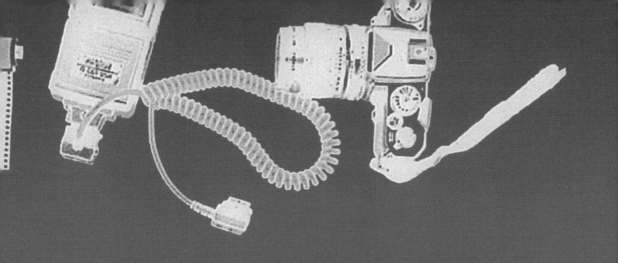

案例研究一

部分重建（重點：血跡型態分析）

　　如果犯罪現場經過詳細地記錄、相關證物經由有系統地搜索獲得，並取得實驗室鑑定結果及法醫報告等，就可進行全面的現場重建。不過，邏輯化判讀的部分重建結果，也可提供勘察人員協助確定或排除在犯罪現場發生的特定事件或行為，資深的勘察人員只需現場照片、物證檢驗與閱讀相關報告，就可能可以進行部分重建。以下案例是發生在夏威夷希羅（Hilo）的一件命案，在副檢察長科特・史朋（Kurt Spohn）的領導及希羅警局保羅・費雷拉（Paul Ferreira）、馬丁・伊拉薩（Martin Ellazam）及其他勘察人員的努力之下，經由現場勘察取得必要的資訊與完整的現場紀錄，再配合血跡型態的重建而破案。

　　一九九二年十一月二十七日夏威夷警察局的巡佐肯尼斯・馬西森（Kenneth Mathisson）與妻子伊佛尼（Yvonne）在火山公路駕車北上，依馬西森巡佐的說詞，伊佛尼在雨天的夜晚開著他們的廂型車，路上他們曾為家事吵了一架，在爭吵中她突然從行進中的車子跳出去，但馬西森巡佐在調查中提出許多版本。依據報案，最先反應到現場者看到的是馬西森巡佐抱著重傷的太太在廂型車的後行李區內，馬西森巡佐告訴證人及最先反應到現場者，在他太太跳車後，他開著車子在那個地區尋找她的下落，並發現她躺在路邊，顯然被不知名的車子撞到。後來，馬西森巡佐說，在黑暗又下雨的夜晚，他慢慢開著車子找尋太太的下落，突然間他覺得撞到東西，下車一看才發現廂型車已經輾過她了。

　　伊佛尼・馬西森被送往當地的醫院，不久傷重死亡。死因是嚴重的頭骨破裂及相對應的左側頭部有一個傷口，解剖發現頭骨破裂與垂直揮打的結果一致，而與車輛輾過的傷害不符。她有一隻手臂斷裂，左胸有一個輪胎痕，可能就是據稱她被廂型車輾過的痕跡。

勘察結果

　　本案最初是以死亡車禍偵查，除了巡邏警察的初步偵查外，其他偵查與技術人員也奉派加入，車禍現場重建專家馬丁‧伊拉薩警官與保羅‧費雷拉警探及其他調查人員奉命進行調查。在完成初步勘察後，警探與車禍現場重建專家開始懷疑伊佛尼的死可能涉及謀殺行為。勘察結果送給副檢察長科特‧史朋審閱時，他也覺得應該不是車禍致死案件。不幸的是，伊佛尼的屍體已被快速火化了，因此，不可能進行進一步的法醫檢驗。

　　一九九三年五月七日，李昌鈺博士應科特‧史朋的邀請到希羅檢驗馬西森的廂型車，李博士進行了詳細的車子內外檢查，並注意到血跡型態及其他證物與馬西森的供詞不一致，李博士找到的部分重點列舉如下：

1. 駕駛座上遮陽板有沾血頭髮多次摔撞的痕跡，這些痕跡型態是被害者頭部的接觸移轉痕跡。
2. 駕駛座之車門上有六角螺帽，其上沾有血跡與毛髮，六角螺帽的形狀與被害者右臉上的傷痕型態相符。
3. 在儀表板上有數以百計的中速度血跡噴濺痕，應是多次撞擊所致。
4. 在廂型車的貨廂拉門上有一個拳頭血印與數枚血指印，顯示被害者頂住貨廂門，接著沿壁倒下。
5. 在貨廂區域有泥土混雜著血液，仔細分析發現先有血液再有泥土。
6. 在駕駛座入門踏板上採到一段繩子、一束頭髮與一些植物碎片，這些頭髮的一端都是被壓碎斷裂的。

實驗室鑑定報告

　　物證被送往聯邦調查局刑事實驗室分析，包括廂型車後廂內及駕駛座附近的毛髮及血跡，血跡型態與物證檢驗結果都被用來重建現場，確定案發順序及被害者被攻擊時的位置。

最後的現場重建

在完整記錄現場、勘察及證物鑑定與參考偵查資料後，進行本案重建。儘管伊佛尼的屍體已被火化而不可能檢驗，但還有馬西森的廂型車可供檢驗分析。值得一提的是，證物的完整性曾受到挑戰，因為在前後兩次鑑定間，廂型車並無受有效的監管，這些顧忌與挑戰在比對最初拍攝的照片與命案六個月後李昌鈺博士檢驗時廂型車的狀態後，完全被克服。

最後的重建報告被用來作為刑事審判的證據，馬西森巡佐被判綁架與謀殺，下列所述為重建報告中的部分摘要。

摘要

1. 命案發生於一九九二年十一月二十七日晚上，夏威夷觀景山附近第十一號道路南下路邊，確實的時間與地點此時無法確定。

2. 涉案車輛是灰褐色一九八四年福特廂型車，車型為 Econ E150，夏威夷車牌號碼 HRJ038，手排系統，腳踏式離合器裝在駕駛側的地板。

3. 在乘客座下方底盤有些區域測出具有血跡反應，並發現到一些疑似毛髮／纖維物質。依據費雷拉警探提供的資料，在這些區域發現的組織、血液及毛髮樣物質都已採取，若這些物質是屬於被害者的，那麼很明顯地在某一個時間點，被害者曾直接接觸到乘客座位下方底盤。

4. 被害者左胸口有一個輪胎似的印痕，顯示在某一個時間點，有個汽車輪子接觸到她的胸口，臉部及身體其他部位並未發現輪胎痕，顯示輪胎與身體其他部位並無直接接觸。

5. 依據解剖報告，被害者的下肢並無典型的汽車傷痕，顯示被害者並不是在站立時被撞。

6. 依據亞文·歐莫里（Alvin Omori）醫生的報告，被害者頭部的傷應不是車禍造成。

7. 在儀表板上發現有中速度的血液噴濺痕，這種痕跡、數量與分布顯示血液的噴濺並非自由滴落而是有動力來源，由左往右並朝下的方向噴濺形成，這些痕跡可能由被害者傷口中的動脈或靜脈噴出。這種噴濺的型態與車輛輾過時所造成的痕跡不同。

8. 在駕駛區域發現的中速度血液噴濺痕顯示血液是由多次撞擊所引起，照片 65 為這些血跡噴濺痕重建的情形。

9. 在遮陽板與閱讀燈附近天花板上發現有頭髮刷掃痕的接觸移轉痕跡，這顯示在某一個時間點上，沾血物質曾與此接觸造成移轉。頭髮刷掃痕可能是因頭髮沾血所引起，這個痕跡顯示運動方向是由左到右，此與被害者被車輾過所形成的痕跡不符。

10. 在駕駛座的車窗、車門與門框上都發現有血跡及血跡噴濺痕，這些型態與分布都顯示不是一次產生的。

11. 在窗框螺帽旁發現有深厚血跡，顯示此處曾與大量含血物質接觸，此處也有頭髮與疑似組織物質，顯示被害者的頭部曾撞擊此處，這

照片 65

些痕跡也與單純的車禍引起的痕跡不符。

12. 在貨廂區天花板及備胎旁乘客邊的內側壁上，有大量中速度血跡噴濺痕，這些痕跡型態、數量與分布顯示，有某種中速度的力量加諸血液來源而形成這些痕跡。

13. 在貨廂邊乘客座位內側壁上顯現出的印痕，顯示某人沾血的手兩次碰到牆壁再下滑而過。

14. 在分析廂型車內外血跡型態、毛髮、組織與積血血跡位置、法醫報告、犯罪現場勘察報告及原始犯罪現場照片後，獲得下列結論：

(1)在乘客位子下方底盤的血跡是屬於接觸移轉的血跡型態，這些可能是被害者被輾過所造成。

(2)廂型車內的血跡噴濺痕與車禍所造成的痕跡不符，這些痕跡型態與由多次重力撞擊血液來源所形成的痕跡相符。

李昌鈺博士   史丹力・李

康州刑事實驗室主任   資深科學家

康乃迪克州刑事研究訓練中心
重建報告

送鑑單位：　　　　　　　　　　送件日期：一九九三年三月十一日
夏威夷希羅警察局

　　　　　　　　　　　　　　　完成日期：一九九三年六月二十日
報告移送給：
夏威夷希羅警察局　　　　　　　夏威夷希羅警察局
威拉局長　　　　　　　　　　　費雷拉警探

案件編號：D-99428　　　　　　實驗室編號：HL930311HA

一、照片與資料檢驗

　　一九九三年三月十一日，由希羅警察局警探保羅・費雷拉送來一件在一九九二年十一月二十七日發生的死亡車禍案的重建請求公文，並附有一宗調查案卷、解剖報告及一套現場照片。

　　現場照片共有一七五張，可分成四組：

　　第一組照片有十四張，是由希羅警局朱樂莫警探在案發當晚拍攝，這些照片主要顯示犯罪現場中的灰褐色廂型車的各種角度照片。此外，有六張照片顯示在廂型車內不同位置的血跡，由於這些照片都是遠距離拍攝，因此無法依此判讀這些血液噴濺痕。

　　第二組照片有十一張，是由伊拉薩警官在一九九二年十二月二十一日拍攝。這組照片呈現車輛內部景像，在貨廂區、中隔板、閱讀燈附近天花板、儀表板、方向盤與駕駛座門窗上都有疑似血跡，這些疑似血跡有些是接觸移轉的塗抹痕跡，有些則是中速度撞擊噴濺痕。

　　第三組照片有三十二張，由費雷拉警探在一九九三年二月二十五日拍攝。其中三張照片拍攝廂型車外觀，其餘則為廂型車內內部痕跡，在廂型車內多處有疑似血跡，這些血跡型態可分類成下列數種：

1. 在貨廂區的備胎與牆壁上的疑似血跡為低速度血跡、接觸移轉的塗抹血跡與中速度的血跡噴濺痕。

2. 在閱讀燈附近的天花板、前遮陽板、方向盤與駕駛座旁邊的疑似血跡為接觸移轉痕跡，有些則與頭髮揮掃過的痕跡相似。

3. 在駕駛門、窗與門框區域的疑似血跡主要為接觸性的滴落血跡型態，有些則可能為中速度的血液噴濺痕。

4. 在儀表板上的疑似血跡為中速度的血液噴濺痕，這些血液噴濺痕可能由某些內在或外在的中速度力量所引起。

　　第四組照片為其他的八十七張，由費雷拉警探在一九九三年二月二十五日拍攝，這些照片可以分成下述四類：

1. 二十二張照片顯示廂型車的外觀，廂型車的擋泥板到地面的高度約十四英寸。

2. 三十一張照片是廂型車內部狀態，這些照片顯示與第三組照片疑似血跡的特徵相似。

3. 二十六張照片是廂型車底盤的外觀，在乘客座位下方有好幾個區域有疑似血跡與組織物質，底盤的高度約十至十四英寸。

4. 八張照片顯示各種衣服與物品，此刻並無法對這些衣物做進一步解釋。

　　第五組照片為二十五張解剖照片，由這些照片可以看到臉部各種傷痕，在左胸口有疑似輪胎印痕，其他在被害者的左手、左臂與頭部也有傷痕，這些傷痕在希羅醫院查理士・萊侯德醫生之解剖報告都有詳細描述。

二、汽車檢驗

　　一九九三年五月七日本人在希羅警察局車庫檢驗涉案的汽車，觀察所得如下，涉案車輛是一九八四年福特灰褐色廂型車，夏威夷車牌為HRJ038，里程表顯示 92,497 英里，以下是檢驗廂型車所得：

1. 照片 1 顯示廂型車之車頭外觀，在外表並無新撞擊痕跡，沒有可見的血跡、組織或纖維印痕，只有在駕駛座門後發現有一個紫色斑痕。以化學試驗法檢驗是否為血，結果呈陰性反應，這個斑痕應為果漿之斑痕。在駕駛座門下方有一些乾燥的植物，如照片 2 所示。

2. 照片 3 顯示廂型車前面車牌下方的特寫，保險槓下方有一個凹痕，這個凹痕應是舊痕。

3. 隨後車輛被頂起檢查底盤，發現許多新的撞痕，照片 4、5 與 6 為這個區域的外觀。

4. 在乘客座位下方底盤有接觸移轉型態的塗抹痕、一些植物，疑似泥土物質與疑似毛髮纖維等，照片 7 至 10 為這些物質的特寫。

以化學試驗法檢驗出這些均含有血液，下表為這些實驗之摘要：

位置	試驗結果	微量物質	照片
前保險槓	—	—	#3
輪蓋	—	草	#4
輪蓋	—	土壤	#8
輪軸	＋	抹痕	#6、7
排氣管	＋	抹痕	#10

5. 在乘客下方的輪軸區域有疑似毛髮纖維物質，這些物質已採取並送費雷拉警探保管。

6. 照片 11 顯示廂型車內部景像，在擋風玻璃上有裂痕，這個裂痕與

照片 2

照片 3

線性、輻射狀裂痕一致,照片 12 記錄擋風玻璃上的裂痕,在這裂痕上並未發現疑似血跡或毛髮物質。

7. 在駕駛座附近,駕駛座天花板與駕駛座車門附近發現許多紅棕色疑似血跡,這些斑痕經檢驗為血跡,下表為檢驗結果。

位置	檢驗結果
塑膠蓋	＋
遮陽板	＋
天花板	＋
閱讀燈	＋
方向盤	＋
儀表板	＋
門框	＋
車窗	＋

8. 照片 13 顯示廂型車的前中段外觀,即駕駛座乘客座位中間區域,在駕駛座位的椅背上有血跡。

此血跡為寬三英寸、長五英寸之接觸移轉的塗抹痕跡,此外,在

照片 13

儀表板上的塑膠蓋上也有疑似血跡，這些血跡是中速度撞擊的噴濺痕。

照片 14 與 15 是這些血跡的特寫，噴濺痕的方向是由上而下，以約十至二十度角撞擊塑膠蓋。

9. 照片 16 與 17 顯示駕駛座位上方的天花板，在遮陽板上有一大片血跡，另一片血跡在閱讀燈旁的天花板上。

照片 18 是遮陽板上血跡的特寫，為寬三英寸、長五英寸的接觸移轉刷掃痕，刷掃痕方向是由右而左。照片 19 是化學法顯現血跡的結果，此處可發現疑似頭髮的刷掃痕與中速度撞擊血跡噴濺痕。

照片 20 是閱讀燈旁天花板的血跡，為長十一英寸的條狀血跡，並為典型的接觸移轉性血跡。

此處也找到一些疑似頭髮的纖維，並由費雷拉警探保管。

照片 21 是化學法顯現血跡的結果，這些痕跡為疑似頭髮的刷掃痕，此外在駕駛座的天花板也有一些血跡，這些血跡顯示在照片 22 上，為接觸移轉痕跡。

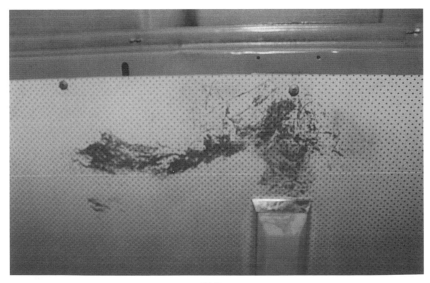

照片 21

照片 22

10. 在車門上框中間也發現疑似血跡，如照片 23 所示，為長約三英
　　寸、寬約二英寸的接觸移轉痕跡，顯示在某一個時間點，含血來源
　　直接在此接觸，隨後再移走而留下痕跡。
　　在六角螺帽上也發現有疑似血塊，照片 24 為此血跡之特寫，照片

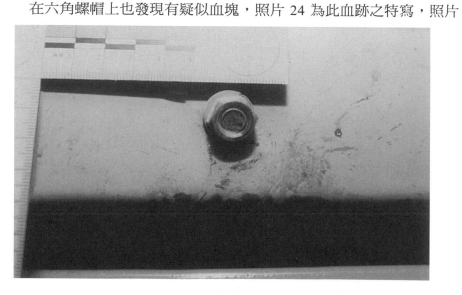

照片 24

25 為化學法顯現後的情形。

此處血跡也發現沾有疑似毛髮物，此為人類頭髮，已採取由費雷拉警探保管。

11. 在駕駛座車窗內側也有疑似血跡，大約有三十個小噴濺血點，血跡點的直徑約為 1 至 3 公釐，照片 26 顯示此處之噴濺血跡。

12. 照片 28 顯示左（駕駛側）車門內側之血跡，大約可發現有十五個血跡。照片 29 為此車門之下部外觀，此處可發現一些疑似土壤塗抹的痕跡，塗抹方向為從右上到左下。

照片 30 是此區域血跡之特寫，有些血跡是血滴幾乎垂直滴下而與車門表面呈約十至二十度角撞上，照片 31 即顯示此特徵痕跡並附有比例尺。

13. 在駕駛門框內側也有疑似血跡，照片 32 顯示此處門框右上部外觀。

此處疑似血跡約四英寸長，在門框右上角，為接觸移轉痕跡，照片 33 顯示此處血跡型態。此處亦有血跡噴濺與塗抹痕，如照片 34 與 35 所示。

在門框左側有約長三十英寸、寬二英寸之血跡，為連續滴落之血跡，如照片 36 所示，滴落的方向是由上而下，照片 37 是此處血跡上半部的特寫，主要為接觸移轉痕跡。

14. 照片 38 為駕駛車門外的踏板，踏板上有乾燥植物、菸蒂、疑似土壤殘渣、疑似毛髮物與疑似血跡等，照片 39 為這些物質的特寫。

照片 40 為此處血液噴濺痕的特寫，約有二十個小血點（直徑約 1 至 3 公釐），為中速度撞擊血液噴濺痕。

照片 41 為踏板中間區域，可發現疑似土壤塗抹痕與疑似毛髮物，在踏板角落上的一束毛髮顯示於照片 42，約含二十根毛髮，這些毛髮以顯微鏡觀察與人類的頭髮相似，在毛髮上可發現一些血痕，這些毛髮已經採取並由費雷拉警探保管。

15. 在方向盤上也發現許多疑似血液的抹痕，如照片 43 所示，有些血跡是滴在別的血跡之上。

照片 39

照片 43

　　方向盤軸之左側方向燈桿上掛著一只手錶，如照片 44 所示，在方向盤軸左側上也有疑似血跡，此在照片 44 亦可觀察到。

16. 照片 45 顯示里程表上的血跡，大約有一百或更多的噴血點分布在

照片 46

里程表蓋的右側上。

這些血跡是屬於中速度撞擊的血液噴濺痕，方向是從左上到右下，以十到二十度角撞擊所致，如照片 46 所示。

17. 在廂型車貨廂區域可以發現大量血跡、疑似土壤痕跡、香菸盒及其他殘渣在堆疊物上，如照片 47 與 48 所示。

由於堆疊物的位置已改變，有些並已被移走（與原始照片比較），因此，無法進一步判讀。

18. 照片 49 為廂型車右側室內外觀，勘察時，側門與後門都是關著，在廂型車後許多地方都可發現疑似血跡。

照片 50 為側門門把的特寫，此處可發現一些疑似血跡及一張含有疑似血跡抹痕的白色衛生紙。

19. 照片 51 為廂型車右後方內側的外觀，在後方牆上掛著一個備胎，此處可見一些疑似血跡。

照片 52 為備胎之特寫，在輪胎外表上有一大片血跡，有些是接觸移轉痕跡，有些則是中速度的血液噴濺痕。

20. 照片 53 是備胎的左側區域，此處有大量血跡，大多數是移轉的塗

照片 47

照片 58

抹痕，如照片 54 至 56 所示。

21. 照片 51 顯示頂部隔板上有一疑似印痕，此為沾血印痕，照片 57 為此印痕之特寫。

以化學法顯現之印痕如照片 58 所示，此處的印痕包含兩個由同一沾血的手所留下的痕跡。

照片 59 是這兩個血手印的特寫，左邊的印痕為運動中印下的部分拳頭印，運動方向是由左上而右下約四十五度。

右邊的印痕是由手的扭曲動作所遺留下來的，動作方向是由右上至左下，如照片 60 所示。

照片 61 為這些血印之全景，這些印痕顯示一隻沾血的手觸碰到廂型車的這個地方而引起移轉痕跡。

22. 在廂型車天花板中段也有大量血液噴濺痕，如照片 62 所示。

在這個區域可發現約有一百個噴血點，照片 63 為這些噴血點的外觀，均屬於中速度的噴血點，有些噴血點的方向是由右至左，有些是由後至前，如照片 64 所示。有些噴濺痕是拋甩痕跡，有些則是中速度撞擊的痕跡。

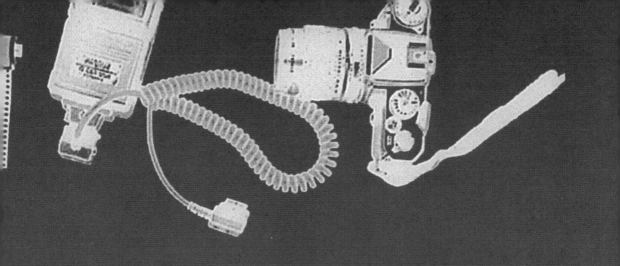

案例研究二

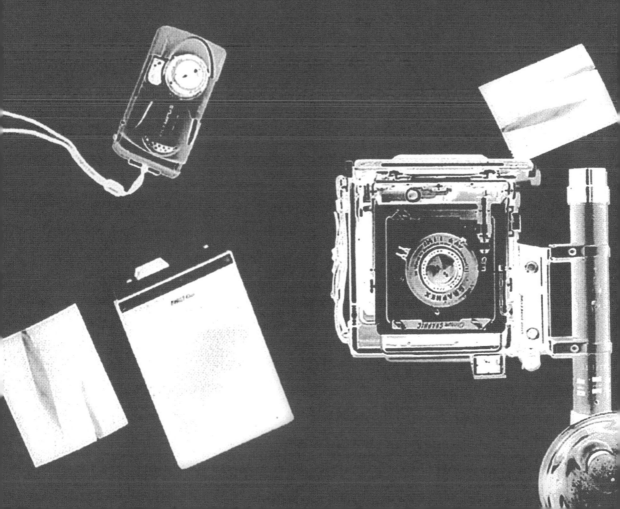

完全重建（重點：槍擊現場重建）

　　槍擊現場勘察可能非常複雜又具有挑戰性，而且往往只有透過現場重建才能獲得答案。槍擊現場的重建包括研判彈道、射擊距離、彈殼掉落位置、玻璃裂痕分析、血液噴濺痕研判及彈頭上微量證物的顯微分析。與其他種類現場重建一樣，槍擊現場重建的最後報告是依各種分析內容的品質而定。

　　在各類刑案中，從毀損到命案所發生的槍擊事件，現場重建工作對調查人員與法院的幫助很大。然而，警察涉入的槍擊案件則屬於重大案件，更應該客觀公正地調查，透過完全重建來發現真相。下列案例是警察涉入的槍擊案件導致嫌犯死亡及一名十三歲男孩人質重傷，在完全重建後，調查結論獲得民眾信賴，司法制度也得以維繫。

　　一九九三年一月十一日，傑克・瓊斯，前科累累的四十二歲男性，走進康乃狄克州海岸邊一家汽車經銷商要求試開一部野馬車，推銷員同意並與被告一起坐上車。

　　到了九十五號州際公路，被告掏槍射殺推銷員並駕車逃逸，經過幾個城市後野馬車汽油耗盡，被告攔下路邊的機車騎士，到附近加油站買汽油回來加油，加了一桶油後，被告開著野馬車到加油站再把油箱加滿，加油站人員從新聞報導認出被告與車輛並通知康州警察局，州警巡邏員馬上趕到現場發現被偷車輛，並與被告開始追逐。被告失控撞毀野馬車並企圖徒步逃離，在州警設下的路障上，一名婦女開著學校廂型車載有兩名特殊教育學生，分別是十三歲與十四歲，停在路障前。被告逃至路障前，手持槍枝進入廂型車內，命令駕駛開車逃離。州警巡邏員繼續追逐了二十英里，一路開槍射擊；大約經過四十五分鐘，在警察設下的水泥卡車路障前結束追逐，四輛警車迫使校車停下，當車一停下，被告馬上從前窗與側窗對靠近的警察開了好幾槍，四名圍著校車的州警也回開數槍，並把被告擊斃。

　　此外，車上一名小孩的胸部也中槍受傷，沒有人知道小孩是如何中槍。救護車馬上將小孩送到醫院，值班醫生檢查後認為槍傷是由前向後貫穿，為小口徑武器，類似點二五口徑槍枝。然而，在現場重建時發現，槍擊彈道應是由後往前射，仔細檢驗男孩的衣服卻發現射出洞口，這一槍很可能是由州警之一的九公釐手槍射傷，經醫院再檢查發現彈頭仍在小孩體內，確實是九公釐彈頭。

緊接著數日，開始進行現場重建以解答調查時所提出的疑問，學校廂型車與涉入之警車在重建時都被放回原來的相關位置上。

調查的重點為：

1. 在槍擊過程中一共開了幾槍？
2. 在槍擊過程中雙方各開了幾槍？
3. 每一槍之彈道、方向與角度各為何？
4. 是誰開槍擊斃被告？
5. 是誰開槍擊傷學童？
6. 槍擊順序為何？與警方是否用槍過當等。

下列為本案調查過程中的重建報告，由於完整的報告相當長，因此，部分報告與照片並未列出。

重建報告

案發城市：波特蘭

送鑑單位：東區刑案勘察組

報告移送給：米德賽克斯郡州檢察官辦公室與東區刑案勘察組組長

案件編號：C-93-0528

送鑑日期：一九九三年一月十一日

完成日期：一九九三年七月十三日

實驗室編號：ID 9300117

一、犯罪現場分析

一九九三年一月十一日應東區刑案勘察組與米德賽克斯郡檢察官辦公室之請求，李昌鈺博士、羅伯‧米爾巡佐、伊道‧培格里羅、肯尼斯‧熱西與羅伯‧芬克鑑識專家抵達槍擊現場，現場在波特蘭六十六西公路上。

照片 1 至 3 是案發時夜間拍攝的現場照片，現場由州警人員封鎖，如照片 4 所示，現場初步勘察結果如下：

1. 一輛白色福特廂型車掛著康州車牌 24064，停在六十六西公路的右側上，照片 5 顯示廂型車的位置與方向。

2. 廂型車的前方擋風玻璃已破損，擋風玻璃上有八個疑似彈孔，如照片 6 所示。

   這些疑似彈孔隨機散布在擋風玻璃上，有些疑似彈孔是由內往外射擊所產生，照片 7 為這些彈孔之特寫。

3. 照片 8 是廂型車駕駛側的全景，這一面有三個車窗。

   (1)最前面的車窗玻璃是拉下開啟著，如照片 9。

   (2)中間的窗戶玻璃已破損，照片 10 是特寫，如照片所示大部分的玻璃都已掉落，可能由一或二槍擊彈頭所破壞。

   (3)照片 11 顯示第三個窗戶，這個窗戶的玻璃也已破損但大部分的玻璃仍在，可以看到一個彈孔。

4. 照片 12 是後窗玻璃的損壞情形，兩片玻璃都已破損，在窗戶中間

照片 6

絕大部分的玻璃都已掉落，與由槍擊產生的破壞相似。

照片 10

照片 11

5. 照片 46 為廂型車車前擋風玻璃編號四彈孔的特寫。此彈孔位於距離擋風玻璃左邊緣約二十八英寸，距底邊緣約三英寸，洞口大小約 0.5×0.3 英寸。

6. 照片 47 為廂型車車前擋風玻璃編號五彈孔的特寫。此彈孔位於距離擋風玻璃左邊緣約二十五英寸，距底邊緣約四英寸，洞口大小約 1.0×0.7 英寸。

7. 照片 48 為廂型車車前擋風玻璃編號六彈孔的特寫。此彈孔位於距離擋風玻璃左邊緣約二十一英寸，距底邊緣約六英寸，洞口大小約 0.5×0.3 英寸。

8. 照片 49 為廂型車車前擋風玻璃編號七彈孔的特寫。此彈孔位於距離擋風玻璃左邊緣約十七英寸，距底邊緣約十英寸，洞口大小約 0.5×0.3 英寸。

9. 照片 50 為廂型車車前擋風玻璃編號八彈孔的特寫。此彈孔位於距離擋風玻璃左邊緣約一‧五英寸，距底邊緣約十五英寸，洞口大小約 0.4×0.3 英寸。

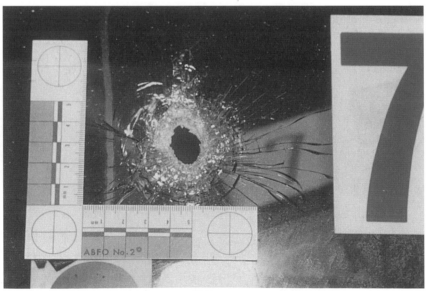

照片 49

10. 下表為上述所列八個彈孔的位置與大小：

彈孔編號*	距駕駛側邊緣	距底邊緣	大小
1	41 英寸	11.5 英寸	0.9 英寸直徑
2	34 英寸	16 英寸	0.9 英寸直徑
3	31 英寸	10 英寸	0.9 英寸直徑
4	28 英寸	3 英寸	0.5×0.3 英寸
5	25 英寸	4 英寸	1×0.7 英寸
6	21 英寸	6 英寸	0.5×0.3 英寸
7	17 英寸	10 英寸	0.5×0.3 英寸
8	1.5 英寸	15 英寸	0.4×0.3 英寸

*彈孔編號並不代表射擊的順序

11. 在廂型車車前擋風玻璃的上每一彈孔的放射與同心圓裂痕都經過分析，此外，每個彈孔坑洞也以放大分析，在檢驗後發現彈孔編號一至三是由車內向外射穿擋風玻璃再飛出車外而形成，而彈孔編號四至八則是由車外向車內射擊而引起。

12. 彈孔編號九位於廂型車車前「FORD」標誌旁濾網上，如照片 51 所示，照片 52 為此彈孔之特寫。此處彈道行徑是彈頭穿過濾網進入引擎區。

13. 照片 53 是廂型車前段內部情形，照片 54 顯示在前擋風玻璃內部與儀表板上的疑似彈孔。

14. 照片 55 顯示前排乘客座位椅背上的疑似彈孔，此彈孔在距地板約二十六英寸與距座椅外緣四英寸上，直徑約四分之一英寸，照片 56 顯示從洞口可見內部有海綿樣物質，照片 57 為此彈孔含量尺之特寫，此為射出口。

15. 照片 58 顯示位於側門內部的編號九彈孔，此彈孔位在距車門踏板約三十六英寸處，大小約 3/4×5/8 英寸，照片 59 是此彈孔之特寫，照片 60 含量尺，此為射入口。

16. 照片 61 顯示編號十彈孔的外觀，此彈孔位在前排乘客座位椅背上，距離地板約二十五英寸與距座椅外緣約四英寸上，直徑約十六分之一英寸，照片 62 為此彈孔含量尺之特寫，此為射入口。

17. 照片 63 是編號十一至十三彈孔之外觀，這些彈孔位在第一排座位上，照片 64 與 65 也是其外觀，照片 66 是編號十一彈孔附量尺的外觀，此彈孔位在距地板約二十五英寸與距扶手邊緣約六英寸上，直徑約十六分之一英寸。照片 67 是編號十二彈孔附量尺外觀，此彈孔位在距地板約二十五英寸與距扶手邊緣約四英寸上，直徑約四分之一英寸。照片 68 是編號十三彈孔附量尺的特寫，此彈孔位在距地板約二十三英寸與距扶手邊緣約五・五英寸上，此彈孔為半圓形直徑約二分之一英寸，編號十一至十三彈孔均為射出口。

18. 照片 69 顯示在第一排椅子上的編號十四彈孔，此彈孔位在距地板約二十九英寸與距扶手邊緣約二十英寸上，此彈孔形成約一英寸的

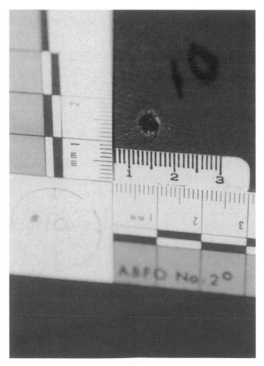

照片 62

裂痕，可從洞口看見海綿狀物質，照片 70 為此彈孔之特寫，照片 71 為此彈孔附量尺之特寫，此彈孔為射出口。

19. 照片 72 為第一排椅背上編號十五彈孔，此彈孔位在距地板約三十一英寸與距扶手邊緣約二十八英寸上，直徑約一英寸但有點橢圓形。照片 73 為此彈孔之特寫，此彈孔為射入口。

20. 照片 75 為編號十六與十七彈孔之外觀，它們位在右側第一排椅背上。照片 76 是編號十六彈孔之特寫，此彈孔位在距地板約三十一英寸與距扶手邊緣約四英寸上，直徑約四分之一英寸，照片 77 是此彈孔附量尺之外觀。照片 78 是編號十七彈孔的特寫，此彈孔位在距地板約三十一英寸與距扶手邊緣約一英寸上，直徑約四分之一英寸，照片 79 是此彈孔附量尺之特寫。此二彈孔均為射入口。

21. 照片 80 為編號十八與十九彈孔之外觀，此二彈孔均位在左側第二排椅上半部，照片 81 是編號十八彈孔之特寫，此彈孔位在距地板約三十三英寸與距扶手邊緣約五十英寸上，為約一英寸長之撕裂狀彈孔，照片 82 為此彈孔附量尺之外觀，為射出口。照片 83 為編號十九彈孔之特寫，此彈孔位在距地板約三十四英寸與距扶手邊緣約五十一英寸上，直徑約四分之一英寸，照片 84 為此彈孔附量尺之特寫，為射入口。

22. 照片 85 為編號二十至二十二彈孔之外觀，這些彈孔都位在右側第二排椅子的正面上，照片 86 是這些彈孔的特寫，照片 87 是編號二十彈孔的特寫，此彈孔位在距地板三十三英寸與距扶手邊緣四英寸上，直徑約四分之一英寸，照片 88 為此彈孔附量尺之特寫，為射出口。照片 89 是編號二十一彈孔的特寫，此彈孔位在距地板約三十一英寸與距扶手邊緣約四英寸上，直徑約四分之一英寸，照片 90 是此彈孔附量尺之特寫，為射出口。照片 91 為編號二十二彈孔的特寫，此彈孔位在距地板約三十英寸與距扶手邊緣約二至二分之一英寸上，直徑約二分之一英寸，照片 92 是此彈孔附量尺之特寫，為射出口。

23. 照片 93 是編號二十三至二十六彈孔之外觀，這些彈孔都位在右側

照片 85

第二排椅子的背面上，照片 94 是編號二十三彈孔的特寫，此彈孔位在距地板約二十八‧五英寸與距扶手邊緣約十英寸上，直徑約二分之一英寸，為射入口，照片 95 是此彈孔附量尺之特寫。照片 96 是編號二十四彈孔之特寫，此彈孔位在距地板約三十一英寸與距扶手邊緣約九‧五英寸上，直徑約四分之三英寸，為射入口，照片 97 為此彈孔之特寫。照片 98 是編號二十五彈孔之特寫，此彈孔位在距地板約三十一‧五英寸與距扶手邊緣約四英寸上，直徑約四分之一英寸，為射入口，照片 99 是此彈孔附量尺之特寫。照片 100 是編號二十六彈孔之特寫，此彈孔位在距地板約三十一英寸與距扶手邊緣約二英寸上，直徑約四分之一英寸，為射入口，照片 101 是此彈孔附量尺之特寫。

24. 照片 102 為編號二十七彈孔之外觀，此彈孔位在右側第三排椅子正面，距地板約三十一英寸與距椅子邊緣約七英寸上，彈孔為長約一‧五英寸撕裂痕，撕裂痕內彈孔約四分之一英寸寬，此彈孔為射出口，照片 103 為此彈孔附量尺之特寫。

25. 照片 104 為右側第四排椅子背面的編號二十八彈孔，此彈孔位在距地板約三十一英寸與距椅子邊緣約六英寸上，直徑約四分之一英寸，為射入口，照片 105 為此彈孔之特寫，照片 106 是此彈孔附量尺之特寫。

26. 照片 107 為駕駛側第三排椅子上編號二十九破洞，此破洞與彈孔形狀不符，放大觀察發現是由尖銳物切割而成，照片 108 為其特寫。

27. 在廂型車後門框內側附近有四個疑似彈孔，照片 109 是它們的外觀，照片 110 是編號二十疑似彈孔外觀，此疑似彈孔位在距地板約四十八英寸與距廂型車金屬邊約十二英寸上，大小約 1/2×3/4 英寸，照片 111 是此疑似彈孔附量尺的外觀。照片 112 是編號三十一疑似彈孔外觀，此疑似彈孔位在距地板約四十七英寸與距廂型車金屬邊約三十五英寸上，大小約 1×1/2 英寸，照片 113 是此疑似彈孔附量尺的外觀，照片 114 是編號三十二疑似彈孔外觀，此疑似彈孔位在距地板約四十七英寸與廂型車右後角上，大小約 2×1 英寸，照片 115 為此疑似彈孔的特寫，照片 116 為此疑似彈孔附量尺的特寫。照片 117 是編號三十三疑似彈孔外觀，此疑似彈孔位在距地板約三十八英寸與距廂型車邊緣約二十九英寸上，直徑約二分之一英寸，照片 118 是此疑似彈孔附量尺之特寫，編號二十至三十三疑似彈孔均為射入口。

28. 照片 119 與 120 顯示廂型車正面標示排右側有三個疑似彈孔，這三個彈孔正好可對上廂型車正面右上方天花板外的三個疑似彈孔。

29. 除上述彈孔外，廂型車的有些窗戶上也有疑似彈孔，照片 121 為駕駛側車窗的重建情形，照片 122 為廂型車左側第三個車窗彈孔的特寫，此彈孔直徑約一至四分之三英寸，位在距車窗底六‧七英寸與距車窗左側邊緣二十七‧二五英寸上，由玻璃裂痕與型態分析顯示，此彈孔為射入廂型車之子彈再穿出玻璃車窗而形成。

二、彈道重建

　　一九九三年一月十五日，李昌鈺博士、肯尼斯‧熱西、大衛‧吉伯、

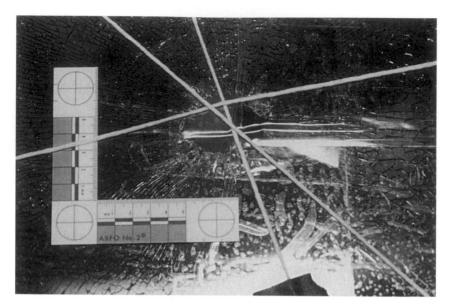

照片 122

照片 124

羅伯‧歐布來恩鑑識專家與攝影師鮑爾‧彭德到柯徹斯特州警巡邏隊繼續重建槍擊案，廂型車與兩部直接涉入的警車再依一九九三年一月十一日晚上發生時測量記錄的位置，重新擺放在巡邏隊車庫內，觀察結果如下。

1. 照片 123 與 124 為重新布置後，廂型車之駕駛側與兩部警車的外觀，照片 125 與 126 為廂型車前景，照片 127 與 128 為後景。

2. 六枚九公釐彈殼位在廂型車駕駛側地上，七枚九公釐彈殼位在廂型車前，四枚九公釐彈殼位在廂型車內後段，一枚九公釐彈殼位在廂型車後地上。

3. 為協助研判彈道，重建中使用了木條、繩索與雷射光等器材，照片 129 至 133 為廂型車車前擋風玻璃的彈道重建情形，重建出八個彈孔的彈道，重建結果摘要如下：

彈孔編號*	射入／射出	方向	距左邊緣	距底緣
1	射出	向外	41 英寸	11.5 英寸
2	射出	向外	34 英寸	16 英寸
3	射出	向外	31 英寸	10 英寸
4	射入	向內	28 英寸	3 英寸
5	射入	向內	25 英寸	4 英寸
6	射入	向內	21 英寸	6 英寸
7	射入	向內	17 英寸	10 英寸
8	射入	向內	1.5 英寸	2.15 英寸

*彈孔編號並不代表射擊順序

4. 照片 134 與 135 為重建後顯示每一發子彈之方向。

5. 照片 136 與 137 顯示廂型車前濾網上的彈孔，此彈孔方向是由外向內射入，射擊彈道是由前向後並向下約十度左右，濾網的破洞約一至二分之一英寸長，子彈貫穿後進入散熱器內。

6. 照片 138 顯示廂型車駕駛側中間車窗的外觀，絕大部分的玻璃已掉落，經由殘留玻璃的裂痕分析，數發子彈明顯射過此處，但由於玻璃破損嚴重，故無法確定有多少發子彈是由外向內或由內向外發射。編號九彈孔（乘客側拉門內側）與編號九 A 彈孔（乘客側拉門外側）為一組彈道射入射出口，從駕駛側中間窗戶的方向射入。

7. 照片 139 顯示廂型車駕駛側第三個車窗上的彈孔，此彈孔直徑約一至四分之三英寸，距地面約五英尺六英寸高，距車窗底緣約六又四分之三英寸與距車窗左緣約二十七又四分之一英寸。

8. 上述第七點所提彈孔為單次射擊所產生，彈道為自車外由左至右，由後向前約四十五度角射擊，子彈進入車窗後射穿第二排椅子上編號十九彈孔，再由編號十八彈孔射出，再進入第一排椅子彈孔編號十五，並由編號十四彈孔射出。

9. 照片 140 顯示後門車窗的外觀，如照片所示，車窗中間玻璃已掉落，從玻璃裂痕可以研判可能撞擊點。

10. 照片 141 與 142 顯示廂型車後門內部情形，以白繩重建造成玻璃裂痕的可能撞擊中心，在後門上也發現其他疑似彈孔，下表是這些疑似彈孔的位置與狀態。

照片 142

彈孔編號	位置		大小
	距右緣	距地面	
30	12 英寸	48 英寸	1/2×3/4 英寸
31	35 英寸	47 英寸	1×1/2 英寸
32	0 英寸	47 英寸	2×1 英寸
33	29 英寸	38 英寸	1/2 英寸

11. 在廂型車內一共找到三十三個疑似彈孔，每一個彈孔都經過編號、
    鑑定、測量與分析，下表為這些彈孔檢驗的結果。

彈孔編號	位置	射入／射出	證物編號
1	天花板	射入	—
2	天花板	射入	—
3	天花板	射入	—
4	儀表板	射入	#124
5	儀表板	射入	#126
6	儀表板	射入	#129
7	儀表板	？	—
8	乘客座位	射出	—
9	邊門	射入	#143 與 #162
10	乘客座位	射入	—
11	第一排座椅	射出	—
12	第一排座椅	射出	—
13	第一排座椅	射出	—
14	第一排座椅	射出	—
15	第一排座椅	射入	—
16	第一排座椅	射入	—
17	第一排座椅	射入	—
18	第二排座椅	射出	—
19	第二排座椅	射入	#130
20	第二排座椅	射出	—

21	第二排座椅	射出	—
22	第二排座椅	射出	—
23	第二排座椅	射入	—
24	第二排座椅	射入	9 mm（#153 或 #154）
25	第二排座椅	射入	9 mm（#153 或 #154）
26	第二排座椅	射入	—
27	第三排座椅	射出	—
28	第三排座椅	射入	—
29	第三排座椅	切下	—
30	後門	射入	#53
31	後門	射入	#150
32	後門	射入	—
33	後門	射入	#144

12. 大部分彈孔都位在廂型車右側座椅上，這些彈孔的彈道都以探針、雷射與繩索協助重建，結果發現它們可以分成五種彈道，分述如下：

(1)照片 143 至 149 顯示子彈從後窗射入車前內部天花板（編號三彈孔）並貫穿天花板而射出。

(2)照片 150 至 157 顯示從後窗射入的另一顆子彈，子彈在第三排椅子編號二十八彈孔進入，由編號二十七彈孔射出，再進入第二排椅子編號二十三彈孔，彈頭停留在此處，由現場勘察人員取出。

(3)照片 158 顯示另一顆由後窗射入的彈道，子彈射入第二排椅子編號二十四彈孔，彈頭停留在此處，由現場勘察人員取出。

(4)另一顆子彈射入第二排椅子編號二十五彈孔，由編號二十一彈孔射出，再進入第一排座椅編號十六彈孔，由編號十二彈孔射出，再進入編號十彈孔，由編號八彈孔射出，此彈道顯示在照片 159 至 164。

(5)還有一顆子彈射入第二排座椅編號二十六彈孔，由編號二十二彈孔射出，再進入第一排座椅編號十七彈孔，由編號十三彈孔射出，照片 165 與 166 為所有這些彈道的組合。

照片 162

照片 163

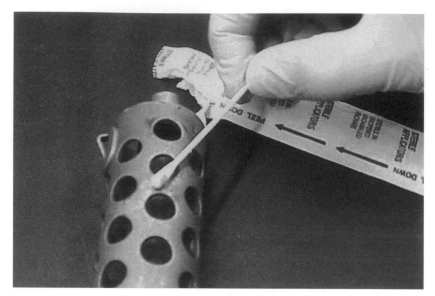

照片 166

13. 接著，座位椅套部分被割下以進行內部檢驗彈道，照片 167 至 175
為座椅切割的過程，在切開第一排座椅椅套後發現，編號十六彈孔
與編號十二彈孔是同一彈道路徑，彈孔位於金屬環帶的中心，如照
片 176 與 177 所示，此彈孔長約四分之三英寸、寬約二分之一英
寸，位在距地板二十六英寸與距座椅邊緣四又二分之一英寸上。

14. 上述彈道為彈道路徑口，與形成編號十六與十二彈孔為相同的子彈。
第一排乘客座椅椅套內填充材料也被割開，照片 178 與 179 為切割
過程，編號十彈孔與編號八彈孔間的彈道在填充的海綿材料中找
到，顯示它們是由同一子彈所造成，下表為五個彈道摘要內容。

彈道	彈道角度／方向	距地面
A	5-10 ／向上	5 英尺 4 英寸
B	10 ／向下	5 英尺 3 英寸
C	10-15 ／向下	5 英尺 7 英寸
D	15 ／向下	5 英尺 8 英寸
E	25 ／向下	5 英尺 7 英寸

15. 照片 180 至 184 顯示利用假人呈現可能的彈道，此彈頭穿過四張椅子，最後射入第一排座位上的乘客體內，假人身上穿的是證物編號五十九（襯衫）與證物編號九十三（夾克），這些照片說明了在槍擊當時，第一排座位上乘客可能的位置。

照片 182

三、物證的分析結果

總共送到實驗室鑑定的物證有一一八項，這些證物分別以血清、儀器、化學、物理、放大觀察與顯微分析。分析結果摘要列述於本報告內，完整的報告請參考附錄 A：潛伏指紋、附錄 B：槍擊鑑定與附錄 C：刑事鑑定。

Num.	Item	Laboratory findings

1. "9mm casing"
   A. This item consisted of a "WIN 9mm LUGER" fired cartridge case.
   B. There were no identifiable latents developed or found on this item.
2. "9mm casing"
   A. This item consisted of a "WIN 9mm LUGER" fired cartridge case.
   B. There were no identifiable latents developed or found on this item.
3. "9mm casing"
   A. This item consisted of a "WIN 9mm LUGER" fired cartridge case.
   B. There were no identifiable latents developed or found on this item.
4. "9mm casing"
   A. This item consisted of a "WIN 9mm LUGER" fired cartridge case.
   B. There were no identifiable latents developed or found on this item.
5. "9mm casing"
   A. This item consisted of a "WIN 9mm LUGER" fired cartridge case.
   B. There were no identifiable latents developed or found on this item.
6. "9mm casing"
   A. This item consisted of a "WIN 9mm LUGER" fired cartridge case.
   B. There were no identifiable latents developed or found on this item.
7. "9mm casing"
   A. This item consisted of a "WIN 9mm LUGER" fired cartridge case.
   B. There were no identifiable latents developed or found on this item.
8. "9mm casing"
   A. This item consisted of a "WIN 9mm LUGER" fired cartridge case.
   B. There were no identifiable latents developed or found on this item.
9. "9mm casing"
   A. This item consisted of a "WIN 9mm LUGER" fired cartridge case.
   B. There were no identifiable latents developed or found on this item.
10. "9mm casing"
    A. This item consisted of a "WIN 9mm LUGER" fired cartridge case.
    B. There were no identifiable latents developed or found on this item.
11. "9mm casing"
    A. This item consisted of a "WIN 9mm LUGER" fired cartridge case.
    B. There were no identifiable latents developed or found on this item.
12. "9mm casing"
    A. This item consisted of a "WIN 9mm LUGER" fired cartridge case.
    B. There were no identifiable latents developed or found on this item.
13. "9mm casing"
    A. This item consisted of a "WIN 9mm LUGER" fired cartridge case.
    B. There were no identifiable latents developed or found on this item.
14. "Copper jacket fragment"
    A. Bullet jacket fragment from Winchester Silvertip Hollow Point bullet, 19.03 grains.
    B. Tests for the presence of blood were negative.
    C. Mineral matter was located on this item.

Num.	Item	Laboratory findings

15. ".22 shell casing"
This item contained one (1) caliber .22 long rifle Winchester "SUPER X" fired cartridge case.

16. "Metal fragment"
A. Bullet jacket fragment from Winchester Silvertip Hollow Point bullet, 16.08 grains.
B. Tests for the presence of blood were negative.
C. Mineral matter was located on this item.

17. "Metal fragment with base"
A. Bullet jacket fragment from Winchester Silvertip Hollow Point bullet, 14.72 grains.
B. Tests for the presence of blood were negative.
C. Mineral matter was located on this item.

18. "Copper jacket fragment with base"
A. Bullet jacket fragment from Winchester Silvertip Hollow Point bullet, 15.31 grains.
B. Aqua-colored, blue-colored, and white-colored fibers were located on this item.

19. ".22 cal. live round"
This item consisted of one (1) caliber .22 long rifle Winchester "SUPER X" lead round nose cartridge.

20. ".22 revolver with six envelopes"
A. This item consists of a Smith & Wesson revolver, model 34-1, caliber .22 long rifle, serial number M76315.
B. Also contained in this item were four (4) caliber .22 long rifle Winchester "SUPER X" fired cartridge cases (#20A and #20D-#20F) and two (2) caliber .22 long rifle Winchester "SUPER X" lead round nose cartridges (#20B and #20C).
C. This weapon was examined and test fired and found to be operable.
D. There were no identifiable latents developed or found on this item.
E. This item was determined to have fired items #15, #20A, #20D-#20F, #21-#24, #26-#30, #33-#40,#47-#49, and #53.

21. ".22 casing spent"
This item contained one (1) caliber .22 long rifle Winchester "SUPER X" fired cartridge case.

22. ".22 casing spent"
This item contained one (1) caliber .22 long rifle Winchester "SUPER X" fired cartridge case.

23. ".22 casing spent"
This item contained one (1) caliber .22 long rifle Winchester "SUPER X" fired cartridge case.

24. ".22 casing spent"
This item contained one (1) caliber .22 long rifle Winchester "SUPER X" fired cartridge case.

Num.	Item	Laboratory findings

40. ".22 casing spent"
This item contained one (1) caliber .22 long rifle Winchester "SUPER X" fired cartridge case.

42. "9mm casing spent"
A. This item consisted of a "WIN 9mm LUGER" fired cartridge case.
B. There were no identifiable latents developed or found on this item.

43. "9mm casing spent"
A. This item consisted of a "WIN 9mm LUGER" fired cartridge case.
B. There were no identifiable latents developed or found on this item.

44. "Box of Winchester 22 bullets 50ct/empty"
A. This item consisted of an empty 50 round box of Winchester Wildcat High Velocity 22 Long Rifle ammunition.
B. There were no identifiable latents developed or found on this item.

45. "9mm casing spent"
A. This item consisted of a "WIN 9mm LUGER" fired cartridge case.
B. There were no identifiable latents developed or found on this item.

46. "9mm casing spent"
A. This item consisted of a "WIN 9mm LUGER" fired cartridge case.
B. There were no identifiable latents developed or found on this item.

47. ".22 casing spent"
This item contained one (1) caliber .22 long rifle Winchester "SUPER X" fired cartridge case.

48. ".22 casing spent"
This item contained one (1) caliber .22 long rifle Winchester "SUPER X" fired cartridge case.

49. ".22 casing spent"
This item contained one (1) caliber .22 long rifle Winchester "SUPER X" fired cartridge case.

50. "Small lead fragment"
A. Lead fragment, 2.65 grains.
B. Tests for the presence of blood were negative.

51. "Skin like material and hair"
A. Human tissue was found in this item.
B. Caucasian-type hairs were located in this item. These hairs demonstrated microscopical characteristics similar to the known head hairs in item #72.

52. "Skin like material and hair"
A. Human tissue was found in this item. Antigenic substance "A" was detected in this tissue.
B. Caucasian-type hairs were located in this item. These hairs demonstrated microscopical characteristics similar to the known head hairs in item #72.

53. "Lead fragment"
A. Caliber .22 long rifle lead bullet, 30.00 grains.
B. Bluish-gray polymer-type material was located on this item.

Num.	Item	Laboratory findings

59. "Maroon and blue shirt"
A. Bloodstains were located on the front and back of this item.
B. One (1) hole (~1/4" diameter) was located in the central region of this item.

63. "9mm casing spent"
A. This item consisted of a "WIN 9mm LUGER" fired cartridge case.
B. There were no identifiable latents developed or found on this item.

64. "Small metal fragment"
A. Bullet jacket fragment from Winchester Silvertip Hollow Point bullet, 2.67 grains.
B. Test for the presence of blood were negative.

67. "Undershirt – short sleeve"

68. "Sweatshirt – long sleeve"

69. "Jacket"
A. A 16.88 grains caliber 9mm bullet jacket fragment from a Winchester Silvertip Hollow point bullet was located on this item.
B. An irregular piece of metal was located on this item, 0.69 grains.

72. "Pulled head hair – Jack Jones"

86. "Known blood sample of Jack Jones"
This blood sample demonstrated the following genetic markers: "A", "Le(a + b-)".

87. "Bullet fragments from autopsy – brain"
Fragmented Winchester Silvertip Hollow Point bullet, 60.76 grains.

88. "Bullet fragment from autopsy – upper back"
Winchester Silvertip Hollow Point bullet, 105.59 grains.

89. "Bullet fragment from autopsy – back at right scapula"
A. Lead bullet core, 70.15 grains.
B. This lead bullet core is consistent in size to caliber 9mm ammunition.

93. "Giant's jacket"
A total of four (4) holes were located on this item.
(A) Three (3) of these holes were located in the center right of the outside back region of this item. These holes measured approximately 1/4" x 1/8", 3/16" x 1/8", and 3/16".
(B) The fourth hole was located in the inside back lining and measured approximately 1/8" in diameter.

97. "Lead fragment"
Lead bullet fragment, 36.16 grains, of unidentified origin.

98. "Saliva control"
Tests for the presence of blood and antigenic substances were negative with this item.

99. "Swab with blood"
Tests for the presence of human blood were positive.

100. "Lead fragments from van's step at cargo door"

Num.	Item	Laboratory findings

A. Lead fragment, 12.84 grains

B. Screening tests for blood gave weak positive results.

C. Foam rubber-type material was located on this item.

103. "G.S.R. kit – Jack Jones"

Instrumental analysis of the swabs labeled "left palm", "left back", "right palm" and "right back" revealed the presence of lead, barium and antimony.

105. "Copper jacket fragments from van's driver's hat"

A. Bullet jacket fragment from Winchester Silvertip Hollow Point bullet, 20.83 grains.

B. Fibers and whitish-colored, paint-like material were found on this item.

109. "Beretta SB # B73982Z"

A. This item consists of a Beretta semiautomatic pistol, model 92SB, caliber 9mm, serial number B73982Z.

B. Also submitted with this item were one (1) fifteen round capacity magazine containing eight "WIN 9mm LUGER" Silvertip Hollow Point cartridges and one (1) loose "WIN 9mm LUGER" cartridge.

C. This weapon was examined and test fired and found to be operable.

D. This weapon was determined to have fired items #7, #8, #10–#13.

110. "2 magazines 9mm – full"

111. "2 magazines 9mm – full"

112. "Bullet"

Winchester Silvertip Hollow Point bullet, 113.36 grains.

113. "Beretta SB # D01997Z -12 9mm round and cllp"

A. This item consists of a Beretta semiautomatic pistol, caliber 9mm, serial number D01997Z.

B. Also submitted with this item were one (1) extended twenty round capacity magazine and twelve "WIN 9mm LUGER" Silvertip Hollow Point cartridges.

C. This weapon was examined and test fired and found to be operable.

D. This weapon was determined to have fired items #1–#5, #16 and #18.

114. "Beretta SB # B74448Z – clip – 12 rounds"

A. This item consists of a Bereffa semiautomatic pistol, model 92SB, caliber 9mm, serial number B74448Z.

B. Also submitted with this item were one (1) fifteen round capacity magazine containing eleven "WIN 9mm LUGER" Silvertip Hollow Point cartridges and one loose "WIN 9mm LUGER" Silvertip Hollow Point cartridge.

C. This weapon was examined and test fired and found to be operable.

D. This weapon was determined to have fired item #6.

115. "2 magazines – 9mm – full"
116. "2 magazines – 30 rounds 9mm"
117. "Beretta SB # B78614Z
    A. This item consists of a Beretta semiautomatic pistol, model 92SB, caliber 9mm, serial number B78614Z.
    B. Also submitted with this item were one (1) fifteen round capacity magazine containing ten "WIN 9mm LUGER" Silvertip Hollow Point cartridges and one loose "WIN 9mm LUGER" Silvertip Hollow Point cartridge.
    C. This weapon was examined and test fired and found to be operable.
    D. This weapon was determined to have fired items #42, #43, #45, #46, #63, #88, #112, and #130,
121. "Metal fragment"
    Lead fragment, 0.83 grains.
122. "Metal fragment"
    Lead fragment, 5.20 grains.
123. "Swab with blood"
    Tests for the presence of human blood were positive. Antigenic substance "H" was detected in this blood.
124. "Metal fragment"
    Lead fragment, 1.14 grains.
125. "Lead fragment"
    Lead fragment, 1.05 grains.
126. "Metal fragment"
    Soft, grayish material was located in this item. Portions of this material demonstrated microscopical characteristics similar to a foam.
127. "Small lead fragment"
    Lead fragment, 2.81 grains.
128. "Metal fragment"
    Lead bullet core fragment, 22.16 grains.
129. "Metal fragment with material substance"
    A. Blue polymer and foam-like material were located in this item. The blue polymer material demonstrated characteristics similar to item #156.
    B. Bullet jacket fragment from Winchester Silvertip Hollow Point bullet, 15.59 grains.
    C. This item was fired from Beretta pistol #109.
130. "Metal fragment"
    A. Red-colored material was located in this item. This material demonstrated microscopical characteristics similar to the red layer of item #157.
    B. Bullet jacket fragment from Winchester Silvertip Hollow Point bullet, 18.41 grains.
    C. This item was fired from Beretta pistol #117.
135. "Metal fragment"
    Lead fragment, 4.71 grains.

Num.	Item	Laboratory findings

136.   "Two (2) metal fragments"
Lead fragment, 1.08 grains.

137.   "Super X shell casings"
A. Caliber 22 long rifle Winchester "SUPER X" fired cartridge case.
B. This item was fired from the Smith & Wesson revolver #20.

138.   "Small metal fragment"
Lead fragment, 2.64 grains.

139.   "Metal fragment"
Steel fragment, 14.28 grains.

140.   "Small metal fragment"
Lead fragment, 1.13 grains.

141.   "Metal fragment"
Lead fragment, 4.80 grains.

142.   "Small metal fragment"
Lead fragment, 0.48 grains.

143.   "Copper jacket fragment"
Bullet jacket fragment from Winchester Silvertip Hollow Point bullet,
6.45 grains.

144.   "Three (3) lead fragments"
A. Lead fragment, 36.11 grains.
B. Insect fragments were also located in this item.

1 45.   "Paint chips"
This paint demonstrated physical characteristics similar to the known
paint sample in submitted item #148.

1 46.   "Metal fragment"
Metal fragment, 0.46 grains.

147.   "Skin-like material and hair fiber"
A. Human tissue was found in this item. Antigenic substance "A" was
detected in this tissue.
B. Caucasian-type hairs were located in this item.

148.   "Known paint sample – white & gray"

149.   "Three (3) metal fragments with material"
A. Lead fragment, 1.78 grains.
B. Fibers, red material, and foam-like material were also located in this
item.

150.   "Lead fragment"
Lead fragment, 15.97 grains.

151.   "Small metal fragment"
Metal fragment, 0.29 grains.

152.   "Small metal fragment"
Bullet jacket fragment from Winchester Silvertip Hollow Point bullet,
1.10 grains.

153.   "Lead fragment"
Lead fragment, 38.52 grains.

Num.	Item	Laboratory findings
154.	"Lead fragment"	
	Lead fragment, 43.10 grains.	
156.	"Blue vinyl"	
157.	"Rear foam cushioning"	
158.	"Netting"	
159.	"Foam"	
160.	"Three (3) metal fragments"	
	A. Lead fragments, 1.33 grains.	
	B. Foam-like material was also located in this item.	
161.	"Black paint scrapings"	
162.	"Metal flakes"	
	A. Paint chips located in this item were similar to the paint chips in item #148.	
	B. Metal fragments, 0.42 grains.	
164.	"Vial of known blood sample – Nick Crump"	
	This blood sample demonstrated the following genetic markers: "O", "Le(a–b +)".	
167.	"Lead fragment"	
	Caliber 22 long rifle lead bullet, 39.15 grains. This bullet was fired from submitted item #20.	

四、摘要

依據現場觀察、研究現場勘察報告、現場照片、物證分析結果及現場重建的結果，一九九三年一月十一日發生的槍擊案勘察結果摘述如下：

1. 槍擊案地點在康乃狄克州波特蘭六十六號公路西向的路上，一九九三年一月十一日槍擊事件在北布萊德魯克路口開始。

2. 廂型車被幾輛州警巡邏車在六十六號公路攔下，正在以斜角停在右側路肩時，巡邏車之一正好與廂型車的左前方直接接觸，而第二輛巡邏車則頂住廂型車的左後方。

3. 在廂型車外至少可找到十七個疑似彈孔，下表列出廂型車外彈孔的位置。

彈孔編號	位置	型式	方向
1	前擋風玻璃	射出口	由內向外
2	前擋風玻璃	射出口	由內向外
3	前擋風玻璃	射出口	由內向外
4	前擋風玻璃	射入口	由前向後
5	前擋風玻璃	射入口	由前向後
6	前擋風玻璃	射入口	由前向後
7	前擋風玻璃	射入口	由前向後
8	前擋風玻璃	射入口	由前向後
9	濾網	射入口	由前向後
10	駕駛側第二車窗	射入／射出口	由側向側
11	駕駛側第二車窗	射入／射出口	由側向側
12	駕駛側第三車窗	射入口	由側向側
13	後車窗	射入／射出口	後／前
14	後車窗	射入／射出口	後／前
15	邊門	射入口	由內向外
16	天花板	射出口	由後向前
17	天花板	射出口	由後向前

4. 在六十六號公路西向道上在三個不同地方一共找到十八枚九公釐彈
    殼，下表列出彈殼的位置。

證物編號*	位置	種類
1	廂型車之駕駛側	9 mm
2	廂型車之駕駛側	9 mm
3	廂型車之駕駛側	9 mm
4	廂型車之駕駛側	9 mm
5	廂型車之駕駛側	9 mm
6	廂型車之駕駛側	9 mm
7	廂型車之前方	9 mm
8	廂型車之前方	9 mm
9	廂型車之前方	9 mm
10	廂型車之前方	9 mm
11	廂型車之前方	9 mm
12	廂型車之前方	9 mm
13	廂型車之內部後段	9 mm

42	廂型車之內部後段	9 mm
43	廂型車之內部後段	9 mm
45	廂型車之內部後段	9 mm
46	廂型車之內部後段	9 mm
63	廂型車之外部後方	9 mm

*州警證物編號

5. 這些彈殼的撞針痕與現場涉入的槍枝進行比對，下表列出比對結果。

證物編號	位置	射擊槍枝編號
1	廂型車之駕駛側	113
2	廂型車之駕駛側	113
3	廂型車之駕駛側	113
4	廂型車之駕駛側	113
5	廂型車之駕駛側	113
6	廂型車之駕駛側	114
7	廂型車之前方	109
8	廂型車之前方	109
9	廂型車之前方	INC
10	廂型車之前方	109
11	廂型車之前方	109
12	廂型車之前方	109
13	廂型車之內部後段	109
42	廂型車之內部後段	109
43	廂型車之內部後段	117
45	廂型車之內部後段	117
46	廂型車之內部後段	117
63	廂型車之外部後方	117

6. 死者屍體位在廂型車外右側與公路護欄間地上，屍體呈仰躺姿勢，雙手靠身體平放地上，依法醫報告所示，死者死於槍戰中的槍傷，下表是死者槍傷的描述。

傷口編號	種　類	位　置	彈道
1	擦　傷	左前額	由右至左，由下至上
2	射入口	左後胸腔	由左至右、由前向後、微微向上
3	射入口	頸　背	由左至右、由後向前、微微向上
4	射入口	右後背	卡在皮下

7. 在廂型車右側第一排座椅下發現點二二口徑手槍一枝，經檢查發現此槍枝轉輪內含已發射之四個彈殼與未發射之子彈二顆，此外，檢查廂型車內部與周圍發現有二十一枚點二二口徑空彈殼與三顆點二二口徑子彈，下表是這些彈殼與子彈在廂型車內外發現的位置。

證物編號	位置
15	側門地上
19	側門踏板上
21	第一排座椅上
22	第一排座椅上
23	第一排座椅上
24	乘客前座後面地板上
28	乘客前座後面地板上
26	駕駛與乘客前座間地板上
27	駕駛與乘客前座間地板上
28	駕駛與乘客前座間地板上
29	駕駛與乘客前座間地板上
30	油門踏板地板上
33	駕駛座位地板上

34	駕駛座位地板上
35	第一排乘客座位地板上
36	第一排乘客座位地板上
37	乘客前座旁地板上
38	乘客前座旁地板上
39	駕駛座位後方地板上
40	駕駛座位後方地板上
47	乘客側後輪區地板上
48	乘客側後輪區地板上
49	第三排座位地板上
137	乘客前座地板上

8. 在廂型車乘客前座上有疑似血跡，經血清學分析為人血，血型為 O 型，血跡型態為接觸轉移，如照片 185 所示。

9. 在廂型車後門內側發現有疑似血跡與組織物質，這些為高速度撞擊的噴濺痕，為典型的槍擊痕跡，血清學分析為人血，血型為 A 型，照片 189 為此疑似血跡與組織物質的外觀。

10. 經檢驗槍擊案之槍彈證物及重建現場後發現由州警警察發射的子彈共有十八發，下表是每枝槍枝射擊數目之統計。

編號	證物編號	槍號	被鑑定出之發射彈殼數
1	109	B73982Z	6
2	113	D01997Z	5
3	114	B74448Z	1
4	117	B78614Z	5

附註：有一枚彈殼無法鑑定，但仍列入編號一槍枝內。

11. 上述槍枝送指紋組採取潛伏指紋，但均無可供比對的指紋。

12. 在彈孔檢驗、彈道分析與雷射照後，獲得下表所述彈道路徑。

位置	彈頭路徑
前擋風玻璃	彈孔 1 內→外，未發現彈頭
	彈孔 2 內→外，未發現彈頭
	彈孔 3 內→外，未發現彈頭
	彈孔 4→彈頭在儀表板內
位置	彈孔 5 A→5→廂型車內後側
	彈孔 6→彈頭在儀表板內
	彈孔 7 外→內，未發現彈頭
	彈孔 8→彈孔 32
	彈孔 9→引擎區
駕駛側第二車窗	後車窗→彈孔 9→彈孔 9 A
駕駛側第三車窗	後車窗→彈孔 19→彈孔 18→彈孔 15→彈孔 14，未發現彈頭
後車窗	後車窗→廂型車內前側
	後車窗→彈孔 28→彈孔 27→彈孔 23
	後車窗→彈孔 24
	後車窗→彈孔 25→彈孔 21→彈孔 16→彈孔 12→彈孔 10→彈孔 8
	後車窗→彈孔 26→彈孔 22→彈孔 17→彈孔 13

13. 依上表做出附錄 D 之圖表，顯示槍戰時警察的位置。

14. 在廂型車前擋風玻璃上有八個彈孔，槍驗彈孔發現其中五個彈孔是由外向內射擊，三個彈孔是由內向外射擊，下表是這八個彈孔的摘要表。

彈孔編號	位置	方向
1	前擋風玻璃	射出口
2	前擋風玻璃	射出口
3	前擋風玻璃	射出口
4	前擋風玻璃	射入口

5	前擋風玻璃	射入口
6	前擋風玻璃	射入口
7	前擋風玻璃	射入口
8	前擋風玻璃	射入口

15. 依電視頻道第八台 WTNH 的錄影帶回顧，顯示擋風玻璃上有兩個彈孔在廂型車最後停止前已產生，如照片 187 錄影停格之畫面。此外，錄影帶亦顯示，廂型車後車窗在車停止前已被擊毀，而左側乘客車窗則仍完整，如照片 188 所示。

16. 依據上述有關前擋風玻璃的資訊得知，在停車後的槍戰中，在此處打了六個彈孔，其中一個是射出車外，五個是射入車內。

17. 在調查期間所找到的彈殼顯示，死者至少開了二十五槍，但因資訊有限，仍無法研判究竟這些子彈從左車窗與後車窗各開了幾槍。

18. 證物編號 105 號從廂型車駕駛帽上取下的銅包衣碎片，實驗室分析認為是溫徹斯特公司中凹彈頭（重 20.83 喱）的碎片。由於缺少個化特徵，因此無法確定這個碎片是由哪一枝槍枝所發射。經放大檢驗發現有白色疑似油漆及纖維物質，由於帽子（編號 104）並未送鑑，故未能進一步分析。

19. 圖一為汽車測繪圖，圖示由死者射擊前擋風玻璃之三個彈孔的可能路徑。

20. 圖二為汽車測繪圖，圖示由證物編號 109、113、114 與 117 所射擊之子彈路徑。

21. 從死者體內取出彈頭之槍彈鑑定結果，可獲得下列結論，有兩個彈頭碎片由於嚴重變形，無法鑑定射擊槍枝，另有一個彈頭經鑑定是由編號四槍枝射出，下表是此結論之摘述。

證物編號	項目	重量	結果
87	彈頭碎片	60.76 喱	溫徹斯特公司之尖空彈碎片
88	溫徹斯特公司之尖空彈頭	105.59 喱	由編號四槍枝擊發
89	鉛彈頭	70.15 喱	九釐米子彈

22. 從彈道重建與在乘客前座的受傷學童相關證物檢驗結果，可以確定子彈是由編號四槍枝射出，彈道是由車後向車前微微向下飛行，彈道重建結果顯示子彈並不是沿直線行走，而有以下兩種可能：

(1)第一個可能是，彈頭擦撞椅子造成偏斜再射入前座椅背擊中學童。

(2)第二個可能是，彈頭擦撞到除了椅子外的瓊斯或他的衣服或其他東西，使得彈道偏斜而射入椅背擊中學童。

23. 死者（瓊斯）身中四槍，左前額的傷是由前向後的擦傷，其他三個槍傷口都沒有射出口。

24. 學童衣服的放大與顯微檢驗顯示在夾克外層上有三個彈孔，內層有一個彈孔，襯衫上有一個彈孔。在夾克外層上的三個彈孔是一組射入口、射出口與再射入的彈孔組，此資料符合學童在子彈射入時，學童的姿勢是幾乎與汽車地板平行的向下角度，使得子彈射出三個彈孔（入口／出口／再入口），此彈頭進入夾克內層與襯衫的彈道與地板平面平行。

25. 醫療報告指出該學童上身中了一槍，此報告證明槍戰時學童所處的姿勢。

26. 無證據顯示有任何一位州警警察直接瞄準駕駛或甚至學童射擊。

補充說明

本案結論於一九九三年十一月十日在康州州警刑事實驗室由李昌鈺博

士、羅伯‧米爾、麥可‧佛雷與丹尼爾‧托蒙投西鑑識專家提出。

　　會議期間有關槍擊案的其他資料又不斷被加入，包括四件證物。

　　依據這些新的資料及證物，從廂型車後窗射入的五發子彈在報告內所提及的某些彈道，此時變得無法肯定，即在結論上提及二選一的彈道 D。雖然這個彈道的確實路徑無法確定，但彈道的大致方向還是一樣。

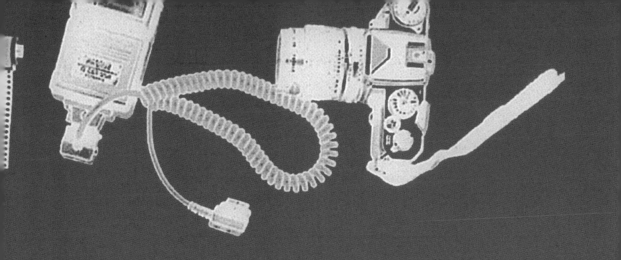

案例研究三

有限的重建（重點：證物的位置）

不完整的犯罪現場證據與草率的證物辨識及採取，往往會導致完整的現場重建無法進行，使得基本的犯罪偵查的六個何（W），「何人、何事、何時、何地、為何、如何」，可能無法完整回答。但如果有充分的犯罪現場紀錄，應該可以進行有限度的重建，這種重建可以對有關現場某些範圍內的問題提出答案。妮可·布朗·辛普森（Nicole Brown Simpson）與隆納德·高德曼（Ronald Goldman）命案的偵查就是這種例子。雖然不可能完整重建所有事件發生的順序或排除發生某些行為的可能，但有限度的重建還是可以做到，這種有限度的重建可以提供與命案相關的重要問題的答案。

一九九四年六月十二日，妮可·布朗·辛普森與隆納德·高德曼慘死在妮可的邦迪（Bundy）路家中，凌晨零時十分兩位經過妮可邦迪路住宅的路人，發現妮可·辛普森的屍體躺在門口階梯上，隨後趕來的警察也發現隆納德的屍體，妮可與隆納德身上被刺多刀而亡。除了屍體下面與附近的血泊外，血液流到了走道上，在屍體旁、走道上有無數個血鞋印，大部分都是明顯的鞋印，均已記錄採取。

不幸的是，當時並未使用化學法顯現血鞋印，因此，有些潛伏鞋印均未記錄與採取。

在偵查初期，妮可的前夫 O. J. 辛普森成為頭號嫌犯，偵查中確定三個地點含有重要證物，妮可·辛普森在邦迪的公寓為第一現場，而辛普森的福特野馬車與羅金漢（Rockingham）住宅為第二現場。

如前所述，在偵查與審判期間所發現的絕大多數問題，是因不完整的現場搜索、紀錄、採證與保存，這些都是辛普森與高德曼謀殺案偵查上的問題，即未能成功地辨識、記錄與保存現場所有的證物。而且，偵查與審判期間未能合理解釋辛普森襪子上的血跡。最後，現場遺失或變更的證物均未提出報告，在審判期間也未見解釋。

在偵查期間，許多犯罪現場勘察的問題被提出質疑，雖然這些問題在審理期間有些被認為很瑣碎，但後來卻成了致命的問題。有限度的重建可以回答一些問題，其他的問題則因缺少完整的現場紀錄而可能永遠都無法解答。以下是這些問題的例子。

1. 在犯罪現場勘察期間，物證有無被移動過？
2. 在邦迪現場是否有第二種鞋印？
3. 羅金漢現場在記錄前有無遭變更？
4. 在邦迪現場的 DNA 證據真是辛普森的或是污染所造成？
5. 妮可・辛普森的 DNA 如何沾到辛普森的襪子上？

問題一

辨識、採取與保存所有可能的證物對各種勘察工作非常重要，然而，勘察人員卻未能辨識出幾個關鍵的證物。隆納德・高德曼曾到妮可・辛普森的家，把裝在白色信封的眼鏡還給妮可的媽媽茱迪沙・布朗（Juditha Brown），白色的信封在邦迪現場，而在一堆犯罪現場照片中顯示這個沾血的信封出現在兩個不同的地方，不知道哪一個地方才是它原來存在的位置，因為上面有型態證據，包括移轉到信封上的平行線血跡型態。照片 1 與 2 顯示，拍照的兩個地方都有相同的沾血信封（內裝眼鏡），從信封的位置明顯地看出，事實上證物是被拿起來再放回去的。雖然在勘察期間這不是重要問題，但它卻引起搜索犯罪現場有關勘察的道德與專業問題。

照片 1

照片 2

照片 3

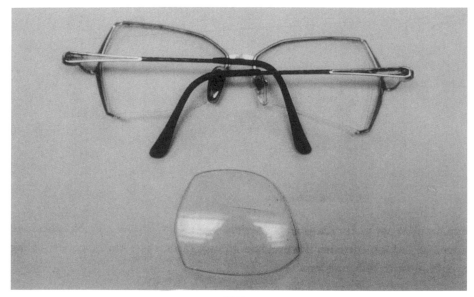

照片 4

此外，眼鏡上有一個鏡片遺失，不僅沒找到，連嘗試去尋找都沒提到，且未說明鏡片遺失。照片 3 顯示裝有眼鏡之沾血信封，照片 4 顯示只有一個鏡片之眼鏡的特寫。

問題二

犯罪現場勘察人員找到並記錄的一個血鞋印，後來鑑定結果為十二號半的 Bruno Magli 球鞋，據報導辛普森曾穿過此鞋，然而，勘察人員卻從來未提及在邦迪現場還有第二個鞋印。在辯護人員勘察現場時，在邦迪現場門口發現這些有「平行線」鞋紋的鞋印，這些鞋印為十號球鞋或有平行線鞋紋的船形鞋，以化學試驗法檢驗血鞋印擦拭呈血液的陽性反應，但檢察官並未使用血跡印痕顯現試劑顯現。在現場勘察初期用血跡印痕顯現試劑，可以獲得更完整的印痕影像，如不同鞋印種類與數量及「平行線」血鞋印是犯罪時留下或事後才留下，此血鞋印的發生順序應可予以重建。照片 5 顯示邦迪現場的門口走道，照片 6 為邦迪現場走道上 Bruno Magli 球

照片 5

照片 6

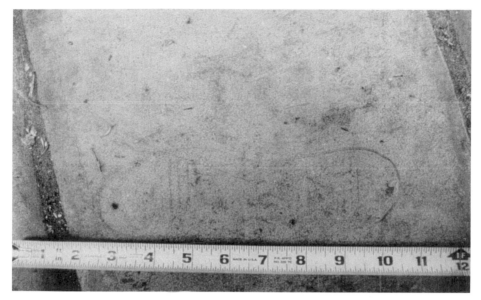

照片 7

照片 8

鞋鞋印的特寫,照片 7 顯示在邦迪現場走道上「平行線」鞋紋之鞋印,照片 8 為化學初步試驗的結果。

　　未能完全辨識、採取與保存這些鞋印證據,阻礙了在邦迪現場重建事發經過的可能,造成無法鑑定出參與這件殘酷謀殺案的嫌犯身分。

問題三

　　除了有關辛普森在羅金漢臥室之沾血襪子的問題外,還有一些違反現場勘察道德的問題。在臥室的一雙吊褲帶在不同的照片有不同的位置,而在羅金漢現場客房外走廊牆邊的一支沾血皮手套也是同樣的情形。

　　照片 9 與 10 為辛普森在羅金漢住宅的臥室,照片 10 顯示吊褲帶完全擺在床上,而照片 9 卻顯示掛在床尾。再次說明雖然這些問題並不會影響整個偵查,但卻反應出犯罪現場勘察道德與專業的重要性。

問題四

　　在犯罪現場搜索期間,勘察人員在邦迪現場走道找到五滴血,這五滴血被送去進行 DNA 鑑定,照片 11 顯示五滴血的位置,照片 12 是這些血跡的特寫。

　　洛杉磯刑事實驗室、細胞標記診斷實驗室(Cellmark Diagnostic Laboratory)與加州司法部實驗室都顯示邦迪現場的 DNA 與辛普森的 DNA 相符,但辯方質疑 DNA 的比對工作。辯方專家檢閱血清與 DNA 檢驗結果發現,此結果只能做有限度的重建,說明邦迪現場所採的 DNA 來自辛普森。照片 13 為 DNA 鑑定的流程,照片 14 是新聞剪報顯示鑑識專家同意 DNA 鑑定結果。然而,採血跡的步驟很值得懷疑,依勘察人員所述,血跡(編號 48、50 與 52)是在六月十三日採取並隔夜乾燥(如照片 15 所示),但在檢驗本項證據時卻發現這些血跡並未如勘察人員所述是乾燥的,照片 16 顯示濕血跡印在包裝紙上。

照片 9、10

問題五

　　勘察人員在辛普森的羅金漢住宅搜索，在眾多扣押物品中，也扣下了辛普森臥室地板上的一雙襪子。幾個月後，實驗室人員發現襪子上沾有血跡，在審閱犯罪現場紀錄以確定這雙襪子的位置時，發現一個很嚴重的矛盾。臥室的現場照片顯示有一雙襪子，然而在發現妮可與高德曼屍體後的

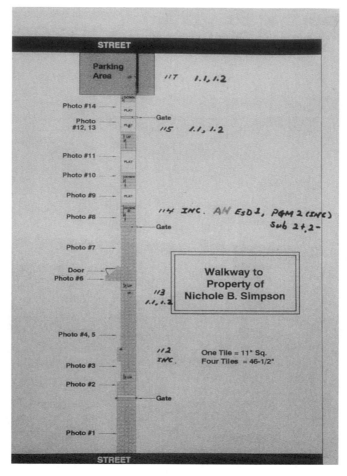

照片 11

二十四小時內所拍的錄影帶，竟然沒有顯示臥室內有這雙襪子，這個問題在確定襪子上的血跡含有 EDTA（一種保存血液的抗凝固劑）後變得更複雜了。

此外，在詳細檢驗沾血的襪子後，發現沾血的襪子是由一側沾血滲到內部，再沾到襪子的另一側，這種痕跡是緊貼移轉，而不是襪子穿在腳上沾到血液所可能產生的痕跡，照片 17 顯示辛普森臥室地板上的襪子，在地毯上並沒有血跡移轉痕。

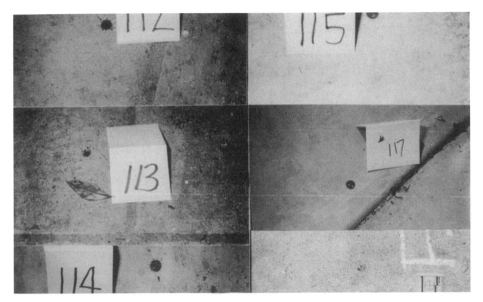

照片 12

Number/ Description	Cellmark/ DOJ #	RFLP Results	PCR Results	Not Excluded	Frequency
			Bundy Crime Scene		
Orenthal Simpson Blood			DQα - 1.1, 1.2 D1S80 - 24, 25		
Nicole Brown Blood			DQα - 1.1, 1.1 D1S80 - 18, 18		
Ronald Goldman Blood			DQα - 1.3, 4 D1S80 - 24, 24		
Nicole Brown Pool			DQα - 1.1, 1.1 (very faint "C")	Nicole Brown	
047 1st Drop by Victims	DOJ DNA #5		DQα - 1.1, 1.2 D1S80 - 24, 25	Orenthal Simpson	1 in 240,000 to 1 in 2.2 Mil.
	Cellmark		DQα - 1.1, 1.2 Polymarker - included		
048 Bundy Walk	DOJ DNA #6		DQα - 1.1, 1.2 D1S80 - 24, 25	Orenthal Simpson	1 in 240,000 to 1 in 2.2 Mil.
	Cellmark		DQα - 1.1, 1.2 Polymarker - included		
049 Bundy Walk	Cellmark		DQα - 1.1, 1.2 Polymarker - included	Orenthal Simpson	1 in 5,200 to 1 in 56,000
	DOJ DNA #8		DQα - 1.1, 1.2 D1S80 - 24, 25	Orenthal Simpson	1 in 240,000 to 1 in 2.2 Mil.

照片 13

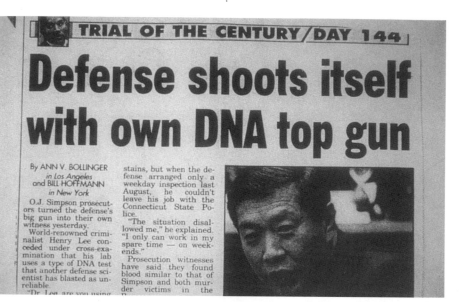

照片 14

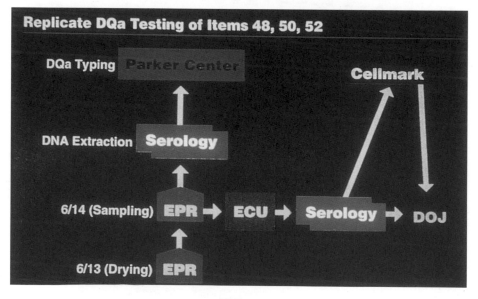

照片 15

照片 16

照片 17

附錄一　犯罪現場勘察之裝備目錄

現場管制用器材

1. 封鎖線膠帶
2. 繩索
3. 拒馬
4. 標示牌與桿子
5. 彩色噴漆
6. 路牌
7. 安全照明設備
8. 警車或明顯標記車輛
9. 急救設備
10. 帳蓬與帆布蓋

犯罪現場紀錄之設備

攝影器材

1. 拍立得相機
2. 號碼標示牌
3. 35mm 單眼相機及附件
4. 1:1 或特寫攝影相機，大型底片
5. 黑白底片
6. 彩色底片
7. 比例尺與量尺
8. 遙控式同步閃光燈

9. 三腳架
10. 錄影機與備用電池、錄影帶
11. 濾色鏡

測繪器材

1. 各種測繪用紙、筆及紙板
2. 各種長度的量尺
3. 卷尺
4. 分度器
5. 格子板：測量面積，計算血滴
6. 手提式地面定位儀（Ground Positioning Instruments）
7. 草稿紙
8. 一與三英寸黏貼比例尺

犯罪現場勘察器材

證物包裝器材

1. 各種大小之紙袋與信封
2. 牛皮紙
3. 盒子
4. 各種大小之夾鏈袋
5. 油漆鐵罐
6. 各種大小之藥罐子
7. 棉棒與棉棒盒
8. 血液試管：含 EDTA 與不含 EDTA 者
9. 槍擊殘跡採取盒
10. 性侵害證物採取盒：被害者
11. 性侵害證物採取盒：嫌犯

12. 指紋膠帶與明膠指紋黏紙
13. 證物標籤
14. 細繩
15. 標籤紙與奇異筆
16. 製作藥包之稱量紙
17. 證物標籤

試劑

1. 血跡初步試驗試劑
2. 蛋白質初步試驗試劑
3. 血跡印痕顯現試劑
4. 潛伏指紋顯現化學藥劑
5. 昆蟲樣品保存藥劑
6. 清潔劑
7. 生理食鹽水與蒸餾水
8. 現場毒品檢驗試劑

採證器材

1. 鑷子
2. 拋棄式刀片
3. 拋棄式滴管
4. 製作藥包之紙
5. 補蟲網
6. 各式手工具：鋸子、鑽子、刀子、起子、鑿子等
7. 各式園藝工具：耙子、鏟子、抹子、水桶
8. 篩子
9. 鑄模材料：石灰與矽膠
10. 吸塵器

照明設備

1. 輔助燈源
2. 發電機
3. 閃光燈
4. 刑事光源
5. 紫外燈

潛伏指紋採取器材

1. 各種顏色指紋粉
2. 指紋刷
3. 磁刷與磁粉
4. 指紋膠帶
5. 指紋印卡
6. 明膠指紋黏紙
7. 指紋卡片
8. 指紋膠帶轉印卡
9. 墨墊
10. 各種顯現試劑
11. 閃光燈
12. 放大鏡

印痕與凹痕採取器材

1. 靜電印痕採取器
2. 石灰
3. 碗與藥勺
4. 邊緣固定框
5. 鑄模強化物質
6. 矽膠
7. 雪沙固定蠟

8. 紙箱子

9. 大型轉印採取膠帶

通訊器材

1. 行動電話

2. 電話機

3. 傳真機

4. 可連網手提式電腦

5. 手提式印表機

6. 影像傳輸系統

7. 錄音機

手工具

1. 剪刀、刀子、解剖刀與刀片

2. 夾子及各種手工具

3. 電動工具，如鋸子、起子等

4. 手提式發電機

5. 解剖工具

6. 藥勺

7. 牙籤

8. 附鏡子的長竿

9. 雕刻刀

10. 手提式吸塵器附濾網與證物袋

11. 梯子與腳凳

12. 摺疊桌子與椅子

13. 金屬探測器與鏟子

現場勘察車

1. 足夠裝載設備、器材與證物

2. 冰箱

3. 發電機

4. 四輪傳動

個人防護器材

1. 手術用手套與橡皮手套

2. 拋棄式實驗衣與靴子

3. 防塵手套

4. 防煙口罩

5. 呼吸設備

6. 靴子

7. 洗眼器

8. 洗滌液

9. 衛生紙與紙巾

10. 連身衣與實驗衣

11. 防蚊液

附錄二　現場處理的勘察計畫

　　正確地規劃現場勘察與現場處理的成功有直接的關係，遵守勘察計畫並應用到每一個現場勘察上，有時即使是最謹慎的勘察人員也會忘記必須完成或記錄的簡單工作或訊息，因此，每個現場勘察工作都應有勘察手冊或工作紀錄，而且應包含下列訊息與項目內容：

警方資料
- 刑案現場勘察組編號：
- 城市：
- 日期：
- 地點：
- 派遣時間／抵達時間：
- 勘察完成時間：
- 勘察人員：
- 支援單位、人員及電話：
- 支援單位案號：

最先反應到現場者之發現
- 發現者姓名、出生日期、地址、電話：
- 訪談者：
- 最先抵達者：

在現場之被害者資料
- 姓名、出生日期、住址、電話：
- 發現時之屍體姿勢與屍體僵直及屍斑是否相符：
- 流血狀態：
- 血液噴濺痕跡：

- 誰辨識出被害者身分：
- 有無牙醫紀錄：
- 有無指紋、掌紋紀錄：

未在現場之被害者資料

- 姓名、出生日期、地址、電話：
- 醫院、地址、電話：
- 如何送醫：
- 派赴醫院之偵查員：
- 診斷結果：
- 誰蒐集被害者的衣服：
- 其他證物：性侵害採證盒、槍擊殘跡採證盒等。

現場任務分配

- 拍立得攝影：
- 錄影：
- 35mm 彩色照片：
- 35mm 彩色幻燈片：
- 犯罪現場測繪：
- 潛伏指紋採取：
- 潛伏指紋採攝影：
- 空中攝影：

物證搜索

- 血液：在被害者、現場或嫌犯
- 精液：在被害者、現場或嫌犯
- 唾液：在被害者、現場或嫌犯
- 毛髮：在被害者、現場或嫌犯
- 纖維：在被害者、現場或嫌犯

- 衣服：在被害者、現場或嫌犯
- 管制器材：繩索、膠帶、手銬等
- 腳印／鞋印：
- 指紋／掌紋：
- 輪胎印：
- 咬痕：
- 工具痕跡：
- 其他印痕：
- 未發射子彈：
- 彈殼：
- 彈頭：
- 霰彈填充物：
- 玻璃：
- 土壤：
- 可疑文書：
- 燒毀炭化文書：
- 水槽排水：
- 化糞系統：
- 垃圾桶：
- 報紙：
- 郵件：
- 藥品：醫師處方或非法使用
- 毒品：
- 飛蠅：
- 電話答錄機資料：

武器

- 武器：在現場或未發現
- 轉輪、自動、步槍、霰彈槍、機槍或其他

- 刀子、冰叉、剃刀、剪刀、長刀、斧頭、榔頭、千斤頂
- 門把、木棒、棍子、瓶子、石頭、起子或其他
- 手、拳頭、腳、鞋子、靴子、繩子、電線、褲襪、圍巾、皮帶、鍊子或其他繩子

狀態

- 氣候：
- 溫度：室內與室外
- 照明設備：開、關或故障
- 暖氣設備：開、關或故障
- 冷氣設備：開、關或故障
- 廚房設備：開、關或故障
- 門、窗、屋頂出口：上鎖、未鎖、開啟、關閉、破壞闖入
- 上一餐的食物、冰箱內食物：
- 時鐘：
- 寵物：糞便
- 待洗衣物：
- 電話、通訊線路：剪掉或拔掉

車輛

- 引擎：運轉中
- 啟動：開、關
- 門：上鎖、未鎖
- 窗戶：開、關
- 音響、冷氣：開、關
- 油表：
- 電瓶容量：
- 里程表：
- 車輛損壞情形：

- 行李箱：
- 失竊車輛：
- 收音機頻道：
- 鏡子：
- 菸灰缸：
- 車內物品：
- 燈光位置：

法醫資料

- 姓名、到場日期與時間：
- 通報時間：
- 通報人：
- 被害者死亡宣告人、時間：
- 屍體移走時間：
- 決定屍體移走者：
- 殯葬業者姓名、地址、電話、日期、時間：
- 屍體移至何處：
- 解剖時間：

檢察官資料

- 通報人與時間：
- 姓名與到場時間：

刑事實驗室

- 受理人姓名、受理日期、時間：
- 實驗室案號：

家屬通報

- 姓名、地址、電話：

- 關係：
- 通報人姓名、通報日期、時間、方式：
- 解剖時在場辨認之家屬：

搜索票

- 搜索與扣押：
- 法官姓名：
- 是否同意搜索：
- 奉命回報搜索票之人員：

指揮所

- 設立之日期、時間、地點、電話

屍體觀察

- 姓名、時間、地點：
- 被害者大約年齡：
- 現場觀察：
- 身材描述：性別、身高、體重、身材狀況、頭髮、眼睛、傷疤、刺青、珠寶等
- 衣服描述：
- 眼鏡、隱形眼鏡：
- 牙齒：
- 受傷情形：
- 血液痕跡：流出血液、方向、噴濺、移轉
- 體溫：
- 嘴唇顏色：
- 指甲顏色：
- 瞳孔：
- 瘀斑：

- 屍斑：
- 僵直：
- 其他：

住院觀察

- 姓名、時間、地點：
- 窗戶：
- 門：
- 冷氣：
- 照明設備：
- 信件：
- 報紙：
- 電視：
- 收音機：
- 暖氣設備：
- 室內溫度：
- 室外溫度：
- 上一餐的食物：
- 時鐘：
- 碗盤廚具：
- 待洗衣物：
- 其他同屋之人：
- 車輛：

國家圖書館出版品預行編目資料

犯罪現場：李昌鈺刑事鑑識教程／李昌鈺（Henry C. Lee），提姆西‧龐巴
　（Timothy M. Palmbach），瑪琍琳‧米勒（Marilyn T. Miller）著；李俊億譯. --
　三版. -- 臺北市：商周出版，城邦文化事業股份有限公司出版：英屬蓋曼群島商家
　庭傳媒股份有限公司城邦分公司發行，2022.10
　　面；　公分 . --（人與法律；42）
　譯自：Henry Lee's Crime Scene Handbook
　ISBN　978-626-318-406-0（平裝）

　1.CST: 刑事偵察 2.CST: 鑑識

548.61　　　　　　　　　　　　　　　　　　　　　　111013036

人與法律 42

犯罪現場：李昌鈺刑事鑑識教程

原 文 書 名／Henry Lee's Crime Scene Handbook
作　　　者／李昌鈺（Henry C. Lee）、提姆西‧龐巴（Timothy M. Palmbach）、
　　　　　　瑪琍琳‧米勒（Marilyn T. Miller）
譯　　　者／李俊億
責 任 編 輯／顏慧儀、陳玳妮、李尚遠
版　　　權／林易萱
行 銷 業 務／周丹蘋、賴正祐
總 編 輯／楊如玉
總 經 理／彭之琬
事業群總經理／黃淑貞
發 行 人／何飛鵬
法 律 顧 問／元禾法律事務所　王子文律師
出　　　版／商周出版　城邦文化事業股份有限公司
　　　　　　115台北市南港區昆陽街16號4樓
　　　　　　電話：(02) 2500-7008　傳真：(02)2500-7759
　　　　　　E-mail:bwp.service@cite.com.tw
發　　　行／英屬蓋曼群島商家庭傳媒股份有限公司 城邦分公司
　　　　　　115台北市南港區昆陽街16號8樓
　　　　　　書虫客服服務專線：02-25007718‧25007719
　　　　　　24小時傳真專線：02-25001990‧25001991
　　　　　　服務時間：週一至週五上午09:30-12:00；下午13:30-17:00
　　　　　　劃撥帳號：19863813；戶名：書虫股份有限公司
　　　　　　E-mail：service@readingclub.com.tw
　　　　　　歡迎光臨城邦讀書花園　網址：www.cite.com.tw
香 港 發 行 所／城邦（香港）出版集團有限公司
　　　　　　香港九龍土瓜灣土瓜灣道86號順聯工業大廈6樓A室
　　　　　　E-mail：hkcite@biznetvigator.com
　　　　　　電話：(852) 25086231　傳真：(852) 25789337
馬 新 發 行 所／城邦（馬新）出版集團【Cité (M) Sdn. Bhd.】
　　　　　　41, Jalan Radin Anum, Bandar Baru Sri Petaling,
　　　　　　57000 Kuala Lumpur, Malaysia
　　　　　　電話：(603)90563833　傳真：(603) 90576622
　　　　　　E-mail：services@cite.my

封 面 設 計／李東記
排　　　版／游淑萍
印　　　刷／韋懋實業有限公司
經 銷 商／聯合發行股份有限公司　電話：(02)2917-8022

本書為《犯罪現場：李昌鈺刑事鑑定指導手冊》改版
■2003年7月初版　　　　　　　　　　　　　Printed in Taiwan
■2009年7月二版
■2024年9月三版2.2刷

定價／580元

城邦讀書花園
www.cite.com.tw

115 台北市南港區昆陽街16號8樓

英屬蓋曼群島商家庭傳媒股份有限公司　城邦分公司

請沿虛線對摺，謝謝！

書號：BJ0042Y	書名：犯罪現場： 李昌鈺刑事鑑識教程	編碼：

線上版讀者回函卡

讀者回函卡

感謝您購買我們出版的書籍！請費心填寫此回函卡，我們將不定期寄上城邦集團最新的出版訊息。

姓名：＿＿＿＿＿＿＿＿＿＿＿＿＿＿＿＿＿＿ 性別：□男 □女

生日：西元＿＿＿＿＿＿年＿＿＿＿＿＿月＿＿＿＿＿＿日

地址：＿＿＿＿＿＿＿＿＿＿＿＿＿＿＿＿＿＿＿＿＿＿＿＿

聯絡電話：＿＿＿＿＿＿＿＿＿ 傳真：＿＿＿＿＿＿＿＿＿

E-mail：

學歷：□ 1. 小學 □ 2. 國中 □ 3. 高中 □ 4. 大學 □ 5. 研究所以上

職業：□ 1. 學生 □ 2. 軍公教 □ 3. 服務 □ 4. 金融 □ 5. 製造 □ 6. 資訊

□ 7. 傳播 □ 8. 自由業 □ 9. 農漁牧 □ 10. 家管 □ 11. 退休

□ 12. 其他＿＿＿＿＿＿＿＿＿＿＿＿＿＿＿＿＿＿

您從何種方式得知本書消息？

□ 1. 書店 □ 2. 網路 □ 3. 報紙 □ 4. 雜誌 □ 5. 廣播 □ 6. 電視

□ 7. 親友推薦 □ 8. 其他＿＿＿＿＿＿＿＿＿＿

您通常以何種方式購書？

□ 1. 書店 □ 2. 網路 □ 3. 傳真訂購 □ 4. 郵局劃撥 □ 5. 其他＿＿＿＿

您喜歡閱讀那些類別的書籍？

□ 1. 財經商業 □ 2. 自然科學 □ 3. 歷史 □ 4. 法律 □ 5. 文學

□ 6. 休閒旅遊 □ 7. 小說 □ 8. 人物傳記 □ 9. 生活、勵志 □ 10. 其他

對我們的建議：＿＿＿＿＿＿＿＿＿＿＿＿＿＿＿＿＿＿＿＿

＿＿＿＿＿＿＿＿＿＿＿＿＿＿＿＿＿＿＿＿＿＿＿＿＿＿＿

＿＿＿＿＿＿＿＿＿＿＿＿＿＿＿＿＿＿＿＿＿＿＿＿＿＿＿